KB231496

일본군'위안부' 문제에 대한 법적 해결의 전망

일본군 '위안부' 문제에 대한 법적 해결의 전망

한국정신대문제대책협의회
2000년 일본군성노예전범 여성국제법정 한국위원회 법률위원회 엮음

풀빛

일본군‘위안부’ 문제에 대한 법적 해결의 전망

초판 인쇄 2001년 12월 15일
초판 발행 2001년 12월 26일

엮은이   한국정신대문제대책협의회
         2000년 일본군성노예전범 여성국제법정 한국위원회 법률위원회
펴낸이   홍석
펴낸곳   도서출판 풀빛
등 록   1979년 3월 6일 제8-24호
주 소   120-193
         서울특별시 서대문구 북아현3동 176-46(2층)
전 화   02-363-6972(영업), 02-362-8900(편집)
팩 스   02-393-3858
e-mail   editor@pulbit.co.kr
home page www.pulbit.co.kr

ⓒ 2001, 한국정신대문제대책협의회

ISBN 89-7474-873-8 93330

값 17,000원

발간에 부쳐

한국정신대문제대책협의회(이하 정대협) 발족 10주년을 축하하며, 2000년 일본군성노예전범 여성국제법정(이하 2000년 법정)을 기념하는 논문집을 발간하게 된 것을 기쁘게 생각한다. 여기까지 오게 된 것은 한국사회의 여러분이 음양으로 도와주신 덕택이요, 정대협의 회원과 자원봉사자들의 시간과 몸을 아끼지 않은 협력으로 알고 감사한다.

일본군'위안부' 문제를 돌이켜보면 일본이 당시 조선을 강점하고 아시아의 여러 나라를 침략해 들어갈 때는 이미 일본의 탈아입구(脫亞入歐)의 시책이 실현돼 가고 있는 시대였다. 이때 일본은 ① 일본민족은 우월한 민족이며 나머지 아시아민족은 열등하다고 가르쳤고, 또한 일본은 스스로 그렇게 믿었으며 아시아 여러 민족에게는 그렇게 믿게 만드는 정책을 썼다. 이와 함께 일본은 무(武)를 숭상하는 사무라이문화의 전통을 가진 나라이다. 따라서 ② 이러한 문화가 잘못되면 폭력으로 치달을 수 있는 것은 기정 사실이다. 또한 ③ 가부장제가 언제나 그랬듯이 일본 남성들도 여성을 멸시하는 2중의 여성관을 가지고 있었다. 즉 가계를 이어나갈 적자를 낳을 아내와 성을 즐길 수 있는 여성, 즉 두 가지 여성으로 구분하는 여성관을 갖고 있었다. 이 세 가지 조건이 일본군으로 하여금 일본군 성노예제를 낳게 했다고 본다.

그런데 문제는 해방 후 반세기가 지났는데도 반성의 기미조차 없는 일본의 교만이다. 그들은 1930년대부터 나타낸 군국주의-제국주의를 버리려는 생각이 전혀 없는 듯 보인다. 모리 수상의 일왕 중심의 '국체' 운운하는 반역사·반민주·반인권적 국가체제를 지향하는 망언이 이를 증명한다.

정대협은 1990년 11월의 창설정신으로 10년간 일본을 상대로 일본군성노예 피해자의 인권회복을 위해 활동해왔다. 일본의 대답은 1965년의 한일조약으로 모든 과거는 청산됐고 도의적인 책임으로 '여성을 위한 아시아의 평화와 국민기금'(국민기금)을 내놓고 있다는 것이었다. 여전히 일본의 망언은 계속되고 있다. 일본은 전쟁 때와 비교해 하나도 변한 것이 없이 우월감에 빠져 있고 돈이 군사력을 대신하고, 돈이 폭력을 대신하고, 돈으로 속이며 피해자의 인권을 침해하고 있다.

1991년 12월 김학순 피해자를 위시해서 한국의 피해자들이 일본에서 3건의 재판을 열었으나 전부 패소했다. 일본거주 송신도 피해자의 경우는 8년간의 법정투쟁이 36초의 기각서 낭독으로 패소했다. 일본내의 재판으로 피해자들이 인권회복을 할 수 없는 것은 기정 사실이다. 그래서 지난 2000년 12월, 아시아의 피해국과 가해국, 세계의 여성인권 단체들이 우리의 뜻에 호응하는 남성들과 함께 세계시민법정이라고 할 수 있는 '2000년 일본군성노예전범 국제법정'을 열었다. 비록 2000년 법정이 재판 구속력이 없으나, 사람의 양심이 기초가 된 도덕적인 법정이 되었다. 한 가지 큰 성과를 올렸다고 볼 수 있는 것은 남과 북이 하나의 기소장을 내기로 합의하고 작성했다는 사실이다. 또한 법정준비위원회의 뜻을 받아들여 세계적으로 인정받는 인권전문 판사, 검사, 국제법학사들이 5대륙에서 남녀 각각 3명씩 2000년 법정의 판사직을 수락했다는 사실이다. 우리의 목적은 일본군성노예 책임자를 심판함으로써 사회공의를 세우고 피해자들의 명예와 존엄성을 회복시키자는 것이다. 결국 이것을 이 범죄의 발아지(發芽地)인 일본의 수도 도쿄에서 전세계에 선포한 것이다.

처음부터 끝까지 바쁜 일정 중에 법정 준비에 참석하면서 또한 이 논문집을 위해 원고를 써주신 한 분 한 분에게 진심으로 감사한다. 그 중에서도 유리하고 편한 위치에 있는 남성 여러분이 역사와 민족과 여성문제에 관심을 가지고 적극적으로 협력해 주신 데 대해 깊이 감사한다. 또한 이 책이 발간될 수 있도록 후원해 주신 여성부에 감사한다.

정대협이 추구하고 있고 2000년 법정이 추구했던 이상이 부질없는 꿈으로 끝났다고 생각하지는 않는다. 하지만 2000년간의 전쟁의 역사가 끝나고 열린 새 천년의 끝자락에서 세상이 천천히 바뀌어 남녀, 강자와 약자가 함께 평화롭게 사는 새 역사의 장이 열리기를 바라마지 않는다. 일본에도 새 시대의 젊은이들이 크고 있다. 안될 때 안되더라도 꿈을 가지고 최선을 다해 보아야 할 것이 아니겠는가.

2001년

2000년 일본군성노예전범 여성국제법정 한국위원회 위원장 **윤정옥**

『일본군‘위안부’ 문제에 대한 법적 해결의 전망』 발간에 부쳐

일본은 강박에 의해 1905년 ‘을사보호조약’, 1907년 ‘정미7조약’, 1910년 ‘한일합방조약’을 체결하여 불법적으로 한국을 병합하는 침략을 자행했다. 이 침략기간 동안 일본은 한국으로부터 온갖 수탈과 약취를 감행했을 뿐만 아니라 여러 분야에서 민족말살정책을 강행했다. 이 과정에서 일본은 한국여성을 ‘정신대’라는 이름으로 강제 동원하여 황군에게 성적 위안을 강요하는 비인도적인 만행을 자행했다.

1945년 일본의 연합군에 대한 무조건항복으로 한국은 일본의 강점으로부터 해방되어 주권을 회복하고, 1965년 ‘한일기본관계조약’을 체결하여 일본의 대한침략으로 저질러졌던 불행한 과거사를 정리하여 국교를 정상화하고 ‘한일청구권협정’을 체결했으나 불행히도 일본군‘위안부’ 문제에 관해서는 어떠한 해결도 보지 못했다. 이에 우리는 일본정부가 보다 적극적으로 일본군‘위안부’ 문제의 진상을 규명하여 역사를 바로잡고 한국과 아시아의 피해에 대한 응분의 조치를 취하기를 기다리고 있다.

일본군이 저지른 일본군‘위안부’ 문제가 장차 한일간에 정치적으로 타결되게 된다 할지라도 이를 뒷받침할 수 있는 법적 근거의 제시가 요구된다. 이 자료집은 한편으로 일본이 군대내에 군위안소를 설치·운영하여 인권을 침해한 비인도적 행위가 국제법에 위반되고, 따라서 범법자는 전쟁범죄를 범하였으며 일본정부의 죄책임이 성립된다는 법이론을 정립하여 대일교섭의 법이론적 기초를 제공하기 위해 집필된 것이다.

그간 일본군의 비인도적 만행을 규탄하고 전범자의 처벌과 일본군의 국가 책임을 묻기 위해 혼신의 노력으로 민족적 시민운동을 열렬히 전개해오던 한국정신대문제대책협의회가 중심이 되어 작년에 '2000년 일본군 성노예전범 여성국제법정'(2000년 법정)을 개최하게 되었다. 2000년 법정에서 쓰이는 법적 자료의 틀로 만들어진 이 자료집이 일본군'위안부' 문제의 해결을 위한 지침서가 되었으면 하는 기대와 과욕을 가져본다. 이 자료집에 귀중한 논문을 기고해 주신 여러분에게 감사 드리고 또한 이 자료집이 발간될 수 있도록 도움을 주신 여러 선생님께 뜨거운 사의를 표하는 바이다.

2001년

2000년 일본군성노예전범 여성국제법정 한국위원회 법률위원장 **김명기**

I. 일본군'위안부' 문제에 대한 법적 해결의 전망

II. 2000년 일본군성노예전범 여성국제법정

I. 일본군'위안부' 문제에 대한 법적 해결의 전망

일제 및 일제강점기의 법적 실체*

김창록
부산대학교 법과대학 교수

1. 머리말

1910년부터 1945년까지 계속된 일제강점기 35년간의 법은 애당초 법이라고 부를 수 없는 것이다. 무릇 법이란, 단지 일정한 형식을 갖추는 것만으로 성립되는 것이 아니라 그것을 만들 수 있는 정당한 권한을 가진 기관에 의해 제정될 때 비로소 성립되는 것이다. 국민의 대표기관인 국회에서 제정된 법률은 법이라고 부르는 데 대해, 강도집단의 내부규율은 그것이 법률과 유사한 형식을 가지고 있다고 해도 법이라고 부르지 않는 것은 그 때문인 것이다.

널리 알려진 것처럼, 1905년의 이른바 을사조약은, 일제가 조약체결권과 비준권을 가진 대한제국의 황제 및 그의 대신들을 강박하여[1] 체결한

---

* 이 글은 필자의 논문 「식민지 피지배기 법제의 기초」(『법제연구』, 제8호, 1995, 49-78쪽)를 수정·가필한 것이다. 이 글이 발표되는 것을 계기로 이 글의 내용을 필자의 주장으로 삼고자 한다. 또한 본 논문집에 게재하기 위하여 약간의 수정이 있었음을 밝혀둔다.

1) 그 강박의 예는 많지만, 대표적인 것만을 들어보면, ① 1905년 11월 15일, 특파

것이었다. 그런데 1919년의 「국제연맹규약」, 1928년의 「부전조약」, 1945년의 「국제연합헌장」 등에 의해 기존의 국제관습법을 확인하는 형태로 확립되고, 1969년의 「조약법에 관한 비인조약」 제51조와 제52조에 의해 재확인된 국제법상의 원칙에 따르면, 강박에 의해 체결된 조약은 무효이다. 따라서 을사조약은 무효인 것이다. 그리고 이 조약이 무효인 까닭에, 그것의 유효성을 전제로 하여 한국의 독립을 사실상 침탈한 가운데 조약의 형식만을 취해 체결된 이후의 일련의 조약들(한일협약[1907. 7. 24.], 한국 사법 및 감옥사무 위탁에 관한 각서[1909. 7. 12.], 한국 경찰사무 위탁에

대사 이토오 히로부미(伊藤博文)가 조약의 초안을 한국 황제에게 제시하면서, "(이 안은) 결코 움직일 수 없는 제국정부의 확정된 방침이므로 금일 중요한 것은 단지 폐하의 결심 여하이다. 이것을 승낙하든지 혹은 거부하든지 마음대로이지만, 만약 거부하면 제국정부는 이미 결심한 바 있다. 그 결과는 과연 어떻게 될 것인가. 생각컨대 귀국의 지위는 이 조약을 체결하는 것 이상으로 곤란한 처지에 처하게 될 것이며, 한층 불이익한 결과를 각오하지 않으면 안될 것이다"라고 한 것(「伊藤大使內謁見始末」, 神川彦松 監修, 金正明 編, 『日韓外交資料集成』, 第六卷 上, 巖南堂書店, 1964, 25쪽), ② 11월 17일 오후, 대신회의가 개최되었을 때 본회의장 안까지 칼을 찬 일제 헌병과 경찰들이 몰려들고 회의장 주변과 궁궐 안팎에는 완전 무장한 일본군이 겹겹이 둘러싸고, 일본공사관 앞 등 서울 시내 전역을 무장한 일본군이 시가행진하고 시내의 각 성문에는 야포와 기관총까지 갖춘 부대가 배치되는 등 대대적인 무력시위가 자행된 것(이태진 편저, 『일본의 대한제국 강점-'보호조약'에서 '병합조약'까지』, 까치, 1995, 49-62쪽 참조), ③ 당시의 이토오의 한 수행원이 남긴 기록에 따르면, 11월 17일의 회의에서 이토오의 강박에도 불구하고 마지막까지 반대한 한규설 참정대신이 별실로 끌려나갈 때, "이토오 候는 다른 사람들을 염두에 두고 '계속 떼를 쓰면 죽여 버려'라고 큰 소리로 말했다. 그런데 마침내 황제의 재가가 나서 조인의 단계가 되어도 참정대신은 여전히 모습을 보이지 않았다. 그때 누군가가 이것을 의아해하자 이토오 候는 중얼거리듯이 '죽여 버렸겠지'라고 시치미를 뗐다. 열석한 각료 중에는 일본어를 이해하는 자가 두세 명 있어서 이 말을 듣고는 곧 그 옆사람에게 다시 그 옆사람에게 이 일을 전하여 조인은 어려움 없이 일사천리로 끝나 버렸다"라고 하는 것(西四辻公堯大佐, 『韓末外交秘話』, 1930. 中塚明, 『近代日本と朝鮮』[第三版], 三省堂, 1994, 97-98쪽에서 재인용) 등이다.

관한 각서[1910. 6. 24.] 등) 및 그 연장선상에 위치한 이른바 '합병조약' 또한 무효이다.[2] 따라서 그 조약에 근거한 일제의 35년간의 지배는 오로지 물리력에만 근거한 강제점령이며, 일제가 발한 법 또한 물리력만을 배경으로 한 강제적인 명령일 뿐이다. 그렇다면 그 법은 그 자체 실정법으로서 정당하게 성립된 유태민족에 대한 나치 독일의 법과는 달리, '실정법의 불법(gesetzliches Unrecht)'[3]이 문제되기 이전에 이미 법이 아닌 것이다. 그렇다고 한다면 일제강점기의 '법'체계의 성격을 검토한다고 하는 것 자체가 애당초 난센스인 것이다.

---

2) 이태진 편저, 『일본의 대한제국 강점-'보호조약'에서 '병합조약'까지』; 權奇薰, 「1904年~1910年 韓日間의 諸條約의 效力에 관한 研究-强迫에 의해 締結된 條約인 점을 中心으로(서울대학교 석사학위논문), 1986. 8.; 김명기 외 5인, 「정신대대원의 인권침해에 대한 한일간의 법적 제문제에 관한 연구」, 『국제법학회 논총』, 37-2, 1992; 戸塚悅朗, 「1905年の'韓國保護條約'の無效と從軍慰安婦·强制連行問題のゆくえ」, 『法學セミナ-』, 466, 1993. 10.; 李泰鎭, 「韓國併合は成立していない」上·下, 『世界』, 1998年 7·8月号(『한국사시민강좌』, 19, 일조각, 1995); 荒井信一, 「第二次日韓協約の形式について」, 『季刊 戰爭責任研究』, 12, 1996年 夏季號; 李泰鎭, 「韓國侵略に關連する諸條約だけが破格であつた」, 『世界』, 1999年 3月号(『전통과 현대』, 9, 1999년 가을호); 笹川紀勝, 「日韓における法的な『對話』をめざして」, 『世界』, 1999年 7月號; 李泰鎭, 「略式條約でどうやって國權を移讓できるのか」, 『世界』, 2000年 5·6月号(『전통과 현대』, 10, 1999년 겨울호) 참조. 한편, '무효론'에 대해서는 사카모토 시게키, 운노 후쿠쥬 두 교수에 의한 '유효·부당론'의 입장에서의 비판이 있다. 坂元茂樹, 「日韓は舊條約問題の落とし穴に陷ってはならない」, 『世界』, 1998年 9月號; 海野福壽, 『韓國併合』, 岩波書店, 1995; 海野福壽, 「『韓國併合條約』無效論をめぐって」, 『季刊 戰爭責任研究』, 12, 1996年 夏季號; 海野福壽, 「李教授『韓國併合不成立論』を再檢討する」, 1999年 10月号(『전통과 현대』, 9, 1999년 가을호) 등이 그것이다. 이에 대한 반론은 별도의 글에서 제시하기로 하고, 여기에서는 사카모토 교수도 인정하고 있는 (주 1)과 같은 강박의 사실들은, 교수의 다른 논문(「日韓保護條約の效力」, 『法學論集』(關西大學), 第44卷4·5合併號, 1995. 1.)의 세밀한 분석에 따른다고 해도, '을사조약'이 무효라는 것을 증명한다는 점만을 지적해 둔다.

3) Gustav Radbruch, "Gesetzliches Unrecht und übergesetzliches Recht," *Rechtsphilosophie*, 5. Aufl., 1956, S.347ff.

하지만 그럼에도 불구하고 일제강점기 법체계의 전모를 그려내고 그 성격을 규명하는 것은 중요한 과제이다. 그것은 우선 그 시기의 법체계가, 비록 규범적인 효력은 가지지 못하는 것이었지만 사실상 법으로서 통용되었던 까닭에, 어쩔 수 없이 우리의 역사 및 법사의 중요한 한 부분을 구성할 수밖에 없다는 역사적 사실 때문이다. 일제강점기 35년간의 역사에 대한 이해는 그 법적인 측면에서의 이해 없이는 결코 완전할 수 없다. 또한 한편으로 조선시대에서 한말을 거쳐 전개된 전통법체계 및 그 서양법과의 초기적인 접촉을, 다른 한편으로 해방 이후 지금까지 전개되어 온 현대의 법체계를 이해하고 평가하기 위해 그 사이에 해당하는 일제강점기의 법체계에 대한 이해는 불가결한 것이다.

뿐만 아니라 일제강점기의 법체계에 대한 이해는 우리에게 부과되어 있는 현재적 과제의 해결을 위해서도 필요하다. 광복 후 반세기가 지난 시점에서도 여러 방면에서 '일제 잔재'를 청산해야 한다는 목소리는 여전히 높다.[4] 그러나 과연 일제 잔재의 실체가 무엇인가라는 근본적인 질문에 대한 대답은 충분히 주어지지 못하고 있는 듯하다. 잔재의 실체가 무엇인지가 확실하지 않은 가운데서 외쳐지는 청산은 언제까지나 공허한 구호에 머무를 수밖에 없을 것이다. 일제강점기의 법체계에 대한 이해는 법체계의 면에서의 '일제 잔재'의 실체를 보다 명확하게 하고, 그럼으로써 그것을 청산할 수 있게 하기 위해서도 불가결한 것이다.

하지만 일제강점기의 법체계에 대한 이해라는 과제는 한국법사에 있어서의 보다 근본적인 의문과 관련되어 있다. 그것은 한국법에 있어서의 '근대'의 의미는 무엇인가라는 의문이다. 이 의문은 한국법의 과거와 현재의 위상을 점검하기 위한 척도의 도출을 위해서는 물론, 한국법이 지향해야 할 미래의 방향을 가늠하기 위해서도 반드시 대답되지 않으면 안될

---

4) 각 방면에서의 청산과제를 개괄적으로 정리한 것으로 김삼웅 외, 『무크 : 친일문제연구』1, 가람기획, 1994 참조.

의문이다. 그런데 일제강점기의 법체계에 대한 기존의 연구에서는 그 '근대'의 의미가 다소 애매한 모습으로 포착되고 있다. 즉 일제강점기의 법체계는, '전통시대에서 근대·현대로 넘어오는 세계사적 과정에서 필연적인 것'이었던 '구미법의 수용'과정에서 일제라는 '불유쾌한 매개자'에 의해 도입된 것이었다[5]라고 평가되거나, 혹은 '근대적 법'이기는 했지만 '자의적 전제지배를 확보하기 위한 수단'이었다[6]라고 평가되고 있다.[7] 평가에 따라 다소 무게중심을 달리 하기는 하지만, 일제강점기의 법체계를 근대와 연관짓는다는 점에서는 공통되는 이러한 이해들은, 특히 남한의 법체계가 일제강점기 법체계의 연장선상에서 전개되었다는 사정과 무관하지 않으리라고 생각되지만, 어쨌든 한국법에 있어서의 '근대'를 부정적인 이미지가 배어 있는 것으로 파악함으로써 그 의미를 이해하기 곤란하게 하고 있다고 할 수 있다. 여기에서 그 부정적인 이미지에 대한, 그리고 다시 그 원천인 일제강점기의 법체계에 대한 보다 파고든 검토가 요청된다고 할 수 있는 것이다.

이러한 기본인식 위에서, 이 글은 다음과 같은 세 가지 방향에서의 접근을 통해 일제강점기 법체계의 보다 명확한 자리매김을 시도한다.

첫째는 명확한 평가기준에 입각하는 것이다. 이 글은 '입헌주의'를 평가의 기준으로 동원하여 일제강점기 법체계의 성격을 규명한다. 여기에서 입헌주의란 물론 '국민의 기본권을 보장하고 권력분립을 규정한 헌법

---

5) 최종고, 「歐美法 수용과 한국 法文化」, 『계간 사상과 정책』, 1989년 가을호, 181쪽, 177쪽. 또한 최종고, 『韓國法思想史』, 서울대학교 출판부, 1989, 252쪽도 참조.
6) 朴秉濠, 「法制面에서 본 日帝의 統治方式」, 『韓國法制史攷』, 法文社, 1983, 444쪽.
7) 이러한 평가는 일제강점기의 법체계에 대한 연구에서 뿐만아니라, 일제강점기에 대한 연구 일반에서 발견된다. 즉 일제의 강점은 '착취와 억압을 위한 것이기는 했지만 "근대적"인 측면도 있었다'라고 하는 평가가 그것이다. 예를 들면 金雲泰, 『日本帝國主義의 韓國統治』, 博英社, 1985, 6-7, 570-571면 참조.

에 의거하여 통치할 것을 요구하는 정치원리'를 의미한다. 즉 그것은 근대의 천부인권론에서 출발하여 국민의 자유와 권리의 보장을 최우선의 과제로 삼으며, 그것을 위한 국가정책에의 국민들의 주체적이고 적극적인 참여, 국민들의 국가권력에 대한 통제, 그리고 그 수단으로서의 권력분립 등을 핵심적인 요소로 하는 원리이다.[8] 필자는 이러한 입헌주의야말로, 일제에 의해 강점되기 직전인 19세기말 이래 근대국가의 건설이라는 과제를 안고 있던 한민족이 추구해야 할 원리였으며, 일제에 의한 강점이 끝나고 해방이 된 순간에도 역시 한민족에게 과제로서 남아 있던 원리였다고 생각한다. 따라서 이 '입헌주의' 원리가 일제강점기의 법체계에 대한 평가기준으로서 동원될 수 있으며, 이러한 명확한 평가기준을 동원함으로써 그 성격규명이 보다 확실해질 수 있으리라고 생각한다.

둘째는 일제강점기 법체계의 성격을 일본제국주의 그 자체의 법체계의 성격과 연관지어 파악하는 것이다. 필자는 일제강점기의 법체계가 바로 그 지배자인 일제 자체의 법체계의 연장선상에 위치하는 것이었으며, 따라서 전자의 성격에 대한 이해는 후자의 그것에 대한 이해 위에서 비로소 명확해질 수 있다고 생각한다.

셋째는 일제의 지배이데올로기와 그 법제도를, 즉 일제강점기의 법의 이념적 측면과 제도적 측면을 통일적으로 파악하는 것이다. 필자는 위에서 지적한 일제강점기 법체계에 대한 애매한 평가가 위의 양자를 통일적으로 파악하지 않은 데서 초래된 불충분한 이해에 기초한 것이라고 판단한다. 따라서 그것을 명확하게 하기 위해 양자의 통일적인 이해가 필요하다고 생각하는 것이다.[9]

요컨대, 이 글은 입헌주의라는 평가기준을 동원하고, 일제 자체의 구조적 특성에 주목하고, 이 양자와의 연관성 속에서 일제강점기의 법체계를

---

8) 權寧星, 『新版 憲法學原論』, 法文社, 1994, 6-9쪽.
9) 이 글에서 법체계라는 용어를 사용하는 이유도 바로 여기에 있다.

통일적으로 파악함으로써 그 성격을 보다 명확하게 하고자 시도한다. 구체적으로는 일제강점기 법체계의 바탕이 된 기본원리, 그 입법의 특성, 그리고 법령의 구조에 대해 살펴본다. 특히 그 기본원리에 대해서는 일제의 특성과 그 지배이데올로기에 대한 이해 속에서 접근하며, 입법의 특성에 대해서는 일제의 지배기구의 특성을 전형적으로 체화한 조선총독의 지위 및 권한, 그 중에서도 특히 그 입법에 관한 특별한 권한이었던 제령 제정권(制令制定權)에 대한 이해 속에서 접근한다.

2. 일본제국주의의 특성

일제강점기의 법체계는 일본제국주의라는 특별한 성격을 가진 나라가, 이민족 지배라는 특수한 목적을 위해 형성한 것이었다. 따라서 그 기본원리는 일본제국주의의 성격 및 그 지배이데올로기에 대한 검토를 통해 접근될 수 있다.

흔히 일제의 특성 특히 그 극단적인 침략적 성격과 관련하여 그 '근대'의 조숙성이 지적된다. 즉 1853년의 미국 제독 페리의 흑선으로 상징되는 외압에의 굴복과 그 결과로서의 불평등조약으로 시작된 일본의 '근대'는, 그것을 끌어갈 내적 역량이 충분히 성숙되어 있지 못했기 때문에 자본주의의 조숙한 발전을 추진하지 않을 수 없었으며, 그 결과 원천적으로 침략적인 성격을 띠지 않을 수 없었다는 것이 그것이다.[10] 그런데 이와 같은 주로 경제사적인 측면에서 파악된 일제의 특성은 그 법체계의 기본원리의 측면에서는 우선 '외견적 입헌주의'로서 파악된다.

---

10) 예를 들면 車基璧, 「日本帝國主義 植民政策의 形成背景과 그 展開過程」, 車基璧 엮음, 『日帝의 韓國植民統治』, 정음사, 1985, 20-26쪽; 金雲泰, 『日本帝國主義의 韓國統治』, 23-46쪽.

일제의 기본원리를 압축적으로 담은 1889년의 「대일본제국헌법」은, 메이지(明治)의 관료들이 영국·프랑스·미국의 헌법사상을 주의 깊게 배척하고, 대신에 「프로이센헌법」에 응축되어 있던 독일의 헌법사상을 적극적으로 수용하여 만든 것이었다. 그런데 그 모델이 된 「프로이센헌법」은, 시민혁명에 성공한 영국 및 프랑스의 민주주의·의회주의 헌법사상의 전래를 저지하기 위해 만들어진 후발 자본주의국가 독일의 헌법으로서, 강대한 군주권과 상대적으로 제약된 의회권 및 기본권을 내용으로 하는 군권주의적인 헌법이었다.11) 즉 일제의 모델 자체가 상대적으로 약한 입헌주의만을 내용으로 하는 것이었다.

그런데 그와 같은 상대적으로 약한 입헌주의는 「대일본제국헌법」의 제정과정에서 한번 더 제약되었다. 그것은 메이지의 관료들은 물론 영국·프랑스·미국의 헌법사상에 입각한 헌법론을 펼쳤던 '자유민권파'까지도 포함한, 모든 일본인들의 공통의 절대가치였던 천황=국체(國體)라는 원리가 작용한 결과였다.12) 그리하여 완성된 헌법은 입법·행정·사법의 전권을 장악한 절대자로서의 천황(제1장)과, 입법 및 예산의정에 관한 극히 제한된 '협찬'권만을 부여받은 의회(제3장), 천황의 '보필'기관으로서의 국무대신(제4장), '천황의 이름으로' 재판권을 행사하는 재판소(제5장), 그리고 온갖 유보가 붙은 권리와 자유만이 인정된 '신민'(제2장)을 그 내용으로 하는 것이었다.13)

---

11) Menger, C. F., *Deutsche Verfassungsgeschichte der Neuzeit. Eine Einführung in die Grundlagen*, 4 Aufl., Heidelberg, 1984, Kap.6.; 小林孝輔,『ドイツ憲法小史』(新訂版), 學陽書房, 1992, 제6·7장; 佐藤功,『君主制の研究－比較憲法的考察』, 日本評論社, 1957 참조.

12) 김창록, 「일본에서의 서양헌법사상의 수용에 관한 연구－'대일본제국헌법'의 제정에서 '일본국헌법'의 출현까지」, 서울대학교 박사학위논문, 1994. 8., 제2장 참조.

13) 「대일본제국헌법」의 내용은 김창록, 「일본에서의 서양헌법사상의 수용에 관한 연구－'대일본제국헌법'의 제정에서 '일본국헌법'의 출현까지」, 부록의 번

이와 같이 일제의 기본원리를 담은 「대일본제국헌법」은 이중의 제약에 의해 한층 왜소화된 '외견적 입헌주의'의 헌법이었다. 그러나 일제의 특성은 거기에 머무르는 것이 아니었다. 그러한 한정된 입헌주의조차도 다시 보다 우월한 신권주의(神權主義)에 의해 지배되고 있었던 것이다.

「대일본제국헌법」은 제1장 제1조에서 "대일본제국은 만세일계의 천황이 통치한다"라고 규정하고 있었다. 여기에서 만세일계란 일제의 건국신화에 의해 지지되는 관념이었다. 『고사기(古事記)』와 『일본서기(日本書紀)』에 기초하는 일본의 건국신화는, 천황이 신화 속의 조상신인 짐무(神武)의 개국 이래 면면히 이어져 내려오는 동시에 천지와 함께 영원히 융성할 존재로서, 역사적인 변동과 인간적인 타락을 초월하여 영원히 일본을 지배한다라는 내용을 담고 있었다. 만세일계란 바로 이와 같은 신적인 기원을 가지는 천황의 절대적 지배를 의미하는 것이었다.[14]

그러한 천황은 살아있는 신('現人神'), 곧 절대가치 그 자체였다. 즉 그것은 신적인 권위에 의해 지지되는 까닭에 어떠한 정당화도 필요 없는 존재였다. 그래서 서양의 절대주의헌법에서는 군권의 세속적 절대성을 의미하는 데 그친 '신성'이라는 표현은 일본에서는 문자 그대로의 의미를 가지는 것이었다. 즉 천황은 문자 그대로 "신성하기 때문에 범해서는 안되는 존재"였다(제3조). 뿐만 아니라 천황은 동시에 세속적인 절대권력자였다. 즉 천황은 입법·행정·사법의 전국가권력을 장악하는 "통치권의 총람자"(제4조)였다.

일제는 이와 같이 권위와 권력의 통합체인, 절대가치로서의 천황을 그 핵심으로 하고 있었다. 그리고 그러한 일제의 특성은 다음과 같은 두 가지 방향으로 구조화되었다.

하나는 일본정치사상사학자인 마루야마 마사오(丸山眞男)가 이야기하

____

역문 참조.
14) 橋川文三他 編, 『近代日本政治思想史』1, 有斐閣, 1971, 86-97쪽.

는 '억압 이양의 구조'이다. 마루야마의 설명은 다음과 같다. 절대가치인 천황에 의해 지배되는 일제의 신민들에게는 자유로운 주체적 의식이 존재할 수 없었다. 그들의 의식과 행동은 천황을 중심점으로 하는 동심원 형태의 서열질서 속에서 보다 상위자의 존재에 의해 규정되어 있었다. 그러한 구조 속에서 억압의 이양에 의한 균형의 유지라는 현상이 발생하게 된다. 즉 위로부터의 억압을 아래에 대한 자의의 발휘에 의해 순차적으로 이양시켜 감으로써 균형을 유지하게 되는 것이다. 그 경우 이양해야 할 억압의 정도는 중심에서의 거리에 비례하여 커지게 된다. 따라서 일제라고 하는 동심원의 가장 변두리에서는 그 억압감이 폭발의 충동에 의해 내몰릴 정도에 이르게 되는 것이다.[15]

다른 하나는 '책임의 전가에 의한 무책임의 구조'라고 할 수 있는 것이다. 이것은 위의 '억압 이양의 구조'를 말하자면 뒤집어놓은 것이다. 주체적 의식을 가지지 못하고 단지 상위의 자의 존재에 의해 규정되었던 일제 신민들의 행동에는 주체적 책임의식이 따를 수가 없었다. 따라서 그 책임은 자신에 대한 억압의 이양자인 상위의 자에게 전가될 수밖에 없었다. 그러한 책임의 전가는 최종적으로는 중심점인 천황에게로 돌려지게 된다. 그런데 천황에 이르러 책임은 영원한 시간 속으로 확산되어 사라져 버리게 된다. 왜냐하면 현실의 천황은 그 권위와 권력을 영원한 과거 속에 존재하는 조상신에게서 부여받은 것이므로, 그 책임 또한 그 조상신에게까지 거슬러 올라가게 되는데, 그 조상신은 '신'인 까닭에 인간적인 책임을 추궁당할 수 없기 때문이다.

이와 같은 '억압 이양의 구조'와 '무책임의 구조'를 낳는 절대가치로서의 천황에 의한 지배, 즉 일본적 신권주의야말로 일제를 다른 제국주의국가들과 구별짓는 '질적인' 특수성이었다. 그리고 바로 그것으로부터 일제

---

15) 丸山眞男, 「超國家主義の論理と心理」, 『現代政治の思想と行動』, 未來社, 1964, 25-26쪽.

의 한층 왜소화된 입헌주의는 물론, 그 이민족 지배의 극단적인 억압적
성격이 유출되었던 것이다.

3. 지배이데올로기

1910년 8월 29일 일제가 한국을 '병합'하면서 발표한 천황의 조서「한
국을 제국에 병합하는 건」[16]은 "동양의 평화를 영원히 유지"하고 한국의
"공공의 안녕을 유지하고 민중의 복리를 증진"시키기 위해 한국을 "보
호"한다라고 선언했다. 그리고 역대 총독들에 의해 강점 하 한국[17]의 산
업을 발전시키고(식산흥업), 강점 하 한국을 일제와 동일하게 취급하며
(내선융화, 일시동인), 그리하여 동양의 평화에 기여하겠다(동양평화)라는
시정방침[18]이 거듭 제시되었다. 그러나 일제의 한국 지배의 기본정책은,
이미 1904년 6월 11일의「제국의 대한방침」[19]에서 잘 나타나듯이, "한국

---

16)『朝鮮總督府官報』(전142권, 아세아문화사 영인, 1984-1988), 제1권 13쪽. 이하
　　이 책은『官報』로 줄여 쓴다.
17) 일제강점기의 한반도를 지칭하는 명칭으로서 종래 '조선'이라는 용어가 사용
　　되어 왔다. 그것은 1910년 8월 29일의 일본 천황의 칙령 제318호에 의해 대한
　　제국이라는 국호가 조선으로 바뀐 것에 기초한다. 하지만 머리말에서 지적한
　　것처럼「합병조약」이 무효라면, 그것을 근거로 한 위의 칙령 또한 무효라고
　　하지 않으면 안된다. 따라서 일제강점기의 한반도는 '조선'이라고 부를 수 없
　　는 것이다. 법적으로 정당한 명칭은, 1919년 '3·1운동'의 결과 한국인들의 총
　　의에 의해 대한민국임시정부가 수립될 때까지는 '대한제국'이며, 그 이후
　　1945년의 광복까지는 '대한민국'이다. 다만 이 글에서는 양자를 포괄하는 의
　　미에서 '한국'이라는 용어를 사용하며, 특히 필요한 경우에는 '강점하 한국'
　　이라는 용어를 사용하기로 한다. 그리고 '조선'이라는 용어는 예컨대 '조선총
　　독'이나 '조선에 시행할 법령에 관한 건'의 경우와 같이 고유명사化되었다고
　　할 수 있는 경우에만 사용하기로 한다.
18) 朝鮮總督府,『施政三十年史』, 1940의 각 총독의 시정방침 참조.
19) 外務省 編,『日本外交年表竝主要文書(上)』, 原書房, 1965, 224쪽.

에 대하여 정치적 및 군사적 보호의 실권을 장악하고 경제적으로는 더욱 더 우리(일제)의 이권의 발전을 도모"하는 것이었다. 또한 1909년 7월 6일의 「대한정책확정의 건」[20]의 표현에 따르면, 한국에서의 "실력을 증진하고 그 근저를 심화시켜 내외에 대해 다툴 수 없는 세력을 수립하는 것"이었다. 요컨대 일제가 한국을 강점한 것은 그 정치적·군사적 권력을 장악함으로써 경제적인 이권을 챙기기 위한 것이었다. 이러한 목적의 면에서는 일제는 당시 식민지 쟁탈전에 몰두하고 있던 다른 제국주의국가들과 다를 바가 없었다. 즉 일제는 식민지 착취를 통한 본국의 발전과 부흥의 추구라고 하는 목적의 면에서는 다른 제국주의국가들과 같았던 것이다.

그러나 일제의 그러한 목적의 추구는 다른 제국주의국가들에 비해 한층 더 억압적이고 자의적인 방식으로 관철되었다. 그것은 물론 일제가 위에서 살펴본 것과 같은 구조적 특성을 가지고 있었기 때문이다. 그리고 그러한 일제의 구조적 특성이 그 '변경'인 한국에서 한층 극단적인 형태로 표출되었기 때문이다.

그런데 그러한 극단적인 형태로 표출된 일제의 지배이데올로기는 그 헌법인 「대일본제국헌법」과 한국의 관계에서 잘 나타난다. 일제는 한국을 강점하면서, 한국에서의 「대일본제국헌법」 시행의 문제와 관련하여, 7월 묘의를 거쳐 결정한 「병합실행에 관한 방침」의 '부(附) 헌법(憲法)의 석의(釋義)'라는 항목에서 다음과 같은 방침을 정했다. 즉 "한국을 병합하는 이상 제국헌법은 당연히 그 새 영토에 시행되는 것으로 해석한다. 그러나 실제로는 새 영토에 대해 제국헌법의 각 조장을 시행하지 않는 것이 적당하다고 인정되므로 헌법의 범위 내에서 제외 법규를 제정한다"[21]

---

20) 神川彦松監修/金正明編, 『日韓外交資料集成』 第六卷下, 巖南堂書店, 1965, 1254-1256면.
21) 神川彦松 監修, 金正明 編, 『日韓外交資料集成』, 第八卷, 巖南堂書店, 1964, 324-325쪽.

라는 것이 그것이었다. 그런데 언뜻 보기에 명확해 보이는 이 방침은 사실은 몹시 어정쩡한 것이었다. 우선 일제는 한국에서도「대일본제국헌법」이 시행된다는 것을 원칙으로 제시했다. 그러면서도 실질적으로는 그 헌법에 의해 제약되지 않는 지배를 관철하려 했다. 그럼에도 불구하고 그것을 '헌법의 범위 내'라고 하는 원칙에 묶어 두려고 했다. 일제의 이러한 혼란된 태도는, 자신의 타민족 지배를 '입헌적'으로 강변해야 했던 사정에 기인한 것이었으나, 어쨌든 그러한 혼란은 한국과「대일본제국헌법」의 관계라는 문제를 끊임없이 제기하게 하는 원인이 되었다.

　「대일본제국헌법」의 한국에의 적용여부의 문제는 특히 조선총독의 제령제정권과「대일본제국헌법」사이의 부정합이라는 구체적인 문제를 통해 제기되었다. 원래 이 문제는 1896년에 대만에 대한 일제의 지배법체계의 기본원칙을 정한 법률 63호「대만에 시행할 법령에 관한 법률」이 일제의 제국의회에서 통과되는 과정에서 처음 제기된 것이었다. 즉 법률 63호는 대만총독에게 "그 관할영역 내에서 법률의 효력을 가지는 명령을 발할 수" 있는 권한을 부여하고 있었는데, 그 명령(律令)의 제정권이「대일본제국헌법」의 입법에 관한 규정, 즉 제5조 "천황은 제국의회의 협찬을 얻어 입법권을 행사한다"라는 규정과 모순되는 것이 아닌가라는 주장이 제기되어 논란이 벌어졌고(이른바 '63문제'), 다시 그 논란이 '외지'에도 헌법이 시행되는가라는 문제로 발전하여, 이후 일제의 정치가 및 학자들 사이에서 계속적인 논쟁거리가 된 것이다. 이 법률 63호는 1906년에 법률 31호로 대체되었으나, 거기에서도 대만총독의 율령제정권이 여전히 같은 모습으로 규정되어 있었기 때문에, '63문제'는 계속적인 논란거리가 되었다.[22] 그런데 일제가 한국에 대한 지배법체계의 기본원칙을 정한 1911년 3월 24일의 법률 30호「조선에 시행할 법령에 관한 법률」[23]은 바

---

22) 中村哲,『植民地統治法の基本問題』, 日本評論社, 1943, 72-112쪽. 그리고 中村哲,「植民地法」, 鵜飼信成 他3 編,『日本近代法發達史』5, 勁草書房, 1958도 참조.

로 이 법률 31호를 거의 그대로 모방한 것이었으며, 따라서 그 법률에 의해 조선총독에게 인정된 제령제정권에 대해서도 「대일본제국헌법」 제5조와의 관계가 문제시되게 된 것이다. 즉 총독의 제령이 입법사항을 정하는 것임에도 불구하고 제국의회의 협찬을 거치지 않는 것은 위헌이 아닌가라는 것이 문제가 된 것이다.

일제정부는 「대일본제국헌법」이 한국에서도 시행된다는 원칙 아래 이 문제에 대해서는 '입법권의 위임'이라는 논리로 대처하려 했다. 즉 제국의회의 협찬을 얻은 법률로서 조선총독에게 입법권을 위임했기 때문에 조선총독의 제령제정권은 입법권의 행사에 관한 「대일본제국헌법」 제5조를 침해한 것이 아니다라고 주장한 것이다. 그러나 제령제정권은 일반적·포괄적으로 행정기관인 조선총독에게 입법권을 위임하는 것으로서 사실상 위임명령의 한계를 벗어난 것이었기 때문에, 그것을 '입법권의 위임'이라는 법리로 정당화하는 것은 무리였다. 그래서 이 문제는 한국에서의 「대일본제국헌법」의 시행여부라는 본질적인 문제와 함께 일제의 헌법학계에서 커다란 논란을 불러일으키게 된 것이다.

이 문제에 대해 당시 일제의 헌법학자들의 주장은 각각 적극설·소극설·절충설로 나뉘었다.[24] 그러나 그 외관상의 차이에도 불구하고 그들 주장은 실질적으로는 차이가 없는 것이었다. 즉 패전 전 일본의 헌법학계는 크게 호즈미 야쯔카(穗積八束)에 의해 대표된 군권주의학파와 미노베 타쯔키찌(美濃部達吉)에 의해 대표된 '입헌주의'학파로 나뉘어져 있었는데, 이 문제에 대한 양자 모두의 결론은 "무제한의 권력을 가지는 절대자인 천황에 관한 규정만이 '외지'에도 당연히 적용되며, 그 이외의 '외지' 지

---

23) 『官報』, 제3권, 743쪽.
24) 淺見登郎, 『日本植民地統治論』, 巖松堂書店, 1928, 124-133쪽; 平野武, 「日本統治下の朝鮮の法的地位」, 『阪大法學』, 83, 1972. 12., 45-54쪽; 鈴木敬夫, 『法을 통한 朝鮮植民地 支配에 관한 硏究』, 高大 民族文化硏究所 出版部, 1989, 52-56, 360-371쪽 참조.

배법규는 전적으로 천황의 자의에 맡겨져 있다"라는 것이었다. 호즈미와 그의 제자 우에스기 싱키찌(上杉愼吉)에 의해 주장된 적극설은, 천황이 "왼쪽으로 가라고 하시면 왼쪽으로 가고 오른쪽으로 가라고 하시면 오른쪽으로 가는 것이 일본인의 활동의 법이고 도이다. 감히 의심하지 않고, 감히 묻지 않고, 단지 그것에 따를 뿐이다"25)라는 특수 일본적 '국체론'에 입각한 그들의 헌법사상과 연관지어 생각할 때, 천황의 자의적 지배 이외의 그 무엇을 의미하는 것일 수도 없었던 것이다. 또한 미노베에 의해 주장된 소극설 및 절충설은, "헌법 이전부터 이미 원만무제한"인 천황의 권력26)의 한국에서의 자의적인 행사를 주장하는 것에 다름 아니었던 것이다.27)

이와 같은 논리에 따라 한국에서는 극히 제약된 형태의 입헌주의조차도 인정되지 않았다. 즉 한국의 인민들에게는 '협찬'권만을 가지는 의회에 자신들의 대표를 보낼 권리와 온갖 유보가 붙은 '신민'의 권리조차도 인정되지 않았던 것이다. 이것은 일본에서 이중으로 제약됨으로써 왜소화된 '입헌주의'가 다시 한번 더 제약되어 완전히 배제된 것을 의미한다. 그러나 문제는 입헌주의의 배제에 머무르는 것이 아니었다. 문제는 오히려 「대일본제국헌법」에서 그 '입헌주의'를 제거하게 되면 오로지 신권주의만이 남게 되며, 바로 그 특수 일본적 신권주의가 한국에 대한 지배이데올로기의 전부였다는 것이다. 일제의 강점, 따라서 그 법체계는 그러한 지배이데올로기의 반영이었던 것이다.

---

25) 上杉愼吉, 「敎育勅語ノ構成」, 『國體憲法及憲政』, 有斐閣書房, 1915, 83쪽.

26) 美濃部達吉, 「律令と憲法との關係を論ず」, 『憲法及憲法史硏究』, 有斐閣書房, 1908, 269-271쪽.

27) 이에 대한 보다 상세한 분석은 김창록, 「일본제국주의의 헌법사상과 식민지 조선」, 『法史學硏究』, 제14호, 1993. 12. 참조.

4. 지배기구의 특성

이러한 일제의 지배이데올로기가 전형적으로 구체화된 것이 그 지배기구의 정점에 위치한 조선총독이었다. 조선총독에 의해 대표되는 일제의 지배기구의 특성은 입법·행정·사법에 관한 모든 권력의 통합과 그 통합된 권력의 무책임성이었다.

1910년 9월 30일의 칙령 제354호 「조선총독부관제」[28]에 따르면, 조선총독은 "친임(親任)으로 하고 육해군대장으로 충원"하며(제2조), "천황에게 직예"하며, "제반 정무를 통할하고 내각총리대신을 경유하여 상주하고 재가를 받는"(제3조) 한국 지배의 최고기관이었다. 이러한 총독의 지위는, 3·1운동 직후인 1919년 8월 19일의 칙령 제386호 「조선총독부관제중 개정」[29]에 의해 그 제2조의 "육해군대장으로 충원"하며라는 부분이 삭제됨으로써 형식상으로는 바뀌었다. 하지만 실제로는 이후 한번도 문관총독이 임명된 적이 없었을 뿐만 아니라 "천황에게 직예"한다라는 총독의 근본적인 지위는 강점이 끝날 때까지 변하지 않았다.

이러한 특수한 지위를 가진 조선총독은 뒤에서 살펴보는 것과 같은 광범위한 입법에 관한 권한은 물론이고, "육해군을 통솔하고 조선의 방비를 관장"할 권한과 "제반의 정무를 통할"할 권한(제3조), 소속관청의 명령 또는 처분을 "취소 또는 정지할" 권한(제5조), 소속관리의 감독, 임면에 관한 권한과 "소부문관의 위훈을 상주"할 권한(제6·7조) 등의 행정에 관한 권한과, 「조선총독부재판소령」[30]에 의해 인정된 한국에서의 재판소

---

28) 『官報』, 제1권, 185쪽.

29) 『官報』, 제40권, 1025쪽.

30) 1909년 칙령 제236호, 朝鮮總督府編, 『朝鮮法令輯覽』上卷 1, 1940, 第3輯, 73-75면. 이 칙령은 「통감부재판소령」이 개정된 것이며, 칙령의 형태로 존재하다가 '병합'후 제령의 효력을 가지는 것이 되었으며, 이후 제령에 의해 개정되었다.

의 설립·폐지, 관할구역 및 그 변경, 판사의 신분보장 및 징계 등과 관련
된 광범위한 사법에 관한 권한을 한 손에 장악한 절대권력자였다.

게다가 그러한 방대한 권력을 장악한 총독은 천황 이외에는 그 누구에
게도 책임을 지지 않는 존재였다. 총독은 물론 한국의 인민들에 의해 아
무런 통제도 받지 않았다. 총독의 자문기관으로서 조선총독부 중추원이
있기는 했다. 그리고 중추원의 의장(정무총감)을 제외한 부의장(1인), 고
문(5인), 참의(65인)에는 한국인이 임명되는 것이 통례였다. 하지만 중추
원의 자문사항은 법으로 정해져 있지 않았으며, 따라서 그것은 오로지 총
독의 운용여하에 달려 있었다. 그리고 의원의 신분도 보장되지 않아, 총
독은 필요하다고 인정하는 경우에는 임기중에라도 언제든지 의원을 해임
할 수 있었다.[31] 결국 중추원은 총독에 대한 통제기구로서의 역할은 애
당초 기대할 수 없는 기구였던 것이다.

총독의 무책임성과 관련하여 특히 주목되는 것은 그 일제의 중앙정부
와의 관계이다. 일제의 '외지' 지배를 위한 중앙기구는 청일전쟁의 결과
대만을 식민지화한 직후인 1895년 6월에 설치된 대만사무국에서 출발하
여 빈번한 변화를 거듭하게 되는데, 한국의 지배를 위한 중앙기구에 관한
규정이 처음 등장하게 되는 것은 이른바 '병합' 직전인 1910년 6월 21일
의 칙령 제279호 「척식국관제」 제1조 "척식국은 내각총리대신에게 소속
되어 대만 및 한국에 관한 사항을 통리한다"라는 규정에서였다.[32] 이 척
식국은 1913년 6월 13일에 폐지되고, 그 사무는 내무성으로 이관되었다.

---

31) 1910년 9월 30일 칙령 제355호 「조선총독부중추원관제」, 『官報』 제1권, 186쪽.
32) 山崎丹照, 『外地統治機構の硏究』, 高山書院, 1943, 20쪽. 그런데 여기에서 주
　　목되는 것은 이 척식국은 일제의 식민지 지배를 위한 통일적인 중앙기구로서
　　설치된 것이었던 데 대해, 일제의 주장에 따르더라도 한국은 아직 '법적으로'
　　는 보호국의 상태에 있었다는 점이다. 이것은 곧 일제가 한국을 '병합'하기
　　이전에 이미 식민지의 하나로서 취급하고 있었다는 것을 의미한다. 일제의
　　침략야욕이 한발 앞서 법을 통해 드러난 예라고 할 수 있을 것이다.

즉 1913년 6월 13일의 칙령 제142호 「내무성관제 중 개정」[33]에 의해 내무대신이 "조선, 대만 및 화태(樺太)에 관한 사항을 통리"하게 된 것이다. 그리고 이 변화에 상응하여 「조선총독부관제」도 개정되어 같은 날의 칙령 제114호 「조선총독부관제 중 개정」[34]에 의해 종래 총독이 천황에게 상주하고 재가를 받을 때는 "내각총리대신을 경유하"도록 되어 있던 것이, "내무대신을 거쳐 내각총리대신을 경유하"도록 바뀌었다. 그러다가 1917년 7월 31일에 또 다시 '외지' 지배에 관한 중앙기구로서 내각의 외국으로 척식국이 설치되면서,[35] 「조선총독부관제」도 다시 개정되어 "내무대신을 거쳐"라는 부분이 삭제되었다.[36]

그리고 이후에도 일제의 '외지' 지배를 위한 중앙기구는 빈번한 변화를 거듭하였는데, 그 과정에서 그 중앙기구와 조선총독의 관계가 커다란 문제로 비화된 것은 1929년에 이르러 '외지' 지배를 일원적으로 관할하기 위한 기구로서 척무성이 설치되면서였다. 1927년 11월에 척무성설치준비위원회가 일제의 내각에 설치되면서 시작된 그 설치 과정에서 줄곧 문제가 된 것이 바로 조선총독을 척무대신의 감독 아래에 둘 것인지의 여부였던 것이다. 일제 정부의 최초의 「척무성관제안」에는, 척무대신이 다른 '외지'와 함께 한국에 대해서도 통리할 권한을 가지며, 그에 상응하여 「조선총독부관제」의 개정을 통해 조선총독이 천황에게 상주하고 재가를 받을 때는 "척무대신을 거쳐 내각총리대신을 경유하"도록 하기로 되어 있었다. 그런데 추밀원에서의 심의과정에서 추밀고문 사이토오 마코

---

33) 『官報』, 제10권, 1199-1200쪽.

34) 『官報』, 제10권, 1199쪽.

35) 1917년 7월 31일 칙령 제73호 「拓殖局官制」 제1조 "척식국은 내각총리대신의 관리에 속하며 조선, 대만, 화태 및 관동주에 관한 사무 및 남만주철도주식회사에 관한 사무를 관장한다." 『官報』, 제31권, 423쪽.

36) 1917년 7월 31일 칙령 제78호 「朝鮮總督府官制 中 改正」, 『官報』, 31권 423-424쪽.

토(齊藤實)에 의해 그것이 조선의 특별한 지위를 무시하는 것이라고 하는 문제제기가 있었다.[37] 사실 일제 정부의 초안은 조선총독에 대한 기존의 취급의 범위에서 벗어난 것이 아니었다. 그 초안의 내용은 위에서 살펴본 1913년의 「내무성관제 중 개정」과 그에 따른 「조선총독부관제 중 개정」의 내용과 완전히 일치하는 것이었다. 그러나 3·1운동 직후에 조선총독을 지낸 경험을 가진 사이토오에게는 그것만으로도 조선에 대한 원활한 지배에 악영향이 미칠 것이라고 생각했을 법하다. 어쨌든 그후 오랜 논쟁과 절충 끝에, "조선총독의 상주권은 종전대로 하고, 조선총독은 관제상 척무대신의 지휘·감독을 받지 않으며, 척무성에 관리·식산·척무 3국 외에 특별히 조선부를 설치하여 조선을 다른 '외지'와 별도로 취급한다"는 타협안[38]이 마련되었으며, 그것을 기초로 1929년 6월 8일에 칙령 제152호 「척무성관제」[39]가 성립되었다. 그리하여 그 「관제」에서는 "척무대신은 조선총독부, 대만총독부, 관동청, 화태청 및 남양청에 관한 사무를 통리하고 남만주철도주식회사 및 동양척식주식회사의 업무를 감독한다"(1조), "조선부에서는 조선총독부에 관한 사무를 관장한다"(3조)라고만 규정하게 되었다. 그리고 이 관제의 성립 후 「대만총독부관제」, 「화태청관제」 및 「관동청관제」는 모두 개정되어 그 장관은 모두 척무대신의 '감독'을 받도록 명기되었다. 그러나 「조선총독부관제」는 결국 개정되지 않았다.[40] 이렇게 해서 '외지'에 대한 상대적으로 강대한 권한을 부여받

---

37) 山崎丹照, 『外地統治機構の硏究』, 24-28쪽 참조.

38) 《東京朝日新聞》, 1929. 5. 24., 山崎丹照, 『外地統治機構の硏究』, 31-32쪽에서 재인용.

39) 『官報』, 제82권, 129-130쪽.

40) 여기에서 주의할 것은 대만총독의 경우는 그 중앙정부와의 관계를 최초로 규정한 1896년의 칙령 제88호 「대만총독부조례」에서부터 중앙정부의 '감독'을 받는 기구였으며, 그후 중앙기구의 빈번한 개편에도 불구하고 항상 새로운 기구의 '감독'을 받도록 되어 있었다는 사실이다(山崎丹照, 『外地統治機構の硏究』, 177-194쪽). 따라서 이때의 관제 개정도 단지 그 감독을 받는 중앙기구

은 척무대신의 경우에도, 조선총독부에 관한 사무에 관한 그 통리권은 기껏해야 "단지 내부적으로 협조해야 한다라는 의미를 가지는 데 지나지 않았"[41]던 것이다.

이러한 조선총독과 일제의 중앙정부와의 관계는 그후 1942년에 이르러 다소 변화했다. 1937년 중일전쟁 그리고 1941년 태평양전쟁으로 치달은 일제는, 그 본국 및 '외지' 행정기구의 일원화의 필요에 따라 1942년에 척무성을 폐지하고 한국에 대한 사무를 본국 및 다른 '외지'에 대한 사무와 함께 내무대신의 소관으로 이관하였다. 즉 1942년 11월 1일의 칙령 제725호 「내무성관제 중 개정」[42]에 의해 "조선총독부, 대만총독부 및 화태청에 대한 사무"는 내무대신이 "통리"하게 된 것이다. 그리고 그것에 상응하여 같은 날의 칙령 제727호 「조선총독부관제 중 개정」[43]에 의해 조선총독의 천황에의 상주 및 재가는 "내무대신을 거치고 내각총리대신을 경유하여" 하도록 되었다. 물론 이 내용은 위에서 살펴본 1913년 및 1929년의 일제 중앙정부와 조선총독의 관계에 대한 여러 칙령의 내용과 동일한 것이다.

하지만 역시 같은 날의 칙령 제729호 「조선총독 및 대만총독의 감독 등에 관한 건」[44]에 의해 "내무대신은 조선총독에 대해 조선총독부에 관한 사무의 통리상 필요한 지시를 할 수 있"게(제1조) 되었으며, 또한 같은

가 바뀌었다는 이상의 의미를 가지지 못하는 것이었다. 이렇게 본다면 '외지' 지배를 위한 중앙기구의 강화를 위한 척무성의 설치와 관련하여 중요한 것은 결국 조선총독에 대해 척무대신이 어느 정도의 통제권한을 확보하는가라는 문제였다. 결과적으로 조선총독의 특별한 지위는 그 통제권한을 배제한 것이었다.

41) 松岡修太郎, 「朝鮮に於ける行政權及びその立法權竝びに司法權との關係」, 船田享二 編, 『法政論纂』(京城法文學會 第一部論集), 제4책, 1931, 128쪽.
42) 『官報』, 제135권, 757쪽.
43) 『官報』, 제135권, 757쪽.
44) 『官報』, 제135권, 757-758쪽.

칙령에 의해 내각총리대신과 각성대신은 칙령 소정의 "각 해당사무에 한하여" 각각 "조선총독 및 대만총독을 감독할 수 있"고, 그 "사무에 대해 감독상 필요한 지시를 할 수 있"게(제2조) 되었다. 그리고 그것에 상응하여 위의 「조선총독부관제 중 개정」에 의해 "총독은 별도로 정하는 바에 따라 내각총리대신 및 각성대신의 감독을 받는다"라는 규정이 신설되었다.

이것은 조선총독의 지위에 실질적인 변화가 생기게 된 것을 의미한다. 즉 조선총독은 그 이전까지는 천황에 대해 책임을 질 뿐 그 누구로부터도 지시나 감독을 받는 입장에는 있지 않았다. 그러나 이때부터는 내무대신의 지시와 내각총리대신 및 각성대신의 감독을 받게 된 것이다. 하지만 이때에도 "천황에게 직예"한다라는 조선총독의 지위에는 아무런 변화가 없었다. 따라서 그의 지위에 대해 발생한 변화는 한정된 의미에 머무를 수밖에 없었다. 즉 우선 조선총독에 대한 내무대신의 지시는, 대만총독에 대한 그것과는 달리, 결코 '감독권'에서 나오는 것이 아니었다. 처음부터 중앙정부의 감독을 받도록 되어 있었으며 이때의 개정으로 내무대신의 감독을 받도록 된 대만총독의 경우 그 지시는 일반행정감독권에서 유래하는 것으로 법적인 구속력을 가지는 것이었지만, 단지 내무대신의 통리만을 받도록 된 조선총독의 경우는 그 지시는 "사무통리상 필요한 범위 내"에서만 인정되는 것, 즉 "어떤 조치를 할 것 또는 하지 말 것에 대해, 자기의 의견을 진술하는 데 지나지 않는", 따라서 법적인 구속력을 가지지 않는 것이었다.[45] 다음으로 내각총리대신 및 각성대신의 감독권도, 단지 칙령 소정의 사항에 대한 개별적 감독권에 머무르는 것으로서, 그것에 의해 조선총독이 "그들 각 대신의 하급관청이 되는 것은 아니"었으며, 그 지시는 지휘권에 기초한 훈령이나 지령과는 다른 것이었으므로 "개개의 세세한 점에까지 미칠 수는" 없는 것이었다.[46] 요컨대 일제의 '외지' 지

---

45) 山崎丹照, 『外地統治機構の研究』, 78-79, 122쪽.
46) 山崎丹照, 『外地統治機構の研究』, 81, 124쪽.

배를 위한 중앙기구는 다른 '외지' 장관의 경우와는 달리 조선총독에 대해서는, 제도상 통제가 가능한 경우에도 그것이 '일반적인 행정감독'의 단계에까지는 이르지 못한 약한 통제에 불과한 것이었다고 할 수 있는 것이다.

조선총독에 대한 이와 같은 통제의 결여는 물론 "천황에게 직예"한다고 하는 조선총독의 특별한 지위에서 연유하는 결과였다. 즉 조선총독은 궁극적으로는 천황에 대해서만 책임을 지는 존재였기 때문이었다. 그리고 앞에서 살펴본 것처럼 천황에 대해 책임을 진다는 것은 결국 무책임과 같은 것이었다. 이렇게 해서 절대적인 권력과 무책임, 이것이 조선총독의 한국에 대한 일제의 지배기구의 특성으로서 도출되는 것이다.

5. 입법의 특성

일제강점기의 입법의 성격은 바로 그러한 한국에 대한 일제의 지배이데올로기 및 지배기구의 특별한 성격의 연장선상에 위치하는 것이었다. 「대일본제국헌법」에 따르면 입법권은 천황이 장악하고 있었다. 다만 천황은 일정한 경우에 그 행사에 있어서 제국의회의 관여를 인정했다. 즉 천황은 이른바 대권사항(제6조~제16조)에 대해서는 독자적으로 칙령을 제정할 수 있었다. 다만 입법사항, 즉 제2장의 신민의 권리의무와 제5장의 재판소의 구성, 재판관의 자격, 재판관에 대한 징계, 특별재판소의 관할, 행정재판소 및 제6장의 조세, 세율 등에 관한 사항은 법률로써 규율해야 했으며, 그 법률을 제정할 경우에는 "제국의회의 협찬"을 거치도록 되어 있었다(제5조). 따라서 일제의 입법기구의 핵심은 천황 및 제국의회의 협찬을 받는 천황이었다. 그리고 그밖에 법규명령을 제정할 권한을 가진 내각총리대신, 각 성 대신, 북해도장관, 부현지사 등이 있었다.[47]

일제에 따르면 한국은 그들의 영토의 일부였다. 그렇다면 당연히 그 입법권의 행사나 입법기구도 같은 모습을 하고 있어야 할 터였다. 하지만 한국에서의 입법권의 행사 및 입법기구는 일제의 그것과 비교할 때도 특별한 것이었다. 그것은 조선총독에게 제령제정권이라는 입법에 관한 특별한 권한이 부여되어 있었기 때문이다.

조선총독은 입법에 관한 권한으로서 제령제정권과 조선총독부령 제정권을 가지고 있었다. 이 중 조선총독부령은 총독이 상위의 법률과 명령의 범위 내에서 발하는 명령으로서, 그 제정권은 다른 일제의 행정기관의 경우와 마찬가지로 총독이 일제의 행정기관인 까닭에 당연히 인정되는 권한이었다.

하지만 제령제정권은 조선총독만이 가지고 있는 입법에 관한 특별한 권한이었다. 조선총독의 제령제정권은 1910년 8월 29일에 「합병조약」과 동시에 공포된 긴급칙령 제324호 「조선에 시행할 법령에 관한 건」[48]에서 처음 인정되었다. 그런데 제국의회의 폐회를 이유로 발해진 이 긴급칙령은, 다음의 제국의회에서 제령제정권의 위임을 긴급칙령의 형식으로 한 것이 부당하다는 주장에 부딪혀 승인을 얻지 못함으로써, 1911년 3월 24일의 칙령 30호[49]에 의해 장래에 효력이 없는 것으로 되었다. 그러나 동시에 동일한 내용에 유효기간을 붙인 법률안이 의원에 의해 제출되었고, 결국 "기한을 붙여도 곧 그것을 연장한다면 아무 의미도 없다"는 이유로 유효기간에 대한 조항은 삭제되어, 위의 긴급칙령과 완전히 동일한 내용의 「조선에 시행할 법령에 관한 법률」[50]이 1911년 3월 24일 법률 제30호로 성립되었다.[51] 그 법률 제30호의 내용은 다음과 같다.

---

47) 內田達孝, 『全訂 朝鮮行政法槪要』, 近澤書店, 1935, 61-81쪽.
48) 『官報』, 제1권, 17쪽.
49) 「明治四十三年勅令第三百二十四號ノ效力ヲ將來ニ失ハシムルノ件」, 『官報』, 제3권, 743쪽.
50) 『官報』, 제3권, 743쪽.

제1조 조선에서 법률을 요하는 사항은 조선총독의 명령으로 규정할
수 있다.

제2조 전조의 명령은 내각총리대신을 경유하여 칙재를 청해야 한다.

제3조 임시긴급을 요하는 경우에 조선총독은 즉시 제1조의 명령을
발할 수 있다. 전항의 명령은 발포 후 즉시 칙재를 청해야 한다.
만일 칙재를 얻지 못한 때는 조선총독은 즉시 그것이 장래에
효력이 없다는 것을 공포해야 한다.

제4조 법률의 전부 또는 일부를 조선에 시행할 필요가 있을 때는 칙
령으로 정한다.

제5조 제1조의 명령은 제4조에 의해 조선에 시행된 법률 그리고 특
히 조선에 시행할 목적으로 제정된 법률 및 칙령에 위배될 수
없다.

제6조 제1조의 명령은 제령이라고 부른다.

요컨대 이 법률에 의해, 조선총독에게 이른바 제령제정권이 부여되었
다. 일제에 따르면, 조선총독에게 입법에 관한 그러한 특별한 권한을 부
여한 것은 "조선은 인정 풍속 기타 각종의 사정이 내지와 달라 동일한 법
령으로 이를 다스릴 수 없고, 또 임기의 조치를 취할 필요가 있기 때문"
이었다.[52] 그러나 그 실질적인 이유는 한국에서 자의적인 입법이 가능하
게 하기 위한 것이었다. 즉 이 법률에 의해 조선총독은 한국의 인민들의
권리와 한국의 사법 및 조세에 관한 사항을, 일본에서라면 제국의회에서
의 심의과정을 거쳐야만 했음에도 불구하고, "내각총리대신을 경유하여

---

51) 법률 30호의 성립과정에 대해서는 松岡修太郎,「朝鮮に於ける行政權及びその
立法權竝びに司法權との關係」, 140-142쪽; 松岡修太郎,『朝鮮行政法提要(總
論)』, 東都書籍, 1944, 20쪽; 條約局法規課,『日本統治時代の朝鮮』(『外地法制
誌』第四部の二), 1971, 90-117쪽 참조.

52) 條約局法規課,『日本統治時代の朝鮮』, 98쪽.

칙재"를 얻는 것만으로 자신의 명령으로서 규율할 수 있었다(제1·2조). 조선총독이 긴급하다고 판단할 때에는 "내각총리대신을 경유하여 칙재"를 얻는다고 하는 요건마저도 무시할 수 있었다(제3조). 뿐만 아니라 같은 사항에 대해 정한 일본에서의 법률이나 긴급칙령도 신경쓸 필요가 없었다(제5조의 반대해석). 요컨대 조선총독의 제령제정권은 근대 입헌주의가 보호하고자 한 가치들에 대한 규율에 있어서의 일체의 제한을 배제하여 자의적으로 입법할 수 있는 권한이었던 것이다.

게다가 위의 법률 제30호에 의해 담보되는 자의성은 단지 조선총독이 제령으로 한국의 입법사항을 좌지우지할 수 있다는 데에 그치는 것이 아니었다. 이 법률에 따르면 일제가 편리하다고 판단하는 경우에는 또한 언제든지 천황이나 제국의회가 한국의 입법기구로서 등장할 수도 있었다. 즉 천황은 오로지 자신의 판단에 따라 언제라도 칙령으로 법률의 전부 또는 일부를 조선에 시행하게 할 수 있었으며(제4조), 또 언제라도 특별히 조선에만 시행할 것을 목적으로 칙령이나 법률을 제정할 수 있었던 것이다(제5조).

법률 제30호에 의해 담보되는 이러한 입법의 자의성은 일제의 또 다른 '외지'인 대만의 경우와 비교할 때에도 특별한 것이었다. 앞서 언급한 것처럼 대만총독도 1896년의 법률 제63호 및 1906년의 법률 제31호에 의해 법률의 효력을 가지는 명령 즉 율령을 제정할 수 있는 권한을 부여받고 있었다. 위의 법률 제30호는 이 법률 제31호를 거의 그대로 모방한 것이었는데, 그후 5년의 기한이 붙어 있었던 법률 제31호가 두 번의 기한연장 끝에 1917년에 법률 제3호 「대만에 시행할 법령에 관한 법률」[53]에 의해 대체되면서, 대만총독의 율령제정권은 조선총독의 제령제정권과는 달리 크게 제약되게 되었다. 그 법률 제3호의 내용은 다음과 같다.

---

53) 山崎丹照, 『外地統治機構の研究』, 351쪽.

제1조 법률의 전부 또는 일부를 대만에 시행할 필요가 있을 때는 칙령으로 정한다. 전항의 경우에 관청 또는 공서의 직권, 법률상의 기간 기타의 사항에 관해 대만 특수의 사정에 의해 특례를 둘 필요가 있는 것에 대해서는 칙령으로 별단의 규정을 둘 수 있다.

제2조 대만에서 법률을 요하는 사항으로서 시행할 법률이 없는 것 또는 전조의 규정에 의하기 어려운 것에 관해서는 대만총독의 명령으로 규정할 수 있다.

제3조 전조의 명령은 주무대신을 거쳐 칙재를 청해야 한다.

제4조 임시긴급을 요하는 경우에 대만총독은 전조의 규정에 의하지 않고 즉시 제2조의 명령을 발할 수 있다. 전항의 규정에 의해 발한 명령은 공포후 즉시 칙재를 청해야 한다. 칙재를 얻지 못한 때는 대만총독은 즉시 그 명령이 장래 효력이 없음을 공포해야 한다.

제5조 본법에 의해 대만총독이 발한 명령은 대만에 시행되는 법률 및 칙령에 위반될 수 없다.

이 법률 제3호의 안을 제출한 대만총독은 그 제안이유로써 "대만의 문화발달의 현상을 고려하여, 칙령으로 법률을 시행하는 길을 넓히는 것이 필요하다"는 점[54]을 들었다. 하지만 언뜻 보기에는 이 법률 제3호는 그 이전의 법률 제31호, 따라서 법률 제30호와 비교할 때 단지 조문의 순서만을 바꾼 듯이 보인다. 그리하여 제국의회의 심의과정에서 그 안이 법률 제31호와 차이가 없는 것이 아니냐라는 질문이 쏟아졌다. 그런데 이에 대해 정부위원은 "법의 규정 자체는 종래와 대차 없는 듯이 보이지만, 종

---

54) 長尾景德·大田修吉, 『新稿 臺灣行政法大意』, 杉田書店, 1934, 34쪽.

래는 위임입법을 원칙적으로 인정한 데 비해, 이번에는 원칙적으로 모국(일제)의 법률을 적용해야 하는 것으로 하고, 그 적용할 법률이 존재하지 않는 경우에만, 예외적으로 위임입법을 인정하고자 하는 것으로, 그 근본에 있어서 중대한 차이가 있다"라고 대답했다.[55]

이 '중대한 차이'란 법률 제3호 제1조, 제2조 및 제5조에 의해 대만총독의 율령제정권이 대폭 축소되었다는 점이었다. 먼저 제1조 제1항은 법률 제30호의 제4조와 완전히 동일한 내용이다. 하지만 그 제2항이 추가됨으로써 법률 제3호는 법률 제30호와는 완전히 다른 내용을 가지게 되었다. 즉 종래 일본의 법률을 '외지'에 시행하고자 할 때 문제가 된 것은, 지배의 편의를 위해 그 법률의 내용을 적절히 변경할 필요가 있는데도, 그렇게 할 법적인 근거가 없다는 점이었다. 법률 제31호 및 법률 제30호에는 그 근거규정이 없었으며, 따라서 칙령으로 법률의 내용을 변경하여 '외지'에 시행하는 것은 법적으로 불가능하다고 해석되었던 것이다. 법률 제3호 제1조 제2항은 바로 그러한 근거를 제공해 주는 것이었다. 즉 "관청 또는 공서의 직권, 법률상의 기간"은 물론 "기타의 사항에 관해"서도 "대만 특수의 사정에 의해 특례를 둘 필요가 있는 것에 대해서는 칙령으로 별단의 규정"을 둘 수 있다고 규정함으로써, 종래 율령에 의한 의용이라는 방식으로 대만에 시행할 수밖에 없었던 법률을 칙령(시행칙령 및 특례칙령)으로 직접 시행할 수 있는 길을 연 것이다. 이것은 그만큼 대만총독의 율령제정권이 제약된다는 것을 의미했다.

뿐만 아니라 법률 제3호 제2조에 의해 대만총독의 율령제정권은 조선총독의 제령제정권에는 가해지지 않는 추가적인 제약을 받게 되었다. 즉 대만총독은 이때부터 입법사항 일반에 대해서가 아니라 "대만에서 법률을 요하는 사항으로서 시행할 법률이 없는 것" 또는 칙령에 의해 법률을

시행하기 "어려운 것에 관해서"만 율령으로 정할 수 있게 된 것이다. 또한 칙령에 의한 법률의 시행이 일반적인 것이 됨에 따라, 즉 "대만에 시행되는 법률"이 많아짐에 따라, 율령이 그 법률에 위반되어서는 안된다는 법률 제3호 제5조는, 비록 그 내용이 법률 제30호 제5조와 거의 다르지 않음에도 불구하고, 대만총독의 율령제정권에 대한 추가적인 제약의 의미를 가지게 되었다.

이렇게 해서 대만에서는 이른바 '내지법률연장주의'가 실시되게 되었다. 즉 일본의 법률이 '연장'되어, 다시 말해 그대로 대만에도 시행되게 된 것이다. 그리하여 대만에서는 민법·상법 등의 일제의 법률이 원칙적으로 시행되게 된 것이다. 이것은 특례칙령에 대한 규정이 없다는 것을 이유로 이른바 '의용'이라는 형식을 취하고 있던 한국의 경우와는 선명히 대비되는 것이었다. 그러한 차이는 조선총독의 입법에 관한 권한이 대만총독의 그것에 비해 더 강대했다는 것을 의미한다. 즉 일제의 법률을 다소 수정하여 '외지'에서 시행하고자 하는 경우, 대만에서는 칙령으로 해야 했지만, 조선에서는 제령으로 가능했던 것이다. 또한 새로운 입법의 필요가 있을 때에도 조선의 경우 의용되는 법률은 시행되는 것이 아니므로, 그 법률의 내용과 배치되는 명령을 제정하는 것이 가능했지만, 대만의 경우 그것이 불가능했던 것이다.[56] 요컨대 조선총독의 입법에 관한 권한은 대만총독의 그것과 비교할 때에도 훨씬 자의적인 것이었다고 할 수 있는 것이다.

---

56) 中村哲, 『植民地統治法の基本問題』, 113-154쪽; 淸宮四郎, 「外地における『法律の依用』」, 『外地法序說』, 有斐閣, 1944, 87-117쪽 참조.

6. 법령의 구조

일제강점기의 법령은 그와 같은 입법의 자의적인 성격 때문에 극히 복잡하고 애매한 구조를 가지고 있었다. 「대일본제국헌법」, 「조선에 시행할 법령에 관한 법률」 기타 법령을 근거로 하는 한국의 법령의 구조는 대략 다음과 같은 모습을 하고 있었다.[57]

1) 일제의 법령

(1) 법률
① 칙령에 의해 특히 조선에서 시행할 것을 정한 법률

제국의회의 협찬을 거쳐 천황이 제정하는 일제의 법률은 한국에서는 천황이 그 전부 또는 일부의 시행이 필요하다고 판단하여 칙령으로 그 시행을 정할 때에 비로소 시행되었다(법률 제30호 제1조). 따라서 법률은 한국에서는 원칙적으로는 시행되지 않는다고 해석되었다. 그리고 칙령으로 법률을 시행하는 경우에도 '불편한' 조문은 이를 제외하고 시행하는 일부시행이 대부분이었다. 그러나 그것으로도 부족한 경우가 있었다. 즉 이른바 한국의 '특수사정'을 고려하여, 그 법률의 일부에 변경을 가하여 실시하지 않으면 안되는 경우가 있었던 것이다. 그러나 이때에는 법률에 그 근거가 필요했다. 앞서 살펴본 것처럼 대만의 경우에는 이 근거가 있었으나, 한국의 경우에는 그것이 없었다. 따라서 칙령으로 한국에 법률을 시행할 때 그 특례를 둘 필요가 있는 경우에는 특례에 관한 별개의 법률을 제정하지 않으면 안되었다.[58] 물론 이것은 매우 번잡한 방식이었으

---

57) 이하의 설명은 주로 山崎丹照, 『外地統治機構の研究』, 306-367쪽; 松岡修太郎, 『朝鮮行政法提要(總論)』, 16-32쪽; 條約局法規課, 『日本統治時代の朝鮮』, 61-81쪽을 참조하여 기술한다.

며,59) 실제로도 그러한 방식이 사용되는 경우는 거의 없었다. 왜냐하면 특례가 필요한 경우 제령으로 '의용'하면 되었기 때문이다.

칙령에 의해 시행되는 법률은 칙령의 내용으로서 시행되는 것이 아니라 그 칙령이 정하는 바에 따라 법률로서 시행되는 것이라고 해석되었다. 이 해석에 따르면, 칙령으로 시행된 법률의 개폐가 있었을 때는, 개정법률을 칙령으로 시행하는 추가적인 절차 없이 그 효력은 조선에도 당연히 미치는 것이 된다.

② 조선에서 시행할 목적으로 특별히 제정된 법률

이것은 적극적으로 인정되는 것이 아니라 제령이 이러한 종류의 법률에 위배될 수 없다는 규정(법률 제30호 제5조)에 의해 그것이 한국에도 시행된다는 것이 전제되어 있다고 해석됨으로써 그 시행이 인정된 것이다. 여기에 해당하는 것으로는 「조선에 시행할 법령에 관한 법률」, 「조선은행법」 등과 같이 그 명칭 및 내용상 명백히 한국에 시행될 것이 전제된 법률과, 「국방보안법」과 같이 그 부칙에서 특별히 한국에서의 시행을 규정한 법률이 있었다. 또한 이렇게 명시적으로 한국에서의 시행이 전제된 것 외에도, 일제와 '외지' 상호간의 교섭을 규율한 법률, 예를 들면 민사

---

58) 「關稅法」, 「關稅定率法」, 「保稅倉庫法」 등이 1920년 8월의 칙령 제306호에 의해 한국에 시행될 때, 그와 동시에 그 특례에 관한 별개의 법률, 즉 1920년 법률 제53호 「關稅法關稅定率法保稅倉庫法及假置場法等ノ朝鮮ニ於ケル特例ニ關スル件」이 제정된 것이 그 예이다.

59) 그러한 불편을 감안하여 법률의 제정 당시에, 그것을 '외지'에 시행할 것이 예상될 때는 법률 그 자체를 식민지 시행에 편리하도록 입법상의 특별한 조치가 취해졌다. ① 법률에서 행정관청의 직권에 대해, '주무대신' 혹은 '각성대신' 등의 문자를 피하고, '행정관청' 또는 '정부' 등으로 규정하여 특례 없이 바로 식민지에 적용할 수 있게 하는 것, ② 법률 중에 '외지' 관계의 특례규정을 두거나, 혹은 넓은 범위의 특례사항의 규정을 칙령에 위임할 수 있도록 근거규정을 두는 것, 예를 들면, "법률을 '외지'에 시행하는 경우 필요하면, 칙령으로 다르게 정할 수 있다"라는 취지의 규정을 특히 법률 중에 두는 것이 그것이다.

및 형사에 관해 일제와 조선·대만·관동주·남양군도 사이의 교섭을 규율한 「공통법」 등과, 속인적 성질을 가진다고 해석된 법률, 예를 들면 널리 '일본제국주의의 공무원 및 그 유족'에게 적용된 「은급법(恩給法)」 등이 한국에도 시행되는 것으로 해석되었다.

이들 법률은 그 명칭이나 내용 등을 고려하여 한국에도 시행되는 것이라고 해석되었다. 하지만 어떠한 법률이 한국에 시행되는가에 대한 명확한 기준은 존재하지 않았다. 단지 "각 법률에 대해, 그 내용을 보고 규정의 성질에 따라 판단할 수밖에 없다"[60]라는 것이 유일한 '기준'이었다. 일제의 법률 중 어떤 것이 한국에 대해 적용될 것인지는 전적으로 법집행자의 판단에 맡겨져 있었던 것이다.

(2) 칙령

① 칙령

천황의 명령인 칙령은 천황의 통치권이 미치는 한국에도 원칙적으로 시행된다고 해석되었다. 하지만 그렇다고 모든 칙령이 한국에 시행된다는 것은 아니었다. 먼저 대권사항에 대한 독립명령인 칙령은, 그 중 한국에 시행할 목적으로 제정된 것, 예를 들면 한국에 관한 제 관제, 「조선교육령」 등은 당연히 한국에 시행되고, 그렇지 않은 것은 당연히 시행되지 않는다고 해석되었다. 물론 이때에도 그 양자를 구별하는 명확한 기준은 없었다. 단지 칙령의 내용에 따라 판단할 수밖에 없다라고 주장되었을 따름이다. 한국에 시행할 목적으로 제정된 칙령이 아닌 칙령을, 나중에 한국에 시행하기 위해서는 어떤 방법이 있는가에 대해서도 명문의 규정이 없었다. 이에 대해서는 그 칙령 자체를 개정하여 한국에도 시행할 것을 명확하게 하거나, 혹은 다른 칙령으로 그것을 한국에 시행할 것을 정하는

---

60) 松岡修太郎, 『朝鮮行政法提要(總論)』, 17쪽.

것도 가능하며, 또 다른 칙령으로 시행해야 할 칙령을 의용하는 것도 가능하다고 해석되었다.

이에 대해 집행명령 또는 위임명령인 칙령은 법률의 집행을 위해 혹은 법률의 위임에 의해 발하여지는 것인 까닭에 그 한국에의 시행은 관계 법률의 한국에서의 시행여부에 달려 있다고 해석되었다. 즉 한국에 시행되지 않는 법률의 집행명령 또는 위임명령은 당연히 한국에도 시행되지 않는 것으로 해석되었다. 하지만 한국에 시행되는 법률의 경우에는 그 유형이 다양한 까닭에 다시 칙령의 시행여부도 문제가 되었다. '조선에 직접 시행되는 법률'의 경우는 그 집행명령 또는 위임명령은 당연히 한국에도 시행되는 것으로 해석되었다. 하지만 이 때에도 그 법률이 한국 및 일제 또는 다른 '외지'에 공통적으로 시행되는 때는, 그 집행명령 또는 위임명령은 어디에 시행될 것을 목적으로 제정되었는가를 다시 따져서 한국 이외의 지역에의 시행을 목적으로 제정된 명령들은 한국에는 시행되지 않는다고 해석되었다. 다음으로 '칙령으로 조선에 시행된 법률'은, 본래는 한국에 시행될 것을 목적으로 제정된 것이 아니라는 이유로 그 법률이 한국에 시행되기 이전에 제정된 명령들은 당연히 한국에는 시행되지 않으며, 그 법률이 한국에 시행된 이후에 제정된 명령들의 경우도 그 법률은 한국과 다른 지역에 공통적으로 시행되는 것이기 때문에 다시 그 제정의 목적을 따져서 한국에의 시행여부를 판단해야 한다고 해석되었다.

② 긴급칙령

"공공의 안전을 보지하거나, 그 재앙을 피하기 위해 긴급한 필요에 따라 제국의회 폐회의 경우에 법률에 대신"하기 위해 제정되며, "다음 회기에 제국의회에 제출"하여 "만일 의회에서 승낙하지 않을 때는 … 장래에 향해 그 효력을 상실함을 공포해야" 하는, 긴급칙령의 한국에서의 시행에 대해서는 명문의 규정이 없었다. 그러나 특히 한국에 시행할 목적으로 긴급칙령을 발한 경우는 '특히 조선에 시행할 목적으로 제정된 법률'에

준하여 한국에 직접 시행된다고 해석되었다. 그러나 특히 한국에 시행할 목적을 가지지 않고서 제정된 긴급칙령을 사후에 한국에 시행할 필요가 생긴 경우에는 어떻게 할 것인가는 문제였다. ① 그러한 긴급칙령은 발령 당초에는 당연히 한국에 시행되지 않는다고 해석되었다. 이러한 해석을 하는 이유는 그것이 한국에 시행할 목적으로 제정되지 않았다는 데서 찾을 수 밖에 없다. ② 긴급칙령은 의회의 승낙을 얻은 후에는 법률과 완전히 같은 효력을 가진다. 따라서 승락 후의 긴급칙령을 한국에 시행하기 위해서는 법률의 한국에의 시행과 마찬가지로, 칙령으로 그 전부 또는 일부의 시행을 정해야 하는 것으로 해석되었다. ③ 긴급칙령 발령에서 의회 승낙까지의 사이에 그것을 한국에 시행할 필요가 있을 경우는, 긴급칙령이 법률사항을 규율하는 것인 까닭에 칙령으로써 한국에 시행해야 하는 것으로 해석되었다.

　③ 각령(閣令) 및 성령(省令)

　일제의 내각총리대신 및 각 성 대신이 제정하는 각령 및 성령은, 그들의 권한이 원칙적으로 한국에 미치지 않았으므로, 역시 원칙적으로는 한국에 시행되지 않는 것으로 해석되었다. 다만 이 원칙에는 예외가 있었다. 첫째 한국에도 관련이 있는 사항으로서 특히 중앙관청의 권한에 유보되어, 조선총독의 권한에 속하지 않는 사항에 관해서는 그에 관한 각령 및 성령이 한국에 시행되는 것으로 해석되었다. 둘째, 총독의 권한에 속하는 사항에 대해서도, 특히 중앙관청의 통제 아래 있는 사항에 관해서는, 그 한도에서 각령 또는 성령이 조선에 시행된다고 해석되었다.

　2) 조선총독부의 법령

　(1) 제령

위에서 설명한 일제의 법령은 조선총독의 제령제정권과의 관계상 예외적으로만 한국에 시행되었다. 따라서 한국의 법령의 대부분은 제령 이하 조선총독부의 법령이었다. 그 중에서 특히 제령에는 「조선민사령」,「조선형사령」 등 다수의 중요한 법령이 포함되었으며, 35년간 총 676건으로 구 제령의 개폐에 관한 것을 제외해도 270건에 달했다.61)

조선총독은 한국에서의 입법사항, 즉 한국인민의 권리의무, 한국에서의 사법 및 조세에 관한 사항을 규율하는 제령을 제정할 수 있었다. 또한 조선총독은 일본의 법률을 의용하는 제령을 제정할 수 있었다. '의용'이란, 예를 들어 「조선민사령」(1912년 제령 제7호)의 제1조에서 "민사에 관한 사항은 본령 기타의 법령에 특별한 규정이 있는 경우를 제외하고는 아래의 법률에 의한다"라고 규정하고, 민법·신탁법·상법·수표법·유한회사법·파산법·화의법·민사소송법 등을 열거한 후 제2조 이하에서 조선에서의 특례를 규정하는 것과 같이 일본의 법률에 변경을 가하여 조선에 시행하는 것이다.

이들 제령의 제정에 있어서 조선총독에게 가해지는 제약은 내각총리대신을 경유하여 천황의 칙재를 얻어야 된다는 것과, 한국에 시행된 법률 그리고 특히 한국에 시행할 목적으로 제정된 법률 및 칙령에 위배될 수 없다는 것 두 가지뿐이었다. 따라서 조선총독은, 대만총독의 경우와는 달리 위의 사항에 관해 언제라도 제령을 제정할 수 있었으며, 또한 조선에서 시행되는 예외적인 법률 및 칙령에 위배되지 않는 한 어떠한 내용이라도 제령 속에 담을 수 있었다.

그리고 일본의 법률이 제령에 의해 의용되는 경우 그 법률은 법률로서가 아니라 제령의 내용으로서 간접적으로 한국에 시행되는 것이라고 해석되었다. 즉 의용되는 법률과 제령은 완전히 다르다는 것이었다. 따라서 일본에서 법률의 개폐가 있는 경우에도 그 효과가 한국에 당연히 미치는

------

61) 이에 비해 35년간의 강점기간 동안 한국에서 시행된 일제 법령의 수는 130건에 불과했다. 條約局法規課, 『日本統治時代の朝鮮』, 64쪽.

것은 아니었으며, 또한 총독은 일본에서의 법률에 개폐가 없는 경우에도 언제든지 제령의 개폐를 통해 그 법률의 시행여부 및 시행의 정도를 좌우할 수 있었다. 다만, 이와 관련해서는 제령에 의해 의용된 법률이 개정된 때는, 별단의 정함이 없는 한 개정법률 시행일부터 개정법률에 의한다는 특별 규정이 있었다.[62]

(2) 조선총독부령

조선총독부령은 조선총독이 그 직권 또는 특별한 위임에 의해 발할 수 있는 명령이었다(「관제」 제4조). 여기에서 특별의 위임이란, 법률 및 칙령에 의한 위임뿐만 아니라 그것들과 동렬에 위치하는 제령에 의한 위임도 포함된다고 해석되었다.

조선총독의 권한은 내각총리대신 및 각성 대신과 거의 동격이라고 볼 수 있기 때문에 조선총독부령으로 규정하는 사항은 대체로 각령 또는 성령으로 규정할 것에 해당한다. 그러나 부령에 붙일 수 있는 벌칙은 1년 이하의 징역 혹은 금고, 구류, 2백원 이하의 벌금 또는 과료로서 칙령과 같은 정도(1890년 9월 18일 법률 제84호 「명령의 조항 위범에 관한 벌칙의 건」)로서 상대적으로 강한 벌칙이었다.

(3) 지방관청의 명령

① 도령(道令)

도령은 도지사가 관내의 행정사무에 관해 직권 또는 위임의 범위 내에서 발하는 명령이었다(1910년 9월 30일 칙령 제357호 「조선총독부지방관관제」[63] 제6조). 도령은 그 내용상 일제의 부현령에 상당하는 것이지만,

---

62) 1911년 6월 22일 제령 제11호 「制令ニ於テ法律ニ依ルノ規定アル場合ニ於テ其ノ法律ノ改正アリタルトキノ效力ニ關スル件」, 『官報』, 제4권, 465쪽.
63) 『官報』, 제1권, 187-188쪽.

그것에 붙일 수 있는 벌칙은 3월 이하의 징역 또는 금고, 구류, 백원 이하의 벌금 또는 과료로서,[64] 그 정도는 각령 또는 성령과 같으며, 부현령보다 훨씬 높았다. 이 벌칙은 대만의 경우와 비교할 때에도 높은 것이었다. 이에 해당하는 대만의 법령은 주령(州令) 및 청령(廳令)인데, 그 부가할 수 있는 벌칙의 한도는, 주령의 경우 2월 이하의 징역 혹은 금고, 구류, 70원 이하의 벌금 또는 과료, 청령의 경우 구류 또는 과료로서 도령보다 훨씬 낮았다.

　② 도령(島令)

　도령은 도사(島司)가 관내의 행정사무에 관해, 법령에 의해 또는 도지사에 의해 위임받은 사항에 대해 발하는 명령이었다(「조선총독부지방관관제」 제21조의 5). 여기에는 벌칙을 부가할 수 없었다.

　3) '구법령'

　소위 '병합'의 논리에 따르면, 한국은 없어지고 한국이 일제의 영토의 일부가 된 것이다. 따라서 당연히 그때까지 한국에서 시행되고 있던 법령은 그것이 구한국의 법령이든 일제의 법령이든 그 효력을 상실할 터였다. 하지만 정리통합을 위해서라는 이유로 1910년 8월 29일 제령 제1호 「조선에서의 법령의 효력에 관한 건」[65]에 의해 "조선총독부 설치시 조선에서 그 효력을 상실해야 할 제국법령 및 한국법령은 당분간 조선총독이 발한 명령으로서 계속 그 효력을 가"지는 것으로 정해졌다. 또한 그들 법령은, 1910년 10월 1일 제령 제8호 「명치 43년 제령 제1호에 의한 명령의 구분에 관한 건」[66]에 의해 "제령으로 정할 것을 요하는 사항을 규정한

---

64) 1919년 8월 19일 칙령 제392호 「朝鮮總督府道知事ノ發スル命令ノ罰則ニ關スル件」, 『官報』, 제40권, 1028쪽.
65) 「朝鮮ニ於ケル法令ノ效力ニ關スル件」, 『官報』 제1권, 25면.

것은 제령, 조선총독부령으로써 정할 수 있는 사항을 규정한 것은 조선총
독부령, 도령으로써 정할 수 있는 사항을 규정한 것은 도령으로써 정한
것으로" 취급되게 되었다.

여기에서 '한국법령'이란 대한제국의 법령을 그리고 '제국법령'이란
일제의 법령을 의미한다. 그런데 '병합'시에 효력의 존속이 인정된 일제
의 법령은 그 한국에 대한 침략의 정도에 따라 여러 가지 모습을 하고 있
었다. 일제는 1876년부터 한국 각지에 영사관을 두고, 재한 일본인에 관
한 영사관령을 발했다. 그리고 1905년의 을사조약 체결로 한국의 외교권
을 탈취한 후에는, 영사관을 폐지하고 통감부 및 이사청을 두어 통감 및
이사관이 재한 일본인에 관해 각각 행정명령인 통감부령 및 이사청령을
발했다. 그후 1909년 7월에 사법권, 1910년 6월에 경찰권을 탈취한 후에
는, 새로 설치된 통감부 경무총장이 경성에서 경무총감부령[67]을, 각도에
설치된 경무부장이 각도에서 경무부령[68]을 직권 또는 위임에 의해 발했
다. 그리고 이때부터 사법 및 경찰에 관한 일제관청의 명령은, 일본인뿐
만 아니라 한국인에게도 적용되었다. 그리하여 이른바 '병합'시 한국에서
시행된 일제의 법령은 한국에서 제정된 것으로서는 통감부령, 경무총감
부령, 경무부령, 이사청령, 영사관령(영사관 폐지 후 계속 이사청령으로

---

66) 「明治四十三年制令第一號ニ依ル命令ノ區分ニ關スル件」,『官報』, 제1권, 228-
229쪽.

67) 경무총감부령은 경무총장이 발하는 명령으로서 구류 또는 과료를 부가할 수
있었다. 1910년 9월 30일 칙령 376호「朝鮮總督府警務總長等ノ發スル命令ノ
罰則ニ關スル件」,『官報』, 제1권, 197쪽. 이것은 헌병경찰제도를 지지하는 것
으로서 중요한 의미를 가지는 것이었다. 이것은 1919년 8월의 관제 개편으로
경무총감부가 폐지되면서 없어졌지만, 이미 존재하고 있던 것은 부령으로 간
주하여 존속했다.

68) 도경무부령은 도경무부장이 발하는 명령으로서, 구류 또는 과료를 부가할 수
있었다. 1910년 9월 30일 칙령 358호「統監府警察官署官制中改正ノ件」,『官
報』, 제1권, 188쪽. 이것도 역시 헌병경찰제도를 지지하는 것이었으며, 1919년
8월에 개편되었다.

서 효력을 가진 것) 5종이 있었으며, 기타 재한 일본인에 대한 법률, 칙령, 외무성령 등 일본에서 제정된 것도 있었다. 이들 일제의 법령 모두가 제령 제1호 및 제8호에 의해 계속 효력을 존속하게 된 것이다.

이들 구법령의 인적 효력은 다양했다. 원래 한국법령은 원칙적으로 한국인에게, 한국에서의 일제법령은 원칙적으로 일본인에게 적용되었다는 이유로, 구한국법령은 원칙적으로 한국인에게, 구일제법령은 원칙적으로 일본인에게 적용된다고 해석되었다. 하지만 잔존한 일제의 법령은 지역적 또는 인적 효력이 그 복잡한 연혁에 따라 더욱 복잡했다. 예를 들면 「보안규칙」(1906년 통감부령 제10호), 「출판규칙」(1907년 통감부령 제20호), 「신문지규칙」(1908년 통감부령 제12호) 등은 일본인 및 외국인에게 적용되었으며, 「옥외집회금지의 건」(1910년 총독부령 제3호)은 한국인, 일본인 및 외국인에게 적용되었다. 또한 경무총감부령은 경성에서만 효력을 가지다가 1919년에 이르러 총독부령 제132호[69]에 의해 조선총독부령으로 정한 것으로 되어 한국 전역에 효력을 가지는 것으로 되었다.

이들 구법령은 그후 점차 폐지되어 갔다. 그러나 그중에서도 대표적인 악법으로 꼽히는 법령들은 강점이 끝날 때까지 그 효력을 이어갔다. 1945년 현재, 구한국법령으로 「신문지법」(1907년 법률 제1호), 「보안법」(1907년 법률 제2호), 「국유미간지이용법」(1907년 법률 제4호), 「출판법」(1909년 법률 제2호) 등의 법률·칙령·훈령을 합쳐 17건, 일제법령으로는 「보안규칙」, 「출판규칙」, 「신문지규칙」 등 통감부령 및 훈령 16건이 남아 있었다.[70]

---

69) 『官報』, 제40권, 991쪽.
70) 姜德相 他, 「日帝下朝鮮の法律制度について」, 『日本法とアジア』(仁井田陞博士追悼論文集 第3卷), 勁草書房, 1970, 323쪽.

7. 맺음말

지금까지 일제강점기의 법체계의 기본원리, 그 입법의 성격 및 법령의 구조에 대해 간략하게 살펴보았다. 거기에서 우리가 끄집어낼 수 있는 것은 단지 하나, 즉 '자의성'이다. 신적 권위에 의해 지지된 일제 그 자체의 성격 및 그 연장으로서의 한국 지배기구의 성격이 자의적이었다. 그리고 그것에 의한 입법의 방식과 그 결과로서의 법령 구조 또한 자의적이었다.

한국에서 입법사항을 규율하는 법령은 천황에 의해서 그의 마음대로 만들어질 수도 있었고, 조선총독에 의해서 그의 마음대로 만들어질 수도 있었다. 그에 관한 일본의 법률 및 칙령은 한국에 그대로 시행될 수도 있었고, 일부만 시행될 수도 있었고, 변형된 모습으로 시행될 수도 있었고, 전혀 시행되지 않을 수도 있었다. 한국의 인민들은 일본이나 대만의 인민들보다 더 많은 벌을 받을 수 있었고, 또한 일정한 경우에는 법전 속에 존재하는 법에 의해 규율되지 않을 수도 있었다.

그러한 상황에서 법은 단지 자의적인 도구일 수밖에 없었다. 그것은 억압의 도구였고, 착취의 도구였고, 민족말살의 도구였다.[71] 그리하여 또한 그에 상응하여 한국의 인민들의 마음속에 자리잡게 되는 것은 법률만능주의, 법에 대한 불신일 수밖에 없었다.[72]

---

[71] 일제강점기 법제에 대한 구체적인 연구로는 金圭昇, 『日本の植民地法制の研究』, 社會評論社, 1987; 丘秉朔·鄭文吉, 「日帝植民地下의 韓國社會法制史研究」, 문교부연구보고서 22, 1970; 南興祐, 「日帝의 韓國侵略에 있어서의 法規範과 그 適用에 관한 문제」, 『亞細亞研究』, 33, 1969; 한인섭, 「권위주의적 支配構造와 法體制」, 『계간 사상과 정책』, 1989년 가을호; 鈴木敬夫), 『法을 통한 朝鮮植民地 支配에 관한 研究』. 그리고 『韓國法史學論叢』(朴秉濠敎授還甲紀念論文集 Ⅱ), 朴秉濠敎授還甲紀念論叢發刊委員會, 1991, 제5편의 논문들 및 광복50주년 기념사업회, 『광복50주년 기념논문집』 1(과거청산), 한국학술진흥재단, 1995의 논문들 참조.

[72] 朴秉濠, 「법치주의 실현에의 역사적 교훈」, 『법제연구』, 창간호, 1991. 12., 19쪽.

요컨대 일제강점기의 법은 마음대로 만들어지고 마음대로 집행되는 법이었다. 우리는 그러한 법을 '입헌주의적'인 법, 따라서 '근대적'인 법이라고 말할 수는 없다. 그것은 '근대적'이기는커녕 오히려 '반근대적'인 것일 뿐이다. 이것은 그 법체계에 의해 한민족이 단순히 입헌주의=근대에로 나아가는 것이 차단되었을 뿐만 아니라 오히려 입헌주의=근대로부터 더욱 멀어지게 되었다는 것, 혹은 입헌주의=근대에로 나아갈 가능성이 현저하게 침해되었다는 것을 의미한다. 그리하여 해방의 시점에 선 한민족에게는 법체계와 관련하여 단순히 입헌주의적인 법체계의 수립만이 아니라 반입헌주의적 법체계의 적극적인 청산이라고 하는 과제가 동시에 주어져 있었다고 할 수 있는 것이다.

일본의 위안소 설치·운영행위 등의 육전협약상 위법성*

엄정일
명지대학교 사회과학연구소 객원연구원. 법학박사

1. 머리말

우리 나라는 조선조말 1879년에 '병자수호조약'을 체결하여 낡은 쇄국의 장벽을 허물었으나 밀려드는 열강의 경쟁적 세력 팽창을 저지할 능력이 없었다. 특히 노일전쟁 이후 득세한 일본은 1905년 강박에 의해 '을사보호조약'을 체결하여 대한제국의 외교권을 박탈하고, 1907년 '정미7조약'을 체결하여 대한제국의 내정권을 탈취했다. 이어 1910년 '한일합방조약'을 체결하여 대한제국을 일본에 병합시켰다.

침략조약의 체결로 한국을 강제로 병합시킨 일본은 한국으로부터 온갖 수탈과 약취를 감행했다. 특히 1932년의 상해사변, 1937년의 중일전쟁, 1941년의 태평양전쟁을 치르면서 한민족에 대한 민족말살정책은 극도에 달했었다. 이 과정에서 일본은 한국 등 기타 동남아 국가의 여성을 강제 동원하여 군대 내에 위안소를 설치하고 황군에 대한 성적 위안을

---

* 본고는 2000년에 완성된 것으로 본 논문집에 싣기 위하여 편집되었음을 밝혀 둔다.

강요하는 비인도적인 만행을 자행했다.

1945년 8월 15일 연합군의 승리로 한국은 일본으로부터 분리될 수 있었으며, 1948년 8월 15일에 대한민국 정부가 수립되고 1965년에 '한일 기본관계에 관한 조약'을 체결하여 일본과 국교를 정상화했다. 그리고 한국은 한일 청구권협정을 체결하여 한일간의 청구권 문제를 해결했으나 한국인 일본군'위안부'에 대한 일본의 국가책임과 그러한 행위를 자행한 일본의 국가기관의 전쟁범죄에 대해서는 청산하지 못한 채 남겨 두게 되었다.

이 글은 일본이 군대내에 위안소를 설치·운영하고 위안소의 여성에게 성적 위안을 강요한 행위가 당시에 1907년의 '육전협약(陸戰協約)'의 규정에 위배되는 국제법상 위법행위라는 것을 입론하여 일본의 국제법상 국가책임과 일본의 국가기관의 전쟁범죄가 성립된다는 것을 법리적으로 실증해보려는 것이다.

지금부터 ① 일본이 위안소를 설치·운영하고 위안소의 여성에게 성적 위안을 강요한 비인도적 행위가 국제법상 위법성이 있다는 것이 필요한 이유를 제시하고, ② 일본의 상기 행위가 육전협약상 위법한 행위라는 것을 고찰해보기로 한다. 이 글은 법실증주의의 사조에 입각한 것이며, 법해석학에 기초한 것임을 밝혀둔다. 그리고 이 글의 범위는 육전협약의 위법성에 한정한다.

2. 위안소 설치·운영행위의 국제법상 위법성의 필요성

일본이 군대내에 위안소를 설치·운영하여 위안소의 여성에게 성적 위안을 강요한 비인도적 행위는 한편으로 일본의 국제법상 국가책임을 성립시키고 다른 한편으로 일본의 국가기관의 국제법상 전쟁범죄를 성립시킨다. 일본의 상기 행위가 국가책임을 성립시키기 위해서는 일본이 행한 상기행위가 국제법에 위반되는 행위이어야 하고, 또한 일본이 행한 상기 행위가 전쟁범죄를 성립시키기 위해서도 일본의 상기행위가 국제법에 위반되는 행위이어야 한다.

1) 국가책임의 성립요건으로서의 필요성

일반국제법상 국가책임(state responsibility)이란 국가의 행위에 의하여 범하여진 국제법 위반에 대한 책임(responsibility for violation of international law),[1] 즉 위법행위의 결과(consequence of illegal acts)에 대한 국제법상 국가책임[2]을 말한다. 이러한 일반국제법상 국가책임과 달리 국제법위원회에서 준비중에 있는 국가책임협약 초안(Draft Articles on State Responsibility)상 국가책임이란 ① 국가의 행위에 의하여 범하여진 국제부정행위(internationally wrongful act), 즉 국제불법행위(international delict)와 국제범죄(international crime)에 대한 국제법상 국가책임(responsibility), ② 국제법에 의해 금지되지 아니한 행위(act not prohibited by international law)에 의한 손해의 결과에 대한(for injuries consequences) 국가책임(international liability)을 말한다.[3]

일반국제법상 국가책임과 국가책임협약초안상 국가책임은 다음과 같은 차이점이 있다. 첫째로 전자는 국제법위반행위에 대한 국가책임(re-

---

1) Hans Kelsen, *Principles of International Law*, 2nd ed.(New York: Holt, 1967), p.169; G. I. Tunkin, *Theory of International Law*(Cambridge: Harvard University Press, 1974), p.382.

2) Ian Brownlie, *Principles of Public International Law*, 5th ed.(Oxford: Clarendon, 1998), p.436.

3) International wrongful act에 의한 책임을 responsibility라 하고, act not prohibited by international law에 의한 책임을 liability라 한다.

sponsibility)에 한하나, 후자는 국제법위반행위에 대한 국가책임 이외에 국제법에 의하여 금지되지 아니한 손해의 결과에 대한 국가책임(liability)을 포함한다. 둘째로 전자는 국제법위반행위 중 국제불법행위(international delict)에 대한 국가책임에 한하나, 후자는 국제불법행위 이외에 국제범죄(international crime)에 대한 국가책임을 포함한다. 셋째로 전자는 현재 있는 법(lex lata)에 있어서의 개념이나, 후자는 장차 있어야 할 법(lex ferenda)에 있어서의 개념이다.4) 일본이 군대 내에 위안소를 설치·운영하여 위안소의 여성에게 성적 위안을 강요한 비인도적 행위에 대한 일본의 국가책임은 실제법상 상술한 일반국제법상 국가책임을 의미하며 '국가책임협약'상 국가책임을 의미하지 아니한다. 그러므로 이 글에서 일본의 국가책임이란 일반국제법상 국가책임에 한정하게 된다. 일반국제법상 국가책임이 성립하기 위해서는 다음과 같은 요건, 즉 ①국가기관의 행위, ② 직무상의 행위, ③ 고의·과실, ④ 국제법의 위반, ⑤ 손해의 발생이라는 요건을 구비해야 한다.5)

일본이 군대내에 위안소를 설치·운영하여 위안소의 여성에게 성적 위안을 강요한 비인도적 행위가 일반국제법상 국가책임을 성립케 하기 위해서는 상기 제요건을 모두 구비해야 함은 물론이다. 이 글에서는 상기 제요건 중 '국제법의 위반'의 요건에 관해서만 논급하기로 한다. 일본의 상기 행위에 대한 일본의 일반국제법상 국가책임이 성립하기 위해서는

---

4) 김명기, 『국제법원론』상, 서울: 박영사, 1996, 236-237쪽.

5) Robert Jennings and Arthur Watts(eds.), *Oppenheim's International Law*, 9th ed. vol.1 (London: Longman: 1992), pp.540-41; Algot Bagge, "Intervention on the Ground of Damage Caused to Nationals with Particular Reference to Exchaustion of Local Remedies and the Rights of Shareholders," *B.Y.I.L.*, vol.34, 1958, pp.162-63; Theodor Meron, "International Responsibility of States for Unauthorized Acts of Their Officials," *B.Y.I.L.*, vol.33, 1959, pp.86-87; Eduardo Jimener Arechaga, "International Responsibility," Max Sprensen(ed.), *Manual of Public International Law* (London: Macmillan, 1968), p.534.

일본의 상기 행위가 '국제법에 위반됨'을 요한다. 위반의 대상이 되는 '국제법'의 연원은 일반국제법상으로는 국제조약과 국제관습법이며[6] '국제사법재판소규정'상으로는 국제조약, 국제관습법, 법의 일반원칙, 판례와 학설, 공평과 선이다.[7]

본 연구에서는 일반국제법상 국제법의 연원인 국제조약과 국제관습법에 관해서만 고찰하기로 한다. 요컨대, 일본이 군대내에 위안소를 설치·운영하여 위안소의 여성에게 성적 위안을 강요한 비인도적 행위가 일본의 국가책임을 성립시키기 위해서는 그 행위가 국제법에 위반되는 것이어야 한다. 그러므로 일본의 국가책임이 성립한다는 것을 주장하기 위해서는 일본의 상기 비인도적 행위가 어떠한 국제조약 또는 국제관습법에 위반되는 것이라는 것을 제시해야 한다.

2) 전쟁범죄의 성립요건으로서의 필요성

종래의 전쟁범죄(conventional war crimes)는 일명 전시범죄(war crimes)라고도 하며, 이는 전쟁법의 위반행위로서 범죄자를 체포한 적에 의해 처벌될 수 있는 군인이나 민간인에 의한 적대행위 또는 기타의 행위를 말한다. 이는 전쟁 그 자체의 개시·수행에 관한 범죄가 아니라 일단 개시된 전쟁에 있어서 전쟁법의 위반 행위(violation of the law of war)를 뜻한다.[8]

---

6) Jenning and Watts, *op.cit.*, supra n, p.23; Mark W. Janis, *An International Law*(Boston: Little Brown, 1988), p.4; Ian Brownllie, "International Law in the Context of the Changing world Order," Nadasiri Jasentuliyana(ed.), *Perspectives International Law*(London: Kluwer Law, 1995), p.55.

7) 국제사법재판소규정 제38조 제1항; 김명기, 『국제법원론』, 서울: 박영사, 1996, 1150-1152쪽; Malcom N. Shaw, *International Law*, 4th ed.(Cambrige University Press, 1997), p.55.

8) Great Britain, *The war Office, The Law of War on Land*(London: H.M.S.O., 1958), p.624; Pietro Verri, *Dictionary of the International Law of Armed Conflict*(Geneva:

종래의 전쟁범죄에 대해 제1·2차 세계대전을 거치면서 성립된 새로운 전쟁범죄는 '전시범죄' 이외에 침략전쟁의 위법성을 인정한 소위 '평화에 대한 죄(crimes against peace)'와 비인도적 행위의 위법성을 인정한 소위 '인도에 대한 죄(crimes against humanity)'를 포함하는 것을 의미한다.9) 제2차대전이 종료된 이후 독일의 뉘른베르크 '국제군사재판소(International Military Tribunal)'와 일본의 동경 '극동국제군사재판소(International Military Tribunal for the Far East)'에서 새로운 전쟁범죄를 범한 처벌이 행하여졌다.

먼저 뉘른베르크 국제군사재판소의 전쟁범죄를 살펴보자. 1945년 11월 1일 미국·영국·소련은 모스크바회담에서 독일의 전쟁범죄인 처벌에 관한 '모스코선언(Moscow Declaration)'을 발표했으며,10) 1945년 5월 8일의 독일의 무조건항복에 대한 처리를 위한 포츠담회담(Potsdam Declaration)이 1945년 7월 17일에 개최되어 '모스코선언'을 재확인하는 '포츠담선언'이 행하여졌다.11) 1945년 8월 8일 미국·영국·프랑스·소련은 독일전쟁범죄인을 처벌하기 위한 '구주국동군의 주요범죄인의 소추 및 처벌에 관한 협정(Agreement for the Prosecution and Punishment of the Major War Criminals of the European Axis)'을 체결했으며, 또한 이들 4대국은 동협정의 부속서의 형식으로 국제군사재판소헌장(The Criminals of the International Military Tribunal)을 체결했다.12) '국제군사재판소헌장' 제6조는 동

I.C.R.C., 1992), pp.123-124.

9) U.S., Department of the Army, *The Law of Land Warfare*(Washington, D.C.: U.S. Government Printing Office, 1956), p.498.

10) Charles G. Fenwick, *International Law*, 4th ed.(New York: Appleton Century Crafts, 1965), p.760.

11) Egon Schwelb, "Crime Against Humanity," *B.Y.I.L.*, vol.23, 1964, p.185; U.S., Department of State, *Bulletin*, vol.13, no.318, July 29, 1945, p.137.

12) Schwelb, *op. cit.*, supra n. 11, pp.178-79; M. M. Whiteman, *Digest of International Law*, vol.11(Washington, D.C.: U.S. Government Printing Office, 1968), pp.880-883.

재판소의 관할에 속하는 범죄를 평화에 대한 죄, 전시범죄, 인도에 대한 죄라고 규정했다.

다음으로 동경 극동국제재판소의 전쟁범죄를 보기로 한다. 1945년 8월 15일 12시에 일본은 천황의 라디오 방송을 통해 연합군측에게 '포츠담선언'의 이행을 무조건 수락하는 항복을 선언했고,13) 1945년 9월 2일 이를 성문화한 '항복문서(Instrument of Surrender)'의 서명이 동경만에 있는 미 함정 미조리호의 함상에서 일본측 대표와 연합국측 대표간에 있었다.14) 그후 극동에 있어서 전쟁범죄에 대한 처벌문제가 구체적으로 거론되게 되었다. 1945년 12월 26일 미국·영국·소련은 모스코회담에서 항복문서의 이행을 위한 모든 명령을 연합군최고사령관이 발하도록 하는 데 합의했다.15) 1946년 1월 19일 태평양지구연합군최고사령관 맥아더(Douglas Mac-Arthur) 장군은 극동국제군사재판소의 설립에 관한 포고(Proclamation Establishing on International Military Tribunal for the far East)를 발했으며,16) 또한 그는 '일반명령 제1호(General Order No.1)'의 형식으로 동 선포의 부속서인 '극동국제군사재판소헌장'을 공포하였다.17) 동년 2월 15일 맥아

---

13) F. C. Jones, H. Borton and B. R. Pearn, *Survey of International Affairs, The Far East. 1942-1946*(London: Oxford University Press, 1955), pp.497-98; Bruce Cumings, "American Policy and Korean Liberation," Frank Baldwin(ed.), *Without Parallel*(New York: Random House, 1974), pp.51-52; *New York Times*, 15 Aug. 1945.

14) Myung-Ki Kim, *The Korean War and International Law*(Claremont: Paige Press, 1991), p.8; A. R. Buchanan, *The United States and World War Ⅱ*, vol.2(New York: Hakper, 1964), p.594; Walter C. Langsam, *Historic Documents of World War Ⅱ* (West Point: Greenwood, 1958), p.152.

15) Schwelb, *op. cit.*, supra n. 11, p.214.

16) Rober K. Woetzel, *The Nurenberg Trials in International Law*(London: Stevens, 1967), p.227; United States, Department of the State, *Bulletin*, vol.14, no.348, Mar. 10, 1946, pp.361-64; Schwelb, *op, cit.*, supra n.11, p.214.

17) Whiteman, *op. cit.*, supra n.12, p.970; Schwelb, *op, cit.*, srpra n.11, p.214; United States, Department of the State, *Occupation of Japan, policy and progress*, Far Eastern series 17(Washington D.C.: U.S. Government Printing Office, 1946), p.146.

더 사령관은 동재판소의 재판관을 임명했다.[18] 일본에 대한 정책을 결정할 극동위원회(Far Eastern Commission)가 동년 2월에 설립되었으며,[19] 맥아더 사령관은 동년 4월 3일의 동위원회의 결의를 채택한 후 동년 4월 26일 '일반명령 제1호'를 대체하는 '일반명령 제20호(General Order No.20)'를 발표했다.[20] '일반명령 제20호'의 형식으로 수정·발표된 '극동국제군사재판소헌장' 제5조는 동재판소의 관할에 속하는 범죄를 '평화에 대한 죄', '전시범죄', '인도에 대한 죄'로 규정했다.

본 연구에서는 종래의 전시범죄에 한정하여 전쟁범죄의 성립요건을 보기로 한다. 전시범죄가 성립하기 위한 요건 중 가장 중요한 것은 '전쟁법의 위반'이다. 요컨대, 전쟁범죄가 성립하기 위해서는 전쟁법을 위반하는 행위가 있어야 한다. 따라서 일본이 군대내에 위안소를 설치·운영하여 위안소의 여성에게 성적 위안을 강요한 비인도적 행위를 한 자가 전쟁범죄로 처벌되어야 한다는 주장을 하기 위해서는 일본의 군기관이 행한 상기 행위가 어떠한 국제조약 또는 국제관습법에 위반되는 것이라는 것이 제시되어야 한다.

3. 위안소 설치·운영행위의 육전협약상 위법성

1) 육전협약에 의한 전쟁법의 법전화

전쟁법의 역사는 중세 후반에서 시작되며, 이는 당시의 기독교와 기사도의 영향을 받은 것이었다.[21] 16·17세기의 국제법학의 선구자들의 저서

---

18) Whiteman, *op, cit.*, supra n.12, p.970.

19) *Ibid.*

20) United States, Department of the State, op ,cit., supra n.17, pp.146ff

의 대부분은 전쟁법의 영역에 속하는 것이었으며, 평시국제법의 연구는 전시국제법의 연구를 위하여 필요한 한도에 불과했다. 그러나 그 당시 전쟁법을 성문화하는 단계에까지는 이르지 못했다.[22]

19세기 후반에서 제1차 대전 전에 이르는 기간 동안 허다한 전쟁법규가 조약화되었다. 1899년의 '제1차 헤이그평화회담'에서 군비축소문제 해결은 실패로 돌아가고 말았으나 많은 전쟁법규가 성문조약화되었다.[23] 1907년에 개최된 제2차 헤이그평화회담에서 많은 조약이 채택되었다. 그 중 제4호 협약은 '육전법규관례에 관한 협약'(Hague Convention with Respect to the Laws and Usage of War on Land: 이하 '육전협약'이라 부르기로 한다)이다.[24] 동협약에는 부속규칙이 첨부되어 있는바, 이를 '육전법규관례에 관한 규칙'(Regulations Respecting the Laws and Customs of War on Land: 이하 '육전규칙'이라 한다)이라 한다.

2) 육전협약의 일본에 대한 효력

국제법상 조약은 그 조약의 당사자에 대해서 법적 효력을 갖는다.[25]

---

21) Hersch Lauterpacht(ed.), *Oppenheim's International Law*, 7th ed., vol.2(London: Longmans, 1955), p.226.

22) Arthur Nussbaum, *A Concise History of the Law of Nations*(New York: Macmillan.1958), pp.79-114.

23) Morris Greenspan, *The Modern Law of Land Warfare*(Berkeley: University of California Press, 1959), pp.4-5; G. I. A. D. Draper, "Rules Governing the Conflict of Hostilities: The Law of War and Their Enforcement," *International Law Studies*, U.S. Naval War College, vol.62, 1980, pp.247ff.

24) J. G. Strake, *An Introduction to International Law*, 9th ed.(London: Butter Worth, 1984), p.531.

25) Shaw, *op, cit.*, supra n.7, p.652; Ian Sinclair, *The Vienna Convention on the Law of Treaties*, 2nd ed.(Manchestet: Manchester University Press, 1984), pp.98-99; Hans Ballreich, "Treaties, Effect on Third States," Rudolf Bernhardt(ed.), *Encyclopedia of*

1907년의 '육전협약'도 그 협약의 당사자에 대해서 법적 구속력이 있음은 물론이다. 일본은 1911년 12월 31일에 육전협약에 가입하여 동협약의 당사자가 되었으므로,26) 동협약은 조약으로서 일본에 대한 법적 구속력을 갖는다. 만일 일본이 육전협약에 가입하지 아니했다 할지라도 육전협약의 내용이 국제관습법으로서 일본에 대해 구속력을 갖는 것이며, 따라서 육전협약 제2조에 규정된 총가입조항(general participation clause)27)은 무의미한 것이다.28) 동협약 제2조의 총가입조항에 관한 규정은 다음과 같다.

제1조에 열거한 규칙 및 본 협약의 규정은 교전국이 모두 본 협약의 당사자인 때에 한하여(if all the belligents are parties to the Convention) 체약국간에만 이를 적용한다.

상기 규정에 따라 교전당사자 쌍방이 모두 동협약의 당사자인 경우에만 동협약이 적용되게 되며, 교전당사자의 어느 일방이 동협약의 당사자가 아닌 경우에는 동협약은 동협약의 당사자인 교전당사자에게도 적용되지 않게 된다.29)

조약은 체결당사자만을 구속한다는 것은 국제법상 원칙이다. 그러나

Public International Law, vol.7(Amsterdam: North-Holland, 1984), pp.476-77; Peter Malanczuk(ed.), *Akekurst's Modern Introduction to International Law*, 7th ed.(London: Routledge, 1997), p.137.

26) Georg Schwarzenberger, *International Law: The Law of Armed Conflict*, vol.2(London: Stevens, 1968), p.788.

27) 총가입조항이란 일정한 법적 관계의 당사자가 모두 특정조약의 당사자인 경우에만 그 특정조약이 적용된다는 조항을 말한다(Wilhelm Karl Geck, "General Participation Clause," Rudolf Bernhardt(ed.), *Encyclopedia of Pubic International Law*, vol.3(Amsterdam: North-Holland, 1982), pp.180-181.

28) 김명기, 『정신대와 국제법』, 111쪽.

29) Geck, *op. cit.*, supra n.27, pp.180-181.

조약의 내용이 조약체결 후에 국제관습법화될 경우 또는 기존의 국제관습법을 조약이 성문화할 경우에는 그 조약은 조약의 체결당사자의 범위를 넘어 제3자에게도 효력이 미치게 된다.[30] 물론 이는 조약 그 자체의 효력이 당사자의 범위를 넘어 제3자에게 미치는 것이 아니라, 제3자는 국제관습법의 구속력을 받는 데 불과한 것이다.[31] 이러한 조약의 대표적인 예가 바로 1907년의 헤이그협약이다.[32]

1946년 뉘른베르크 국제군사재판소는 헤이그협약에 관해 "… 이 협약에 규정된 이들 제규칙은 1939년까지 모든 문명국에 의해 승인되었으며, 이는 전쟁법과 관습의 선언으로 간주된다"[33]고 판시했으며, 이와 같은 입장은 1948년 동경국제군사재판소에서는 동일하게 반복되었다. 즉 "… 협약은 어떤 주어진 상황하에서 적용될 관습법을 결정하는 데 있어서 다른 모든 가용할 수 있는 증거와 같이 재판소에 의해 관습국제법의 중요한 증거로 남아 있다"[34] 이와 같은 이유에서 뉘른베르크 국제군사재판소는 비록 체코슬로바키아가 1907년의 '육전협약'의 체결당사자가 아니었으나 '육전협약'은 그에게 적용될 수 있다고 판시했다.[35] 육전협약은 국제관습법이라는 판례는 독일 최고 관할 재판(German High Command Trial)에서도 반복 표시되었다. 동재판소에 의해 "1907년의 육전규칙과 1929년의 포로에 관한 제네바협약은 실질적으로 세계 문명제국에 의해 수락된 국제법의 표현이다"[36]라는 입장이 취해졌고, 또 1948년 크루프

---

30) T. O. Elias, *The Modern Low of Treaties*(Leyden: Sijthoff, 1974), p.69; R. Baxter, "Treaties and Custom," *Recueil des Cours*, vol.29, 1970, p.69.

31) *Ibid*.

32) 김명기, 앞의 책, p.111.

33) International Military Tribunal sitting at Nurenberg, *The Trial of German Major War Criminals*(London: Her Majesty's Stationery Office, 1946), p.65.

34) United Nations War Crime Commission, *Law Reports of Trials of War Criminals*, vol.15(London: Her Majesty's Stationery of Office, 1946), p.13.

35) Great Britain, The War Office, *op. cit.*, supra n.8, para.6.

재판(Krupp Trial)에서도 동일한 견해가 예시되었다.[37] 따라서 뉘른베르크 국제군사재판소는 선결문제로서 총가입조항의 문제를 결정할 필요가 없었다.[38] 노티브 판례(The Notive Case, 1915)에서, 그리고 블론드와 시프즈 판례(The Blonde and Shipps Case, 1992)에서 영국 법원은 총가입조항의 적용을 배제했다.[39]

미국의 육전법(Law of Land Warfare)은 육전협약은 모든 국가에게 적용된다고 다음과 같이 규정하고 있다.

헤이그 제4협약은 개별국가가 당사자가 되지 아니하더라도(even though individual States may not be parties to) 이는 관습 전쟁법의 선언으로서 모든 국가에 적용된다(all states are subject).[40]

영국의 육전법(Law of War on Land)도 육전협약이 국제적 성질을 가진 어떠한 무력 충돌에도 적용된다고 다음과 같이 규정하고 있다.

전투에 관한 헤이그 규칙과 관습규칙(Hague Rules and the customary rules warfare)은 국제적 성질을 가진 모든 무력 충돌에 적용될 수 있는 것으로(to be applicable to any conflict of an international character) 인정된다.[41]

독일이 1945년 2월에 전쟁법에 관한 몇 몇 국제협약을 폐기할 때 독일

---

36) United Nations War Commission, *op, cit.*, supra n.34, vol.20, pp.86-87.

37) *Ibid.*, vol.10, 1949, p.133.

38) L. C. Green, *International Low Through the Cases*, 3rd ed.(London: Stevens, 1970), p.726.

39) N. Singh, *Nuclear Weapons and International Law*(London: Stevens, 1959), p.56.

40) U.S., Department of the Army, *op. cit.*, supra n.9, para.6.

41) Great Britain, The War office, *op. cit.*, supra n.8, para.7.

군 국제작전 참모국(International Bureau of Operational Staff of German Armed Forces)이 작성한 제1급 비밀보고서에 의하면 전쟁법에 관해 다음과 같이 기술되어 있다.

　금세기 전쟁에 있어서 제국의 관행에 의하여 일방적으로 폐기할 수 없는 국제관습(international law of usage)이 존재한다. 이는 전쟁의 인도적 행위의 최근 원칙을 포함한다. 이들은 성문화되어 있지 않다. 따라서 독일이 전쟁법에 관한 협약을 폐기하여도 결코 전쟁법의 기본적 의무로부터 자유로울 수 없다.[42]

　이상과 같은 국가 또는 국제기구의 공식적인 견해 이외에 육전협약, 특히 육전규칙이 국제관습법이라는 주장은 다수의 학자[43]에 의해 승인되고 지지되고 있다. 요컨대, 1907년의 육전협약은 국제관습법으로서 동협약의 체결당사자가 아닌 국제법의 주체를 구속한다. 그것은 조약이 체결당사자 이외의 제3자에게 효력이 미치는 경우가 아니라 국제관습법의 효

---

[42] United State Chief of Counsel for the Prosecution of Axis Criminality, *Nazi Conspiracy and Aggression*, Supplement(Washington: U.S. Government Printing Office, 1946), p.859.

[43] Christopher Greenwood, "Historical Development and Legal Basis," Dieter Flleck(ed.), *The Handbook of Humanitarian Law in Armed Conflicts*(Oxford: Oxford University Press, 1995), p.25; Singh, *op. cit.*, supra n.39, pp.55-58; H. S. Levie, "Maltreatment of Prisoneis of War in Vietnam," Rechard A. Falk(ed.), *The Vietnam War and International Law*, vol.2(New York: Princeton, 1969), pp.373-374; W. R. Harris, *Tyranny on Trial, The Evidence at Narenbery*(Dallas: Souhern Methodist University Press, 1954), pp.504-506; M. S. Modougal and F. P. Feliciano, *Law and Minimun World Public Order*(London: Yale Univ. Press, 1961), pp.504-542; D. W. Bowett, *United Nations Forces*(New York: Praeger, 1964), p.570; Gerard J. Mangone, *The Element of International Law, Casebook*(Illinois: The Dorsey Press, 1963), p.355; Greenspan, *op, cit.*, supra n.49, pp.5-6, 532; Kelsen, *op, cit.*, supra n.1, p.99; Lauterpacht, *op, cit.*, supra n.21, pp.234-235; Schwarzenberger, *op, cit.*, supra 26, p.680.

력이 모든 국제법의 주체에 미치는 경우이다. '육전협약'이 그 전문에서 "전쟁의 일반법과 관습을 개정하기 위하여…" 동협약이 시도된 것이라고 명시하고 있는 바와 같이 육전협약에 표시된 전쟁규칙은 그것이 체결될 당시에 존재하는 국제법을 상회하는 것을 명문화한 것임에 틀림없다.[44] 따라서 1939년까지 동협약에 규정된 이들 규칙은 모든 문명국에 의해 승인된 국제관습법으로 승인된 것이다.[45]

그러므로 '육전협약'은 동협약 제2조에 규정된 '총가입조항'에 불구하고, 일본과 교전하고 있는 모든 교전당사자에게 그들이 동협약의 당사자이냐를 불문하고도 협약이 적용되는 것이다.

3) 육전협약의 인도에 관한 규정

육전협약 전문은 체결국은 인류의 복리와 문명의 요구에 따라야 한다고 다음과 같이 규정하고 있다.

이러한 비상의 경우에 있어서도 인류의 복리와 끊임없이 전진하는 문명의 요구에 부응할 것을 희망하여(animated by the desire to serve, even in this extreme hypothesis, the interests of humanity and the ever—increasing requirements of civilization)

그리고 동협약 전문은 체약국은 문명국간에 존재하는 관행, 인도의 법규 및 공공양심의 요구로부터 오는 국제법의 원칙을 준수하여야 한다고 규정하고 있다. 그 내용은 다음과 같다.

---

44) Green, *op. cit.*, supra n.38, p.726.
45) *Ibid.*

체약국은 그가 채택한 규정에 포함되지 아니한 경우에 있어서도 주민 및 교전자 문명국간에 수립된 관행으로부터, 그리고 인도의 법칙 및 공공양심의 요구로부터 오는 국제법원칙의 보호 및 지배 하에 있음을 선언하는 것이 적당하다고 생각한다(populations and belligerents remain under the protection and empire of the principles of international law, as they result from the usages established between civilized nations from the laws of humanity, and the requirements of the public conscience).

'육전협약'이 상기와 같은 규정을 둔 것은 전쟁법의 필수적 목적(essential purpose)을 명시한 것이며,46) 이 규정에 따라 교전자는 동협약에 규정되지 아니한 경우에도 완전한 자유를 갖는 것은 아니며(do not keep full freedom to action)47) 규정된 '인도의 법과 공공양심의 요구'를 위반하지 아니해야 할 의무를 부담하는 것이며 이 의무를 위반하는 것은 심대한 범죄(deepest offenses)를 구성하게 된다.48) 이 규정에 의해 주민과 교전자는 국제법 원칙의 보호 하에 있게 된다.49) 그리고 이 규정으로부터 '인도에 반한 죄'가 유래되게 된 것이다.50) 또한 '육전규칙' 제46조는 "가문의 명예 및 권리, 개인의 생명 및 사유재산과 종교적 신념 및 그 행사는 존중되어야 한다"고 규정하고 있다. 여기 '가문의 명예'에는 성적 위안의 대상이 되는 것이 포함됨은 물론이다.

---

46) H. Lauterpacht, "The problem of the Revision of the Law of War," *B.Y.I.L.*, vol.29 1952, pp.363-364.

47) K. Skubiszewski, "Use of Force by state, Collective Security, Law of War and Neutrality," Max Srensen(ed.), *Manual of Public International Law*(London: Macmillan, 1968), p.800.

48) Greenspan, *op, cit.*, supra n.23, p.437, note. p.3.

49) *Ibid.*

50) Schwelb, *op, cit.*, supra n.11, p.180; Greenspan, *op, cit.*, supra n.23, p.437.

4) 육전협약의 위안소 설치·운영행위에의 적용

(1) 적용되는 행위의 내용

일본의 국가기관인 천황, 수상, 육군대신, 각급 군지휘관 등이 위안소
를 설치·운영하여 위안소의 여인에게 성적 위안을 강요한 행위와 장병의
위안을 요구한 행위는 '육전협약' 전문에 규정된 인류의 복리와 문명의
요구를 위반하는 행위이며, 또한 문명국간에 수립된 관행과 인도의 법칙
및 공공양심의 요구로부터 오는 국제법 원칙에 반 한 행위로서 또한 '육
전규칙' 제46조를 위반하는 행위로서 이는 '육전협약'을 위반한 행위 이
른바 '심대한 범죄'로[51] 됨이 명백하다.[52] 요컨대, 일본의 국가기관이 행
한 상기 비인도적 행위는 '육전협약'을 위반하는 행위이다.

(2) 적용되는 행위의 대상

일본의 국가기관의 상기 행위는 '육전협약'의 규정을 위반한 행위이다.
그러나 그 행위의 대상은 제한이 없는 것인지는 검토를 요한다. 육전협
약 전문에 규정된 인류의 복리와 문명의 요구에 반하는 행위의 대상과
문명국간에 수립된 관행과 인도의 법칙 및 공공양심의 요구로부터 오는
국제법원칙에 반한 행위의 대상은 적국민, 중립국민과 자국민 모두를 대
상으로 하는 것인가, 그리고 교전자와 주민 모두를 대상으로 하는 것인가

---

51) *Ibid.*

52) 김명기, 앞의 책, 110쪽; Gay J. McDougall, "Systematic Rape, Sexual Slavery and
Slavery - like Practices during Armed Conflict," U. N. Economic and Social Council,
*Commission on Human Rights, Sub-Commission on Prevention of Discrimination and
Protection of Minorities*, Fiftieth Session, 22 June 1998, p.15, para.60; Radhika
Coomaraswamy, "Violence against Women by the State and during Armed conflict,"
U.N. Economic and Social Council, *Commission on Human Rights, Sub-Commission on
Prevention of Discrimination and Protection of Minorities*, Fifty-Fourth Session, 26 January
1998, p.14, para.59.

를 검토해보기로 한다.

첫째로, 인류의 복리와 문명의 요구에 반하는 행위의 대상을 보기로
한다. 이들 규정 앞에 이 행위의 대상을 한정하는 아무런 규정이 없을 뿐
만 아니라 '인류(humanity)'의 복리라고 표시한 것으로 보아 그 대상은 전
인류, 즉 모든 사람인 것이다. 따라서 적국민과 중립국민뿐만 아니라 자
국민까지도 이들 행위에 포함되는 것으로 해석된다.[53]

둘째로, 문명국간의 수립된 관행과 인도의 법칙 및 공공양심의 요구로
부터 오는 국제법원칙에 반하는 행위의 대상을 보기로 한다. 문명국간의
수립된 관행과 인도의 법칙 및 공공양심의 요구로부터 오는 국제법원칙
에 반하는 행위 등의 규정 앞에 '주민과 교전자(populations and belligerents)'라
는 표현이 있다. 즉, 이들 행위의 대상을 주민과 교전자로 규정하고 있다.
이 주민과 교전자 앞에 이를 한정하는 아무런 규정도 없고, 전문의 규정
의 전단에 "문명이 없음을 이유로 규정되지 아니한 모든 경우를 군대지
휘관의 전단에 맡기는 것은 또한 체약국의 의사가 아니다"라는 규정의
취지로 미루어보아 여기의 주민과 교전자(inhabitants and occupant)에는 적
국민과 중립국민뿐만 아니라 자국민도 포함되는 것으로 해석된다.[54]

그리고 전문에 규정된 '주민과 점령자'로 표시되어 있다면,[55] 여기의
주민은 점령지역의 주민만을 뜻하는 것이라고 볼 수도 있으나, 전문이 주
민과 교전자(population and belligerents)로 표시하고 있으므로 여기의 주민
은 교전자에 대립되는 개념인 주민, 즉 평화적 인민 모두를 뜻하는 것으
로 보아야 하며, 또 일반적으로 주민이란 용어는 교전자에 대립되는 모든
주민을 의미하는 것으로 사용된다.[56] 따라서 동 전문상의 주민은 '민간인

---

53) 김명기, 앞의 책, 114쪽.
54) 김명기, 앞의 책, 114쪽.
55) 예컨대 육전규칙 제44조.
56) Greenspan, *op, cit.*, supra n. 23, p.53.

보호에 관한 제네바협약' 제13조 내지 제16조의 주민과 같이 모든 평화적 인민을 의미하는 것이다. 그러므로 교전당사국에 거주하는 중립국민도 이에 포함된다.[57]

요컨대, 위안소의 구성원은 인류의 복리와 문명의 요구에 반하는 행위의 대상인 모든 인류에 해당되며, 문명국간에 수립된 관행과 인도의 법칙 및 공공양심의 요구로부터 오는 국제법원칙에 반하는 행위의 대상인 모든 주민에 해당된다. 따라서 위안소의 구성원이 그 당시 '한일합방조약'이 무효이므로 일본의 국적을 가졌느냐 또는 한일합방조약이 무효이므로 한국의 국적을 가졌느냐를 불문하고 한국인 위안소 구성원에 대한 행위를 '국제법원칙에 반한 죄', 즉 이른바 '심대한 범죄'를 구성하게 된다.[58]

(3) 적용되는 행위의 시기

'육전협약'은 제2조에 규정된 바와 같이 '교전당사자간'에 적용된다. 그러므로 '육전협약'은 전시에 적용되며 평시에는 적용되지 아니한다. 따라서 '육전협약'이 규정하고 있는 '인류의 복리'와 '문명의 요구'에 반하는 행위, '문명국간에 수립된 관행'과 '인도의 법칙 및 공공양심의 요구'로부터 오는 '국제법의 원칙에 반하는 행위' 등은 전시에 범하여진 경우에 한하여 '육전협약'의 위반으로 된다.

위에서 고찰해본 바와 같이 인류의 복리와 문명의 요구에 반하는 행위, 문명국간의 수립된 관행과 인도의 법칙 및 공공양심의 요구로부터 오는 국제법의 원칙에 반하는 행위 등의 대상은 적국민과 중립국민간에 한하지 않고 자국민도 포함된다. 따라서 상기 육전협약의 위반행위가 적국민을 대상으로 하는 경우는 그 적국과 전쟁상태에 있을 경우에 한해 전시에 해당되나, 중립국민 또는 자국민을 대상으로 하는 경우는 어떠한 1

---

57) U.S. Department of the Army, *op. cit.*, supra n.9, para.252.
58) 김명기, 앞의 책, 115쪽.

개 국가와 전쟁상태에 있는 경우도 전시에 해당되게 된다.[59]

여기서 일본의 국가기관이 위안소를 설치·운영하여 위안소의 여인에게 성적 위안을 강요한 행위와 장병이 위안을 요구한 행위에 관해 보기로 한다. 1905년의 '을사보호조약', 1907년의 '정미7조약', 1910년의 '한일합방조약' 등 일본에 의한 대한침략조약이 유효하다면, 한국인은 일본 국적을 가진 것으로 일본의 입장에서 보아 자국민이다. 따라서 일본이 어떠한 국가와 전쟁상태에 있어도 '전시'로 된다. 상기 일본의 대한침략조약이 무효라고 보면 한국인은 일본 국적을 가진 것이 아니므로 일본의 입장에서 보아 자국민이 아니다.[60] 따라서 일본이 한국 이외의 어떠한 국가와 전쟁상태에 있어도 한국인은 중립국민으로 되고 기간은 여기서 말하는 전시가 된다.[61] 요컨대, 일본의 국가기관이 위안소를 설치·운영하여 위안소의 여인에게 성적 위안을 강요한 비인도적 행위와 장병이 위안을 요구한 행위는 일본이 어떤 1개 국가와 전쟁상태에 있었을 때부터 상기 육전협약이 적용되게 된다.[62] 그러므로 일본의 상기 비인도적 행위는 육전협약을 위반한 위법한 행위, 즉 국제법 위반행위로 된다.

4. 맺음말

이상에서 검토해본 바와 같이 일본이 군대내에 위안소를 설치·운영하고 위안소의 여성에게 성적 위안을 강요한 비인도적 행위는 '육전협약'에 규정된 '문명의 요구'와 '국제법 원칙'을 위반한 국제법 위반행위이다.

---

59) 김명기, 앞의 책, 116쪽.
60) 김명기, 앞의 책, 116쪽.
61) 김명기, 앞의 책, 116쪽.
62) 김명기, 앞의 책, 116쪽.

따라서 일본의 이러한 행위는 한편으로 일본의 국제법상 국가책임을 성립하게 하고, 다른 한편으로 이러한 행위를 한 일본의 국가기관의 전쟁범죄를 구성하게 한다. 일본의 국가책임은 1965년의 '한일 청구권협정' 제2조의 규정에 따라 면제된 것이 아니며, 일본의 국가기관이 범한 전쟁범죄는 1945년의 극동국제군사재판소규정에 의한 재판의 경과에 따라 면책된 것이 아니다. 일본의 육전협약 위반에 대한 국가책임의 해제와 전범자의 처벌은 역사 속에 흘러간 과거사에 관한 것이지만, 그 목적은 과거의 정리보다 미래의 설계에 두어야 한다.

정신대*에 대한 비인도적 행위와 전쟁범죄

김명기
명지대학교 법과대학 명예교수

1. 머리말

우리 나라는 조선조말 1879년에 병자수호조약을 체결하여 낡은 쇄국의 장벽을 깼으나 밀려드는 열강의 경쟁적 세력 팽창을 저지할 수 없었다. 특히 노일전쟁 이후 득세한 일본은 1905년 을사보호조약을 체결하여 대한제국의 외교권을 박탈하고, 1907년 정미7조약을 체결하여 내정권을 강취했다. 이어 1910년 한일합방조약을 체결하여 대한제국을 일본에 병합시켰다. 이로써 일본의 대한침략은 법적으로 정비되고 대한제국은 공식적으로 자유와 독립을 일본에게 강탈당하고 일본이 식민지로 전락되고 말았다.

한국을 강제로 병합한 일본은 한국으로부터 온갖 수탈과 약취를 해갔

---

* 필자는 다음과 같은 이유에서 '정신대'라는 용어를 사용하고자 한다. 첫째, '정신대 대원'과 일본군'위안부'가 꼭 일치되는 개념은 아니다. 둘째, '정신대'의 설치는 일본의 칙령에 의한 것으로 일본이 이를 부정할 수 없으나, 일본군 '위안부'는 일본측에서 국가의 행위가 아니라는 주장이 가능할 수도 있다.

으며 민족말살정책을 강행했다. 특히 1932년의 상해사변, 1937년의 중일전쟁, 1941년의 태평양전쟁을 치르면서 이는 극도에 달했다. 이 과정에서 일본은 한국의 여성을 정신대라는 이름으로 동원하여 황군에게 성적 위안을 강요하는 비인도적인 만행을 자행했다.

이 글은 이러한 비인도적 만행이 '전쟁범죄'를 구성하여 이러한 비인도적 행위를 행한 자는 국제법상 전쟁범죄인으로 처벌되어야 한다는 법이론적 근거를 제시해보려는 것이다. 지금부터 전쟁범죄의 개념과 제재에 관한 일반적인 고찰을 하고, 이를 기초로 정신대에 대한 비인도적 만행이 전쟁범죄를 구성한다고 규정한 법원과 그 법원의 일본에 대해 법적 구속력이 있다는 점을 명백히 하여, 이러한 비인도적 행위를 자행한 자는 전쟁범죄인으로 처벌되어야 한다는 결론에 이르려 한다.

2. 전쟁범죄의 개념과 제재에 관한 일반적 고찰

1) 전쟁범죄의 개념

(1) 종래의 전쟁범죄

종래의 전쟁범죄(conventional war crime)는 일명 전시범죄라고도 하며, 이는 전쟁법규의 위반행위로서 범죄자를 체포한 적에 의해 처벌될 수 있는 군인이나 민간인의 적대행위 또는 기타의 행위이다. 환언하면 전시범죄는 전쟁 그 자체의 개시·수행에 관한 범죄가 아니라 일단 개시된 전쟁에서 전쟁법규에 위반한 행위(a violation of the law of war)를 말한다.[1]

---

1) Great Britain, The War Office, *The Law of War on Land*(London: H.M.S.O., 1958), para.624; Herbert W. Briggs, *The Law of Nations, Cases, Documents and Notes*(New York: Appleton, 1952), p.1018; Pietro Verri, *Dictionary of the International Law of*

일반국제법은 각국에 자국의 전쟁범죄인을 처벌할 의무를 과하고 또 각 교전당사자에게 자국의 관할하에 있는 포로를 체포 이전의 전쟁법규 위반에 대하여 처벌할 권한을 부여하고 있다. 따라서 일반국제법은 개개인에게 사인으로서 전쟁범죄를 범하지 않을 의무를 과하고 있으며, 또 사인에 의한 범죄행위에 대하여 개인적 형사책임을 묻고 있다.[2] 이 범죄에는 제국의 명령이나 이익을 위하여 전쟁법규에 위반한 범죄행위 이외에, 범죄자의 국내법으로도 범죄가 되며 국제법상의 위반행위도 되는 살인, 사인에 대한 약탈·강간 등의 행위도 포함된다.[3]

요컨대, "전쟁범죄란 용어는 군인이나 민간인에 의한 개인적으로 또는 단체적으로 수행된 전쟁법규의 위반에 관한 기술적인 표현이다. 전쟁법의 모든 위반은 전쟁범죄이다."[4] 이는 국제재판소에서 처벌됨을 요하는 것은 아니다.[5]

(2) 새로운 전쟁범죄

전쟁법규에 위반한 전시범죄에 대하여 교전당사자가 그 국가의 군사재판소에서 심리·재판하여 이를 처벌하는 권한을 갖는다는 것은 종래에도 인정되었고 또 현재에도 인정되고 있다. 그러나 제1차 및 제2차 대전

Armed Conflict(Geneva: I.C.R.C., 1992), pp.123-124; Gerhard von Glahn, *Law Among Nations*, 4th ed.(New York: Macmillan, 1981), p.757; Hans-Heinrich Jescheck, "War Crime," Rudolf Bernhard(ed.), *Encyclopedia of Public International Law*, vol.4(Amsterdam: North-Holland, 1984), p.294.

2) Hans Kelsen, *Principles of International Law*(New York: Holt, 1952). pp.128-130.

3) Hersch Lauterpacht(ed.), *Oppenheim's International Law*, vol.2, 7th ed.(London: Long-mans, 1952), p.567.

4) U. S. Department of the Army, *The Law of Land Warfare*(Washington, D.C.: U.S. Government Printing Office, 1956), para.499.

5) A. W. Green, "The Military Commission," *A.J.I.L.*, vol.42, 1948, pp.832-835; United Nations War Crimes Commission, *Law Reports of Trials of War Criminals*, vol.1, 1947, p.42.

을 거치면서 전쟁범죄의 개념은 종래의 전쟁법규위반이란 전시범죄 이외에 침략전쟁의 위법성에 관련하여 소위 '평화에 대한 죄'(crime against peace)와 '인도에 대한 죄'(crime against humanity)라는 새로운 두 유형의 범죄를 포함하는 것으로 확장되었다. 따라서 금일에 이르러서는 종래의 전통적 전쟁범죄를 전시범죄 또는 통상의 전쟁범죄라고 하고, 이를 새로운 전쟁범죄와 구별하고 있다. 그러므로 오늘의 전쟁범죄, 즉 새로운 전쟁범죄는 '평화에 대한 죄', '인도에 대한 죄' 및 '통상의 전쟁시범죄'를 의미하게 된다.

제2차 대전 이전까지 일반국제법은 불법적으로 전쟁에 호소한 데 대하여 개인적 책임을 규정하고 있지 않으며, 또 국가행위로서 범해진 개인적 책임을 제정하고 있지 않았다.6)

2) 전쟁범죄에 대한 제재

(1) 종래의 전쟁범죄에 대한 제재의 방법

전시범죄에 대한 제재는 이를 두 형태로 대별할 수 있다. 그 하나는 전시범죄행위를 한 개인에게 과하는 개별적 책임(individual responsibility)이고, 다른 하나는 그 개인이 소속된 국가나 정부에 과하는 집단적 책임(collective responsibility)이다.7)

① 개인에 대한 제재

ㄱ. 전시범죄인의 소속국에 의한 제재

전쟁법규를 위반한 개인의 행위가 동시에 그가 소속된 국가의 국내법에 위반될 경우에는 그 국내법에 의하여 처벌된다. 전쟁법규는 국가에게 그의 관할 내에 있는 전쟁범죄인을 처벌할 의무를 지우는 경우가 있다.

---

6) Kelsen, *op. cit.*, pp.131-133.
7) *Ibid.*, p.265.

예컨대, 육전규칙 제41조는 개인이 휴전조약을 위반한 경우에 그를 처벌할 것을 교전당사자에게 요구하고 있다. 또 「민간인 보호에 관한 제네바 협약」 제146조와 제147조에 의하면 이 조약의 중대한 위반을 체약국은 처벌하여야 한다고 명시하였다. 그러나 이러한 규정은 예외적인 것이 아니라 국가가 그의 영역 내에서 국제법의 적용을 확보하여야 한다는 일반원칙을 적용한 데 불과하다.[8]

ㄴ. 전시범죄인을 체포한 적국에 의한 처벌

교전당사자는 상대방의 전쟁법규 위반자를 체포했을 때 그 행위에 대하여 처벌할 수 있다. 그런데 간첩행위를 한 자가 일단 소속국에 복귀하면 그후에 체포되어도 체포 이전의 간첩행위에 대하여는 처벌되지 않는다. 즉 간첩은 범행 중에 체포된 경우에 한하여 처벌된다(육전규칙 제31조). 전쟁범죄인은 공정한 재판을 받을 권리가 보장된다. 즉결처분은 금지된다.[9]

② 국가에 대한 제재

ㄱ. 전시복구(戰時復仇)

교전당사자는 교전 중 상대방 교전자에게 그의 전쟁법규위반에 대하여 복구로써 대항하는 것이 적법적인 것으로 허용된다. 전시복구란 전시에 있어서 일방교전자가 불법한 전쟁행위를 수행할 때, 타방교전자가 그 불법한 전쟁행위를 중지하게 하기 위하여 취하는 보복적 행위이다.[10] 복구는 다시 새로 재복구(counter-reprisals)를 불러일으키기 쉽다. 사실 전시복구는 국제법 위반의 편리한 외투로서 사용되어 왔다.[11]

전시복구에는 일정한 한계가 있다. 그 전제가 되는 행위가 위법한 것이

---

8) U.S. Department of the Army, *op. cit.*, para.495-496.

9) *Ibid.*, para.505.

10) Lauterpacht, *op. cit.*, p.561.

11) *Ibid.*, p.562.

어야 하고, 또 복구의 정도가 그 전제인 위법한 것이어야 하고, 또 복구의
정도가 그 전제인 위법한 행위와 균형을 잃어서는 안된다. 그리고 특히 포
로에 대한 복구는 금지된다(포로대우에 관한 제네바협약 제13조, 제14조).

ㄴ. 손해배상

교전당사자의 전쟁법규 위반행위로 인하여 발생한 손해를 배상한다는
것은 합법적인 전쟁을 보장하기 위한 직접적인 방법이다. 이는 국제관습
상 확립된 구제수단이다.

육전규약 제3조에 의하면 "전시 규칙의 조항에 위반한 교전당사자는
손해가 있을 때에는 이를 배상할 책임을 부담한다. 교전당사자는 그의 군
대를 구성하는 인원의 일체의 행위에 대하여 책임을 진다"라고 규정하고
있다. 그러나 이 문제는 전후에 특히 전승자에 의하여 강화교섭의 결과로
구체화될 수 있는 것이므로 반드시 공정을 기할 수 없을 뿐만 아니라 그
청구 자체를 실현하기 어렵다. 전쟁의 최종적인 해결로서 고려되는 강화
조약에는 전쟁수행 중에 범한 전쟁법규의 침해에 대한 일체의 부정행위
(wrongful acts)에 대해서 그 책임을 면제한다는 조항이 흔히 삽입된다.12)

(2) 새로운 전쟁범죄에 대한 제재방법

① 제재의 방법

제재의 일반적인 방법은 상술한 종래의 전쟁범죄에 대한 제재의 방법
과 동일하므로 여기 재론하지 아니하기로 하고, 개인에 대한 제재의 실제
에 관해서만 간략히 기술하기로 한다.

② 제재의 실제

ㄱ. 동경 극동군사재판소

1946년 1월 19일 연합군 최고사령관 맥아더 원수의 명령에 의하여 극

---

12) *Ibid.*, p.611.

동군사재판소가 일본의 중요 전범자를 처벌하기 위하여 동경에 설치될 것이 선언되었고, 이에 따라 극동군사재판소헌장이 제정되었음은 전술한 바이다. 동헌장은 뉘른베르크 재판소헌장과 거의 같은 것이다. 동재판소는 영국·미국·중국·소련 등 11개국으로부터 각각 1명씩 임명된 11명의 재판관으로 구성되었다. 이 11개국은 일본과의 전쟁에 깊은 관계가 있었던 태평양지역의 국가들이다.[13]

1946년 4월 29일에 동재판소의 기소장이 제출되었으며, 2년 후인 1948년 4월 16일에 심리를 종결하였고, 동년 11월 4일에 판결이 선고되었다. 최초 피고는 28명이었으나 3명의 병고와 사망으로 판결은 25명에게만 선고되었다. 7명이 교수형, 16명이 무기금고형, 1명이 20년 금고형, 1명이 7년 금고형에 각각 선고되었다. 그 중에는 東條英機(수상 육군대장), 平沼騏一郎(수상추밀원의장), 廣田弘毅(외상), 木戶幸一(내상), 松岡洋右(외상), 荒木貞夫(육군대장 육상, 문상) 등 군인과 정치가가 포함되어 이었다. 동헌장 제17조에 의거하여 형이 집행되었다. 사형은 소기형무소에서 1948년 12월 23일에 집행되었다.[14]

ㄴ. 뉘른베르크 국제군사재판소

「국제군사재판소헌장」(The Charter of the International Military Tribunal)에 의거하여 1945년 10월 18일에 베를린에서 기소장이 제출되었고, 동년 11월 20일에 뉘른베르크에서 심리가 개시되어 1946년 8월 31에 종결되었다. 판결은 동년 10월 1일에 선고되었다.[15] 1945년 11월 20일부터 1946년 8월 31일까지 403회의 공개재판이 열렸고, 36명의 증인이 검찰관을 위해 구두증언을 하였고, 61명의 증인이 피고인측을 위하여 구두증언을 하였

---

13) *Ibid.*, p.581, n.2..

14) *Ibid.*, p.581.

15) Ian Brownlie, *International Law and the Use of Force by States*(Oxford: Clarendon, 1963), p.167.

다. 143명의 증인이 서면으로 증거를 제공하였으며, 단체에 관한 증언청취를 위해서 동재판소는 특별위원을 임명하였는데, 이 위원에 대하여 101명의 증인이 변호를 위해 증언을 하였다. 피고는 처음에 24명이었으나 래이(Lay)는 구금 중에 자살하고, 크루프(Krupp)가 병으로 심리가 정지되어 22인에게만 판결이 선고되었다.[16]

ㄷ. 유고슬라비아 전범재판소와 르완다 전쟁재판소

특정 지역 내에서의 전쟁범죄자들을 처벌하기 위한 움직임이 본격화되고 있다. 1993년 5월 25일 안전보장이사회의 결의 827[17])에 따라 '구유고지역의 전범자 처벌을 위한 국제재판소'(International Tribunal for the Prosecution of Persons Responsible for Serious Violations of International Humanitarian Law Committed in the Territory of Former Yugoslavia since 1991)가 설치되어 동년 11월 활동을 개시하였다. 동재판소는 1949년 제네바협약의 중대한 위반, 전쟁법의 위반, 집단살해, 인도에 반하는 죄 등을 처벌하는 것을 목적으로 하며(동규정 제2조~제5조), 원심재판부와 항소심재판부 외에 검찰부를 두고 있다. 1994년 11월 8일 첫 심리에 착수하여 보스니아 내 회교도에 대해 잔혹행위를 한 혐의로 수명의 세르비아계인을 기소하고 인도를 요청하였다.[18] 한편, 안전보장이사회는 1994년 결의 11월 8일 결의 955[19])를 채택하여 르완다 전범재판소(International Tribunal for Rwanda)를 설치하였다. 이 재판소는 그 권한과 구성에 있어 앞서 언급한 구유고 전범재판소와 대동소이하다.

---

16) Willan W. Bishop, *International Law: Cases and Materials*(Boston: Little Brown, 1953), pp.658-659.

17) United Nations, Security Council Resolution 827(1993).

18) International Institute of Humanitarian Law, *25th Anniversary International Congress: United for the Respect of International Humanitarian Law, Collection of Selected Document*, Part I (San Remo: I.I.H.L., 1995), pp.115-120.

19) United Nations, Security Council Resolution 955(1994).

3. 정신대에 대한 비인도적 행위와 전쟁범죄

1) 전쟁범죄의 법원의 제정경위와 규정내용

일본이 정신대를 설치·운영하고 장병이 위안을 요구하는 행위를 할 당시에 이러한 행위를 전쟁범죄로 보아, 처벌할 수 있는 법원(法源)으로 다음의 두 가지를 둘 수 있다.

(1) 극동국제군사재판소헌장
① 제정경위

제2차 대전이 종료된 후 동경에 설치된 극동군사재판소에서 전쟁범죄인을 처벌하기 위한 법원은 '극동조사재판소헌장'(The Charter of the International Military Tribunal for the Far East)이었다. 동헌장이 제정되게 된 경위는 다음과 같다.

1945년 8월 15일 12시에 일본은 천황의 라디오 방송을 통해 연합군측에게 포츠담선언(Potsdam Declaration)의 이행을 무조건 수락하는 항복을 선언했고,[20] 1945년 9월 2일 이를 성문화한 '항복문서'(Instrument of Surrender)의 서명이 동경만에 있는 미함 미조리호에서 일본측 대표와 연합국측 대표간에 있었다.[21] 그후 극동에 있어서 전쟁범죄에 대한 처벌문

---

20) Henrey Lewis Stimson and Megeorge Bundy, "The Atomic Bomb and the Surrender of Japan," Edwin Fogelman(ed.), *Hiroshima: The Decison to use the A-Bomb*(New York: Charles Scribner's Son, 1964), p.21; F. C. Jones, H. Borton and B. R. Pearn, *Survey of International Affairs, The Far East, 1942-1946*(London: Oxford University Press, 1955), pp.497-498; Bruce Cumings, "American Policy and Korean Liberation," Frank Baldwin(ed.), *Without Parallel*(New York: Random House, 1974), pp.51-52; *New York Times*, 15 Aug. 1945.

21) Werner Morvay, "Peace Treaty with Japan(1951)," Rudolf Bernhardt(ed.), *Encyclopedia of Public International Law*, vol.4(Amsterdam: North-Holland, 1982), p.125;

제가 구체적으로 거론되게 되었다. 1945년 12월 26일 미국·영국·중국·소련은 모스크바회담에서 항복문서의 이행을 위한 모든 명령을 연합군최고사령관이 발하도록 하는 데 합의했다.[22]

1945년 1월 19일 태평양지구연합군최고사령관 맥아더 장군은 「극동국제군사재판소의 설립에 관한 포고」(Proclamation Eatablishing on International Military Tribunal for the far East)를 발했으며,[23] 또한 그는 일반명령 제1호(General Order No.1)의 형식으로 동선포의 부가서인 「극동국제군사재판소헌장」을 공포하였다.[24] 동년 2월 15일 맥아더 사령관은 동재판소의 재판관을 임명했다.[25] 일본에 대한 정책을 결정할 극동위원회(Far Eastern Commission)가 동년 2월에 설립되었으며,[26] 맥아더 사령관은 동년 4월 3일의 동위원회의 결의를 채택한 후 동년 4월 26일 일반명령 제1호를 대체하는 일반명령 제20호(General Order No.20)를 발표했다.[27]

② **규정내용**

일반명령 제20호의 형식으로 수정·발표된 「극동국제군사재판소헌장」

Myung-Ki Kim, *The Korean War and International Law*(Claremont: Paige Press, 1991), p.8; A. R. Buchanan, *The United States and World War Ⅱ*, vol.2(New York: Hakper, 1964), p.594; Walter C. Langsam, *Historic Documents of World War Ⅱ*(West Point: Greenwood, 1958), p.152.

22) Egon Schwelb, "Drime Against Humanity," *B.Y.I.L.*, vol.23. 1964, p.214.

23) Rober K. Woetzel, *The Nurenberg Trials in International Law*(London: Stevens, 1967), p.227; United States, Department of the State, *Bulletin*, vol.14, no.348, Mar. 10, 1946, pp.361-364; Schwelb, *op, cit.*, p.214.

24) Mariorie M. Whiteman, *Digest of International Law*, vol.11(Washington D.C: U.S. Government Printing Office, 1968), p.970; Schwelb, *op. cit.*, p.214; Woezel, *op. cit.*, p.227; United States, Department of the State, *Occupation of Japan, Policy and Progress*, Far Eastern Series 17(Washington D.C.: U.S. Government Printing Office, 1946), p.146.

25) Whiteman, *op. cit.*, p.970.

26) *Ibid*.

27) United States, Department of the State, *op. cit*., pp.146ff

제5조는 동 재판소의 관할에 속하는 범죄를 다음과 같이 규정하고 있다.

본 재판소는 평화에 대한 죄를 포함하는 범죄에 대하여 개인으로서 또는 단체구성원으로서 파견된 극동전쟁범죄인을 심리하고 처벌하는 권한을 갖는다. 다음에 제기한 1개 또는 수 개의 행위는 개인 책임이 있는 것으로 하고, 본 재판소의 관할에 속하는 범죄로 한다.

a) 평화에 반한 죄. 즉 선전포고 또는 선포치 않은 침략전쟁 혹은 국제법, 조약, 협정 또는 보증에 위반된 전쟁의 계획, 비준, 개시 또는 실행 혹은 상기 제행위의 어느 것을 달성하기 위한 공동의 계획 또는 공동모의에의 참가.

b) 통례의 전쟁범죄. 즉 전쟁법규 또는 전쟁관례의 위반.

c) 인도에 반한 죄. 즉 전전 또는 전쟁 중 행한 살육, 섬멸, 노예적 혹사, 추방 기타의 비인도적인 행위 혹은 범행지의 국내법의 위반여부를 불문하고 본 재판소의 관할에 속하는 범죄의 수행으로서 또는 이에 관련하여 행한 정치적 또는 인종적 이유에 의한 박해행위.

상기 범죄의 어느 것을 범하고자 한 공동계획 또는 공동모의의 입안 또는 실행에 참가한 지도자, 조직자, 교사자 및 공범자는 그러한 계획의 수행상 행하게 된 일체의 행위에 대하여 그 어느 누구 에 의하여 행사되었던가를 불문하고 책임이 있다.[28]

(2) 국제군사재판소헌장

① 제정경위

제2차 대전이 종료된 후 뉘른베르그에 설치된 국제군사재판소(International Military Tribunal)에서 전쟁범죄인을 처벌하기 위한 법원(法源)은 「국제군사재판소헌장」(The Charter of the International Military Tribunal)이었다. 동헌장이 제정되게 된 경위를 보면 다음과 같다.

---

28) United States, Department of State, *Bulletin*, vol.14, no.349, Mar. 10. 1946, pp.361-364.

1945년 11월 1일 미국·영국·소련은 모스크바회담에서 독일의 전쟁범죄인처벌에 관한 모스코선언(Moscow Declaration)을 발표했으며,[29] 1945년 7월 17일에 개최되어 모스크바선언을 재확인하는 '포츠담선언'이 행하여졌다.[30]

1945년 8월 8일 미국·영국·프랑스·소련은 독일전쟁범죄인을 처벌하기 위한 「유럽 추축군의 주요범죄인의 소추 및 처벌에 관한 규정」(Agreement for the Prosecution and Punishiment of the Major War Criminals of the Europenan Axis)을 체결했으며, 또한 이들 4대국은 동협정의 부속서의 형식으로 「국제군사재판소헌장」(The Charter of the International Military Tribunal)을 체결했다.[31]

② 규정내용

「국제군사재판소헌장」 제6조는 동재판소의 관할에 속하는 범죄를 다음과 같이 규정하고 있다.

유럽 추축국의 수뇌 전범자의 재판 및 처벌을 위하여 제1조에 언급된 합의에 의하여 설치된 법원은 개인으로서든 또는 단체의 구성원으로서든 유럽 추축국의 이익을 위하여 활동하면서 다음과 같은 범죄의 어떤 것을 범한 자를 재판하고 처벌할 권한을 갖는다.

---

29) Hans-Heinerich Jescheck, "Nuremberg Trials," Rudolf Bernhardt(ed.), *Encyclopedia of Public International Law*, vol.4(Amsterdam: North-Holland, 1982), p.51; Charles G. Fenwick, *International Law*, 4th ed.(New York: Appleton Century Crafts, 1965), p.760; Oscar Svarlien, *An Introduction to the Law of Nations*(New York: Mecgraw-Hill, 1955), p.398.

30) Jescheck, *op. cit.*, p.51; Schwelb, *op. cit.*, p.185; United States, Department of State, *Bulletin*, vol.13, no.318, July 29, 1945, p.137; 김명기, 「정신대에 대한 인권침해의 위법성」, 대한국제법학회, 『국제법적 관점에서 본 정신대원의 인권문제』(세미나 자료), 1992, 7쪽.

31) Fenwick, *op. cit.*, pp.760-761; Schwelb, *op. cit.*, pp.178-179; Whiteman, *op. cit.*, pp.880-883.

다음과 같은 1개 또는 수 개의 행위는 법원의 관할권에 속하는 범죄이며, 이에 대해 개인 책임이 있다.

a) 평화에 반한 죄. 즉, 침략전쟁 또는 국제조약, 협정 또는 보증에 반한 전쟁의 계획, 준비, 개시 또는 실행 혹은 상기 제행위의 어느 것을 달성하기 위한 공동계획 또는 모의에의 참가.

b) 전시범죄. 즉, 전시법규 및 관습의 위반. 이러한 위반은 다음과 같은 것을 포함하나 그것에 국한되지 않는다. 점령지역 외 또는 그 지역 내에 있는 민간인의 살해, 학대 또는 노예노동이나 그밖의 목적을 위한 추방, 포로 또는 해상에 있는 인의 살해, 학대, 인질의 살해, 공유 또는 사유 재산의 취득, 군사적 필요에 의하여 정당화되지 않은 시, 면 또는 부락의 무법한 파괴 또는 황폐화.

c) 인도에 반한 죄. 즉, 전전 또는 전후 중 어떠한 민간주민에 대하여(against any civilian population) 범한 살육, 섬멸, 노략적 혹사, 추방 기타의 비인도적 행위 혹은 범행지의 국내법 위반여부를 불문하고 본재판소의 관할에 속하는 범죄의 수행으로서 또는 이에 관련하여 행한 정치적·종교적 또는 인종적 이유에 의한 박해행위, 상기 범죄의 어느 것을 범하고자 하는 공동계획 또는 공동모의의 입안 또는 실행에 참가한 지도자, 조직자, 교사자 및 공범자는 그러한 계획의 수행상 행하게 된 일체의 행위에 대하여 그 어느 누구에 의하여 행사되었던 가를 불문하고 책임이 있다.[32]

2) 전쟁범죄의 법원의 일본에 대한 구속력

(1) 극동국제군사재판소헌장

전술한 바와 같이 「극동군사재판소헌장」은 연합군최고사령관의 명의

---

[32] United States, Department of State, *Bulletin*, vol.13, no.320, Aug. 12, 1945, pp.222-226.

로 일방적으로 선포된 것이므로, 동헌장이 일본에 대해 법적 구속력이 있
는 것이냐의 점이 검토되어야 한다.

제2차 대전 말기인 1943년 11월 27일 미국의 루즈벨트 대통령, 영국의
처칠 수상, 중국의 장개석 총통이 카이로에서 회담하여 대일본전에 있어
서의 승리의 확신을 다짐하고, 장차 일본 영토의 처리에 관한 정책을 협
의·결정하고, 1943년 12월 1일 다음과 같이 선언하였다.33)

> … 이상의 목적을 가지고 3동맹국은 동맹제국 중 일본과 교섭중인 각국과
> 협조하여 일본의 무조건 항복(unconditional surrender)을 가져옴에 필요한 중요
> 하고도 장기적인 행동을 계속할 것이다.34)

이러한 카이로선언은 연합국인 미국·영국·중국에 의한 일방적 선언이
며, 그 자체는 일본에 대해 법적 구속력을 갖는 것이 아니었다.35) 따라서
동선언에 의하여 일본에 무조건항복을 해야 할 법적 의무를 지는 것이
아님은 물론이다.

카이로선언이 있은 후 1945년 2월 26일 미국·영국·중국에 의한 포츠
담선언이 있었으며, 소련은 동년 8월 8일 대일 선전포고와 동시에 이에
가입하였다.36) 동선언 제10항은 다음과 같이 표명하고 있다.

---

33) Edward R. Steftinus, *Roosvelt and Russians: Yalta Conference*(New York: Doubleday,
   1949), p.71; Winston S. Churchill, *Closing the Ring*(Boston: Houghton Mifflin, 1951),
   p.328.
34) United States, Department of State, *Foreign Relations of the United States: Conference at
   Cairo and Tehrean, 1943*(Washington D.C.: U.S. Government Printing Office, 1961),
   pp.399-404.
35) Shabtai Rosenne, "The Effect of Change of Sovereignty upon Municipal Law,"
   B.Y.I.L., vol.27, 1950, p.268, n.3.
36) United States, Department of State, *Foreign Relations of the United States the Conference
   of Berlin, 1945*, Ⅱ(Washington D.C.: U.S. Government Printing Office, 1960),
   pp.1223ff.

우리들은 일본인을 민족으로서 노예화하려 하고 또는 국민으로서 멸망케
하려는 의도는 없으나, 우리들의 포로를 학대한 자를 포함하는 일체의 전쟁
범죄인에 대하여서는 엄중 처벌을 가할 것이다(but stern justice shall be meted
out to all war cirminals, including those who have visited druelties upon our
prisoners).[37]

카이로선언을 흡수한 포츠담선언은 카이로선언과 같이 연합국에 의한
일방적 선언에 불과하며, 그 자체 일본에 대해 법적 구속력을 갖는 것이
아니므로[38] 동선언에 의해 연합국이 일본의 전쟁범죄인을 처벌한 근거가
발생하는 것이 아님은 물론이다.

전술한 바와 같이 1945년 8월 15일 일본 천황은 라디오 방송으로 연합
군에게 항복하였고, 1945년 9월 2일 이를 성문화한 '항복문서'의 서명이
일본측 대표와 연합국측 대표(연합군 최고사령관과 미국·영국·소련대표)
에 의해 행하여졌다.[39] 동항복문서는 1945년 9월 25일의 포츠담선언을
수락한다고 다음과 같이 규정하고 있다.

1945년 7월 26일 포츠담에서 미국·영국·중국의 정부 수상에 의해 발표되
고, 그후 소련에 의해 지지된 선언에 제시한 제규정을 수락한다…우리는 이
후 일본정부와 그 승계자가 포츠담선언의 규정을 성실히 수행할 것을 확약한
다.[40]

---

37) United States Senate Committee on Foreign Relations, *A Decade of American Policy: Basic Documents, 1941-1949*(Washington D.C.: U.S. Government Printing Office, 1950). p.50.

38) Kim, *op. cit.*, p.7; Rosenne, *op. cit.*, p.268; D. P. O'Connell, "The Status of Formosa and the Chinese Recognition Problem," *A.J.I.L.*, vol.50, 1956, pp.406-407.

39) Morray, *op. cit.*, p.125.

40) Jones, Borton and Pearn, *op. cit.*, p.499.

항복문서는 그 법적 효과가 문제되기는 하나 전승국인 연합국(미국·영국·중국·구소련)과 전패국인 일본간에 서명된 것으로 이는 일본의 동의에 의한 것이므로[41] 일본에 대해 법적 구속력을 갖는다. 따라서 포츠담선언 그 자체가 일본에 대해 법적 구속력을 갖는 것이 아니나, 항복문서를 통해 항복문서의 내용으로서 일본에 대해 법적 구속력을 갖는 것이다.

전술한 바와 같이 1946년 1월 19일 연합군최고사령관의 일반명령 제1호의 형식으로 공포된 「극동국제군사재판소헌장」이나 동년 4월 26일 일반명령 제20호로 수정된 「극동국제군사재판소헌장」은 앞의 항복문서에 의거하여 연합군최고사령관이 발포한 것으로 이는 일본에 대해 법적 구속력을 갖는 것이다.[42] 더욱이 1945년 12월 27일의 모스크협정(Moscow Agreement)은 연합군최고사령관에게 연합국의 이름으로 항복문서를 실행할 특별 권한을 부여했으며[43] 연합군최고사령관은 미국대통령이 영국·중국·소련의 동의와 승인을 얻어 임명한 것이므로[44] 항복문서의 시행을 위한 연합군최고사령관의 일반 명령인 「극동국제군사재판소헌장」은 일본에 대해 법적 구속력이 있음을 논의의 여지가 없다.

(2) 국제군사재판소헌장

전술한 바와 같이 「국제군사재판소헌장」은 전승국인 미국·영국·프랑스·소련 간의 협정의 형식으로 체결된 것이며 일본이 이에 동의한 바 없으므로 동헌장이 일본에 대해 법적 구속력이 있느냐의 점이 검토되어야 한다.

---

41) D. P. O'Connell, "Legal Aspects of the Peace Treaty with Japan," *B.Y.I.L.*, vol.29, p.425.

42) Schwelb, *op. cit.*, p.214

43) Morris Greenspan, *The Modern Law of Land Warfare*(Berkeley: University of California Press, 1959), p.425, n.39.

44) *Ibid*, n.37.

국제군사재판소는 "국제군사재판소헌장은 전승국의 임의적인 권한의 행사가 아니라…동헌장이 제정될 당시에 존재한 국제법의 표현"(is not arbitrary exercise of power on the part of the victorious nations, … expression of international law existing at the time of its creation)이라고 판시했다.[45] 또한 1946년 12월 11일 국제연합 총회는 "뉘른베르크 국제군사재판소헌장에 의해 승인된 국제법의 원칙 확인"(Affirmation of the Principles of International Law Recognized by the Charter of the Nurnberg Tribunal)이라는 결의를 만장일치로 채택했다.[46] 이 결의의 내용은 다음과 같다.

국제연합헌장 제13조 제1항 A호에 규정된 임무로서 국제법의 점진적인 발전 및 그의 법전화를 위하여 연구를 시작할 것과 건의서로 작성할 것을 인정하고, 따라서 1945년 8월 8일 런던에서 조인된 유럽 추축국의 주요 전쟁범죄인의 소추와 처벌을 위한 국제군사재판소의 설립 및 그 부속서인 국제군사재판소헌장에 관한 협정과 동년 1월 19일 동경에서 상기 협정의 원칙을 극동에 있어서 주요 전쟁범죄인을 재판하기 위한 극동국제군사재판소 헌장을 채택할 것이 선언된 데 대하여 주목을 한다. 그러므로 뉘른베르크 재판소헌장과 그 판결에서 확인되었던 국제법 원칙을 확인하다. 동국제연합총회의 결의로 하여금 인류의 평화와 안전에 대한 죄를 일반법전의 내용으로서 또는 국제법전의 내용으로서 뉘른베르크 재판소헌장과 동재판소의 판결에서 확인된 제원칙의 체계적 성문화를 기본적 중요계획으로 취급할 것을 지시한다.[47]

이러한 의결에 의해 「국제군사재판소헌장」의 내용은 '국제법의 원칙'임이 재확인되었다. 이 결의는 국제법의 원칙을 확인한 데 의의가 있는

---

45) Georg Schwarzenberger, *International Law: The Law of Armed Conflict*, vol.2(London: Stevens, 1968), p.483.

46) United Nations, *Yearbook of the United Nations, 1946-47*(New York: Department of Public Information, 1947), p.254.

47) United Nations, General Assembly Resolution 95(1).

것이며, 이를 성문화하는 것은 제2차적 중요성(secondary importance)을 가질 뿐인 것이다.[48] 그리고 이 결의에 의한 확인에 의해 비로소 「국제군사재판소헌장」의 내용이 국제법의 원칙으로 되는 것이 아니므로 이 결의는 이의 성문화에 관한 것이다.[49] 즉, 이 결의에 의거한 국제법위원회의 임무는 국제법의 원칙으로서 「국제군사재판소헌장」에 표시된 원칙을 표현하는 것이 아니라 단순히 이들 원칙을 성문화(merely to formulate them)하는데 있는 것이다.[50]

국제연합총회의 결의는 국제연합의 비가맹국에 대해서는 물론 가맹국에 대해서도 법적 구속력이 있는 것이 아니며,[51] 또 이는 법의 존재여부 그 자체를 변형시킬 수 없다.[52] 그러나 총회의 결의가 가맹국의 전원 일치로 채택된 경우 찬성표를 던진 가맹국은 신의성실의 원칙으로부터 오는 금반언의 원칙에 따라 장차 이 결의와 다른 입장을 취할 수 없는 것이며, 이 결의가 있은 후 국제연합에 가입하는 가맹국에 대해서는 가입시 국제연합헌장상의 의무를 충분히 알고 이를 수락하고 가입했으므로 이러한 결의의 구속력이 미치게 된다.[53] 그러므로 이 결의는 모두 국제연합의 가맹국에 대해 구속력을 갖는 것이라고 할 수 있다.

「국제군사재판소헌장」이 그 당시 존재한 국제관습법의 표현이라는 것은 "존재하는 국제관습법의 단순한 선언"(was merely declaration of existing international customary law),[54] "존재하는 국제법의 표현"(expression of

---

48) L. Oppenheim, *International Law*, H. Lauterpacht(ed.), vol.2, 7th ed.(London: Longmans, 1952), p.582.

49) Schwarzenberger, *op. cit.*, p.527.

50) D. J. Harris, *Cases and Materials on International Law*, 2nd ed.(London: Stevens, 1979), p.582.

51) Jorge Castaneda, *Legal Effects of United Nations Resolutions*(New York: Columbia University Press, 1969), pp.4-5, 15-16.

52) Schwarzenberger, *op. cit.*, p.527.

53) *Ibid.*, pp.527-528.

existing international law),55) "일차적으로 승인된 전쟁법의 원칙"(generally recognized principles of law),56) "국가간에 일반적으로 수락된 국제관습법의 지위"(generally accepted among states, have the status of customary international law),57) "국제법의 증거"(evidence of international law),58) "국제관습법의 선언"(declaratory of customary international law),59) "국제법의 원칙"(principles of international law),60) "관습국제법"(customary law of nations),61) 등 여러 가지로 표시되고 있다.

1946년 12월 11일의 국제연합총회의 결의를 재확인하는 국제연합총회의 결의가 1947년 1월 2일의 결의,62) 1966년 12월 6일의 결의,63) 1966년 12월 16일의 결의64) 등에 의해 반복되어 왔다. 또한 1968년 11월 26일 국제연합총회는 「전쟁범죄와 인도에 반한 죄에 관한 시효부적용에 관한 협약」(Convention on the Non-Applicability of Statutory Limitations to War Crimes and Against Humanity)을 채택하는 결의를65) 하였다. 요컨대 「국제

---

54) *Ibid.*, p.498.

55) Woetzel, *op. cit.*, p.230.

56) Julius Stone, *Legal Controls of International Conflict*(New York: Rinehart, 1954), p.357.

57) Harris, *op, cit.*, p.581.

58) Oppenheim, *op. cit.*, p.582.

59) R. R. B., "The Municipal and International Law Basis of Jurisdiction over War Crimes," *B.Y.I.L.*, vol.28, 1951, p.386.

60) J. G. Starke, *An Introduction to International Law*, 9th ed.(London: Butterworth, 1984), p.60; Mark W. Janis, "Do Laws Regulate Nuclear Weapon?," Istran Pogany (ed.), *Nuclear Weapon and International Law*(New York: St. Martin's Press, 1987), p.37.

61) Oscar Svarlien, *An Introduction to the Law of Nations*(New York: Macgrow-Hill, 1955), p.413.

62) United Nations, General Assembly Resolution 177(Ⅱ)

63) United Nations, General Assembly Resolution 2202(ⅩⅩⅠ).

64) United Nations, General Assembly Resolution 2184(ⅩⅩⅠ).

65) United Nations, General Assembly Resolution 2391(ⅩⅩⅡ); 박원순, 「일본의 전쟁책임은 끝났나?」, 한국정신대문제대책협의회, 『국제인권협약과 강제종일본

군사재판소헌장」은 그 당시 존재한 국제관습법을 성문화한 것으로 국제
관습법으로서 일본에 대해서는 물론이고 모든 국가에 대해서 법적 구속
력을 가진 것이다.

3) 정신대에 대한 비인도적 행위에 구성요건 해당성

전술한 바와 같이 전쟁범죄의 법원인 「극동국제군사재판소헌장」과 「국
제군사재판소헌장」의 규정 중 일본의 국가기관이 정신대를 설치·운영한
행위와 장병이 위안을 요구하는 행위는 '인도에 반한 죄'의 구성요건에
해당된다. 정신대를 설치·운영한 행위와 장병이 위안을 요구하는 행위는
'인도에 반한 죄'의 구성요건에 해당한다는 것을 '인도에 반한 죄'의 행
위·대상·시기로 구분하여 고찰해보기로 한다.

(1) 인도에 반한 죄의 행위

인도에 반한 죄의 구성요건인 '행위'에 관해서 보기로 한다. 「극동국제
군사재판소헌장」 제5조 C항과 「국제군사재판소헌장」 제6조 C항은 인도
에 반한 죄의 구성요건을 "전쟁 전 또는 전쟁 중에 행한 … 노략적 혹사,
… 기타의 비인도적 행위"로 규정하고 있다.

일본의 국가기관인 각급 군지휘관 등이 정신대를 설치·운영한 행위와
장병이 위안을 요구한 행위는 '노략적 혹사' 또는 기타의 '비인도적 행
위'에 해당하지만 천황, 수상, 육군대신 등의 정신대의 설치·운영행위인
정신대의 설치를 위한 칙령의 제정이나 허가행위는 이에 해당되지 아니
한다고 보면, 이들 행위는 "공동계획 또는 공동모의의 입안 또는 실행에
참가한 지도자, 조직자, 교사자 및 공범자는 그러한 계획을 수행상 행하

군 '위안부'문제』(서울: 한국정신대문제대책협의회, 1992), 25-27쪽.

게 된 일체의 행위"에 해당되어 역시 '인도에 반한 죄'를 구성하게 된다.

(2) 인도에 반한 죄의 대상

인도에 반한 죄의 구성요건인 행위의 '대상'에 과해서 보기로 한다.「국제군사재판소헌장」제6조 C항은 인도에 반한 죄의 대상을 "어떠한 민간주민에 대한"(against any civilian population) 것으로 규정하고 있다. 즉 노예적 혹사 기타 비인도적 행위는 적국민이나 점령지의 주민에 대한 것에 한하는 것이 아니라 '모든 민간주면'에 대한 것으로 규정하고 있다.

따라서 연합국의 적국이 자국민에 대해 범한 비인도적 행위도 '인도에 반한 죄'를 구성한다.[66] 국적이 박탈된 자에 대해서도 '인도에 반한 죄'가 성립함은 물론이다.[67]

이와 같이 자국민을 대상으로 하는 법행이 '인도에 반한 죄'를 구성한다는 것은 미국 대 알트스튈터 등(United States v. Altstoelter et al, 1947), 미국 대 오렌도르프 등(United States v. Ohlendorf et al, 1948), 미국 대 닐크 등(United States v. Nilch et al, 1947)과 같은 사건의 판결에서 실제상 확인되었다.[68] 따라서 일본군위안부가「국제군사재판소헌장」제6조 C항의 "어떠한 민간주민"에 해당되며, 그의 그 당시 국적이 일본이냐 한국이냐는 문제되지 아니한다. 그러나 전술한 바와 같이「극동국제군사재판소헌장」제5조 C항에서는「국제군사재판소헌장」제6조 C항과 달리 "어떠한 민간주민에 대한"이라는 규정이 삭제되어 있으므로 일본이 일본국민을 대상으로 한 범행은 '인도에 반한 죄'를 구성한다고 보기 어렵다. 그러므로 일본군위안부가 그 당시 일본의 국적을 가졌느냐 아니냐는「국제군사재판소헌장」의 경우와는 달리「극동군사재판소헌장」에서는 중요한

---

66) R. R. B., *op. cit.*, p.391; Schwelb, *op. cit.*, p.179.
67) Schwarzenberger, *op. cit.*, p.497.
68) R. R. B., *op. cit.*, p.391, n.5.

문제로 된다. 즉 그들이 일본의 국적을 가진 것이라면 그들에 대한 범행은 '인도에 반한 죄'를 구성하지 아니하는 것이며, 그들이 한국의 국적을 가진 것이라면 이를 구성하는 것으로 된다. 1905년·1907년·1910년의 일본에 의한 대한침략조약이 무효이고, 따라서 이들 침략조약에 의해 한국이 소멸한 것이 아니므로[69] 당시 정신대원은 한국의 국적을 가진 것이므로 이들에 대한 범행은 '인도에 반한 죄'를 구성한다.

(3) 인도에 반한 죄의 시기

인도에 반한 죄의 구성요건인 행위의 '시기'에 관해서 보기로 한다. 「극동국제군사재판소헌장」 제5조 C항과 「국제군사재판소헌장」 제6조 C항은 인도에 반한 죄를 범할 수 있는 시기는 모두 "전전 또는 전쟁 중"(before or during the war)으로 규정하고 있다. 따라서 '인도에 반한 죄'는 전시에는 물론이고 평시에도 범하여질 수 있다.[70] 그러므로 일본이 정신대를 설치·운영한 행위와 장병이 위안을 요구한 행위는 그 당시가 전시이냐 평시이냐를 불문하고 특히 일본과 한국이 전쟁상태에 있었느냐 아니냐를 불문하고 '인도에 반한 죄'를 구성한다.

4. 결론

상술한 바와 같이 일본의 국가기관이 정신대를 설치·운영한 행위와 장병이 정신대원에게 위안을 요구한 행위는 일본이 '항복문서'를 통해 수락한 「극동국제군사재판소헌장」 제6조 C항에 규정된 '인도에 반한 죄'와 국제연합에 의한 국제관습법으로 확인된 「국제군사재판소헌장」 제5조 C

---

69) Kim, *op. cit.*, pp.9-10.
70) Schwelb, *op. cit.*, p.179; Schwarzenberger, *op. cit.*, pp.496-497.

항에 규정된 '인도에 반한 죄'에 해당된다. 따라서 한편으로 이러한 인도에 반한 죄를 범한 전쟁범죄인은 개인으로서 처벌되어야 하며, 다른 한편으로 일본의 국가기관에 의한 인도에 반한 죄를 통해 일본은 국가로서 국제법상 국가책임을 져야 한다.

인도에 반한 죄를 범한 개인에 대한 처벌이나 일본에 대한 국가책임의 요구는 과거사에 관한 것이지만 그 목적은 과거의 정리보다 미래의 설계에 두어야 할 것이다. 일본은 위법을 진정으로 사과할 줄 알아야 하고, 한국은 국제법이 우리 편에 있지만 새로운 미래의 창조를 위해 관용으로 임할 줄 알아야 할 것이다. 가깝고도 먼 나라 일본을 가깝고도 가까운 나라로 만들기 위해 일본은 역사 앞에 과감히 허위의 옷을 벗어야 한다.

일본군‘위안부’와 한일 청구권협정의 재검토*

이장희
한국외국어대학교 법과대학 교수

1. 머리말

올해는 한일협정을 체결한 지 35주년이 되는 해이자 일제식민지에서 벗어난 지 55주년이 되는 해이다. 그리고 분단 50년 만에 역사적인 남북 정상회담이 열려 민족의 화해와 평화통일의 길이 열리고 있다. 그런데 아직도 일제 과거청산 미해결이 남북한의 화해와 평화통일 그리고 동북아의 평화정착을 앞두고 큰 걸림돌이 되고 있다. 한국의 민간단체인 한국정신대문제대책협의회(이하 정대협)가 일본군 ‘위안부’ 문제를 가지고 국제여론에 호소하는 캠페인을 1992년 8월에 시작한 지 8년이 넘는다. 정대협은 출범 당시에 일본군 ‘위안부’ 문제 해결방안으로 일본정부에게 6가지 요구사항을 제시하였다. 즉 철저한 진상규명, 공식적 사과, 책임자처벌, 피해자와 유족에 대한 배상, 추모비 건립, 교과서 개정 등이었다.

일본정부는 이러한 요구에 성실하게 응답하지 않았다. 오히려 금년 9

---

* 본고는 2000년에 완성된 것으로 본 논문집에 싣기 위하여 편집되었음을 밝혀 둔다.

월 14일 2002년도판 일본중학교 교과서들이 한결 같이 역사를 왜곡해 문부성 검증을 기다리고 있다고 한다. 이들 교과서는 일제의 한반도 강점에 대해 '당시의 국제관계상 합법적으로 이루어졌다'고 기술하는가 하면 일본의 아시아 '침략'을 '진출'이라는 용어로 대체하였으며 일본군 '위안부' 문제, 난징(南京) 대학살, 간토(關東) 대지진 당시의 조선인 학살 등에 대해서도 삭제하거나 표현을 애매하게 바꾸었다고 한다. 아시아 각국이 21세기를 맞아 평화와 화해를 모색하여야 하는 이 시점에 일본은 오히려 반성의 자세를 보여야 함에도 불구하고 이처럼 역사를 왜곡하고 있다.

이에 대해 일본 문부성이 일본사회의 우경화흐름을 의식해 교과서 출판사에 보이지 않는 압력을 행사하고 있다는 지적도 나오고 있다. 또 금년 4월 9일 우익작가로 알려진 이시하라 신타로(石原愼太郎) 도쿄 도지사가 차별어인 '삼국인'이라는 발언을 사용하며, '삼국인·외국인' 치안충돌을 촉구하는 발언을 했다. 이시하라 발언은 '외국인'을 범죄예비군으로 간주하고 자위대를 '군대'로 인정하면서, 과거 관동대지진 때 자행되었던 것 같은 '외국인 사냥'을 기대한 것인지도 모른다.[1]

벌써부터 중국과 북한은 매우 민감한 반응을 보이고 있다. 같은 전범국인 독일은 금년 7월 17일 베를린에서 나치 강제노역 희생자들에 대한 국가차원의 배상문제에 대한 국제협정을 체결하였다.[2] 이로써 나치 피해자들에 대한 배상은 제2차 세계대전 종전 이후 반세기만에 사실상 종결됐다. 독일정부의 이번 조치는 과거의 잘못을 인정하고 적절한 배상을 함으로써 과거의 멍에로부터 자유로워지고, 이를 토대로 21세기 새로운 국가로 거듭나려는 용기 있는 행동으로 평가받고 있다.

---

1) '이시하라' 발언의 상세한 의미에 대해, 尹健次, 「일본의 동아시아 인식」, 『21세기 동아시아의 새로운 전개와 한반도의 선택』(역사문제연구소·역사비평 주최 학술토론대회(2000년 9월 23일) 자료집), 32-34 쪽 참조.
2) 《문화일보》, 2000년 7월 18일, 9면.

그러나 독일의 적극적인 피해보상 움직임과는 달리 2차 대전의 전범국인 일본은 한국, 중국, 필리핀의 강제 징용자와 일본군 '위안부'에 대해 국가차원의 배상을 할 수 없다는 입장을 고수하고 있다. 일본 자민당은 지난 4월 징용·징병 피해자 중 재일동포 생존자에게 400만엔, 유족들에게 260만엔의 위로금을 지급하는 법안을 상정했으나 통과가 안된 상태이다.

일본이 이와 같이 어처구니없는 일을 벌이는 배경에는 여러 가지 요인이 있지만 표면적으로 내세우는 것은 1965년 한일협정이다. 그래서 본고에서는 일본이 과거청산을 거부하는 국제법적인 유일한 논거이며 면죄부인 1965년 한일협정, 그중에서도 국가차원에서 손해배상을 거절하는 근거인 한일청구권협정을 재점검하고 그 개정 방향을 제시하고자 한다. 이 1965년 청구권협정은 한일간에 과거문제의 접근이 근본부터 잘못된 좋은 보기이다. 이 글은 한일 과거청산의 근본적 해결이라는 차원에서 일본군 '위안부' 문제를 중심으로 1965년 청구권협정의 문제점과 재개정 방향 그리고 그 국제법적 논거를 제시하고자 한다.

2. 한일청구권협정의 문제점

유엔 인권소위원회(The Sub-commission on Prevention of Discrimination and Protection of Minorities)에서는 일본군'위안부' 문제에 대해 지속적인 연구활동을 수행하고 있다. 그 첫번째 결실이 1996년의 『쿠마라스와미 보고서』(1996. 1. 4.)이고, 계속해서 『린다 차베즈 보고서』(1996. 7. 16)가 나왔다. 이러한 연구의 완결본적 성격을 갖는 것이 바로 1998년의 『맥두걸 보고서』(1998. 8. 12)이다. 현재 맥두걸 변호사는 특별보고자의 임기를 계속 연장하여 1999년 인권소위 제51차 회기에서는 구두보고를 하였고, 2000년 제52차 인권소위에서는 새로운 내용을 추가한 최종 보고서를 제출하였다.

좀더 구체적으로 유엔 인권소위 활동을 살펴보자. 지난 1996년 2월 5일 유엔 인권위원회 여성폭력문제 특별보고관인 라디카 쿠마라스와미(Coomaraswamy)가 제52차 유엔 인권위원회에 제출한 '군사적 성적 노예제' 특별보고서는 2차 대전 때 강제 연행된 일본군'위안부'에 대해 일본군'위안부' 인권침해는 명백히 국제법 위반이며, 일본이 국가차원의 손해배상, 책임자처벌, 정부 보관 모든 자료공개, 서면으로 공식 사죄할 것, 교과서 개정 등 6개항을 일본정부에 권고하고 있다.[3] 이어 지난 1996년 4월 19일 제52차 유엔 인권위원회는 일본정부의 강력한 반대공작이 있음에도 불구하고 상기 특별보고서를 채택하는 결의를 하였다. 그러나 일본은 이에 즉각 반박하면서 국가차원에서 법적 손해배상책임을 거부할 것을 명백히 함으로써 한국을 포함한 국제사회로부터 따가운 눈총을 받고 있다.[4] 특히 일본은 이러한 국가차원의 손해 배상을 회피하기 위하여 '여성을 위한 아시아평화국민기금'으로 일본군 '위안부' 할머니를 회유하려고 하였으나 실패한 상태이다.

또 지난 1998년 8월 12일 유엔 인권 소위원회(차별방지 소수자 보호 소위원회)에서 특별보고관인 게이 맥두걸(Gay J. McDougall)의 일본정부의 법적 배상책임 책임자 처벌을 골자로 하는 보고서가 발표되어 채택되었다. 『맥두걸 보고서』는 쿠마라스와미의 제52차 유엔 인권위원회 보고서보다 법률적으로 보강됐고, 유엔의 적극적인 개입을 제시했다는 점[5]에

---

3) International Fellowship of Reconciliation, 1815 BK Alkmar, The Netherands, 26 June 1996, Press Release, "The UN Panel of Experts on Slavery Dropped Their Support to the Japan's Policy of the Private Fund of the Victims of Military Sexual, Slavery, so-called Comfort Women," p.1 참조.

4) 『정신대문제 대책 활동소식』, 제9호, 1996년 4월 20일, 4쪽 참조.

5) 『맥두걸 보고서』가 쿠마라스와미의 보고서보다 진전된 점은 다음과 같다. ① 위안부제도가 성노예제라는 것을 분명히 하고, 위안소를 강간센터(rape center, rape camp)로 규정하여, 강제성을 부각하였다. ② 일본의 책임회피 논리를 조목조목 반박하고 있다. 또한 책임자 처벌문제를 강조하면서 생존 전범의 색출

서 매우 환영할 만하다.

그런데 일본은 1965년 한일 청구권협정[6] 제2조 1항에 근거, 협정발효 후 10년에 걸쳐 일본이 한국에 무상 3억 달러와 유상 2억 달러(장기저리 차관)를 제공하는 대신 2차 대전 중에 피해를 입은 한국 및 한국인이 일본에 대해 갖는 모든 청구권은 '완전히 그리고 최종적으로' 소멸되었다는 입장을 견지해오고 있다.[7]

그러나 이 청구권협정에는 일제침략의 합법을 전제로 한 '보상청구권'

____

을 주장하고 있다. ③ 아시아여성기금은 일본정부의 법적 책임을 이행하기에는 부적절하다고 주장하고 있다. 따라서 법적 배상을 위한 새로운 기금 형성이 필요하다고 주장한다. ④ 유엔의 적극적인 개입을 요구하고 있다. 유엔사무총장은 일본정부에게 최소한 연 2회 이상 진행사항을 보고받고, 유엔 인권위원회 고등판문관은 일본정부와 협력하여 책임자를 처벌하고, 적절한 배상을 위한 패널을 구성해야 한다는 것이다. ⑤ 생존자들이 고령인 점을 고려하여 긴급하고 신속하게 일본정부의 배상이 이루어져야 함을 촉구하고 있다. Final Report submitted by Ms. Gay J. McDougall, Special Rapporteur, Systematic rape, sexual slavery and slavery-like practicess during armed conflict, CONTEMPORY FORMS OF SLAVERY, COMMISSION ON HUMAN RIGHTS Sub-Commission on Prevention of Discrimination and Protection of Minorities Fiftieth session, Item 6 of the provisional agenda, E/CN.4/SUB.2/1983/13,22 June 1998 Reconomic and Social Council, Uniited Nations 참조(이하 Final Report by Gay McDougall로 표기).

6) 1965년 6월 22일 체결된, 한일간 국교정상화 조약은 본협정인 한일기본조약, 4개의 부속협정 및 1개의 교환공문으로 구성된다. 정식조약 명칭은 ① 대한민국과 일본국 간에 기본관계에 관한 협정(기본조약), ② 대한민국과 일본국 간에 일본국에 거주하는 대한민국 국민의 법적 지위와 대우에 관한 협정(법적 지위협정), ③ 대한민국과 일본 간의 어업에 관한 협정(어업협정), ④ 대한민국과 일본국 간의 재산 및 청구권에 관한 문제의 해결과 경제협력에 관한 협정(청구권협정), ⑤ 대한민국과 일본국 간에 문화재 및 문화협력에 관한 협정(문화재 협정), ⑥ 분쟁해결에 관한 교환공문 등이다. 기본조약은 한국어, 일어, 영어본을 가지나, 나머지 5개 문서는 한국어와 일어본밖에 없다. 5개 문서의 영어본은 미국무성의 영어번역본(1965년 8월 31일)이 있다.

7) 이장희, 「2차대전에 대한 일본의 법적 책임청산」, 『해방 50년, 한일수교 30년의 재조명』, 아사연 학술시민포럼시리즈 95-2, 도서출판 아사연, 1995년 9월, 38-39쪽 참조.

만 포함되고 침략전쟁으로 인한 '인도에 반하는 전쟁범죄'에 대한 민사
배상청구권 및 형사배상책임은 포함되지 않았다. 이 점에 관해서『맥두
걸 보고서』도 일본정부의 1965년 청구권협정을 근거로 한 책임종료에 대
해 강하게 반박하고 있다.『맥두걸 보고서』는 한일협정 체결 당시 위안소
설치에 대한 일본군의 직접적 간여가 드러나지 않았고 은폐되었다고 지
적하면서 한일 청구권협정은 한국과 일본간의 경제조약(economic treaty)
이지 인권을 존중하는 조약은 아니었다고 말한다. 여기에는 위안부, 강
간, 성노예 등 어떤 언급도 포함되지 않았다는 것이다. 한일협정 당시 일
본이 지불한 금액은 단지 경제적 손상에 대한 보상이었지, 일본의 잔학행
위로 인한 피해자에 대한 개인보상이 아니었다고 반박하고 있다.[8] 그리
고 지난 1998년 4월 27일 일본 시모노세키 판결이 위안부의 진술을 사실
로 인정한 점, 위안부 문제를 여성차별·민족차별 및 중대한 인권침해로
인정한 점, 그리고 일본의회의 입법부 작위를 인정한 점 등에서도 일본정
부의 이러한 주장이 법적으로 설득력이 약함을 알 수 있다.[9]

　독일의 경우 과거 전쟁범은 철저히 국제적 차원이나 독일국가차원에
서 엄벌되었고,[10] 또 추가배상협정 등으로 그에 대한 민·형사책임이 철
저히 시행되었다.[11] 특히 최근 2000년 7월 6일 독일하원은 나치 치하 강

---

8) Final Report by Gay McDougall, pp.55, 58 참조.

9) 山本晴太, 「시모노세끼 재판의 개요와 의미」,『정신대 자료집 10: 시모노세끼
　재판 평석회, 1998년 6월 27일』, 한국정신대 대책협의회, 5-7쪽 참조.

10) Adalbert Rückerl, *The Investigation of Nazi Crimes 1945-1978*, C. F. Müller, 1979 참
　조.

11) Trial major War Criminals before The International Military Tribunal,Nuemberg 14
　November 1945-1 Octobe r1946,Published at Nuremberg,Germany,1947 참조;Ian
　Buruna,The Wages of Guilt,Memories of War in Germany and Japan,Farrar Straus
　Giroux,New York,pp.202-225 참조. 또한 독일은 2차대전 종전이후 지금까지 나
　치에 의한 희생자들에 의한 보상으로 2천억 마르크 (1,210억 달러) 이상을 지
　급했다고 한다. 연합통신,1998년 10월 4일자 참조.

제노동피해 보상금 100억 마르크를 조성하는 내용의 법안을 556 대 42의 압도적 표차로 가결하였다. 한편 독일 하원은 이날 법안과 별도로 독일인들이 나치시절에 희생자들에게 자행한 일에 대해 공식적으로 사과하는 결의문을 채택하였다.[12]

한편 일본의 2차 대전 국가책임 면죄부로 이용되는 1965년 한일 청구권협정은 박정희 정권의 경제개발 목표와 미국의 아시아정책 목표만 충족시켰고, 일제의 반인권적 범죄행위의 책임 청산에는 국제법적으로 매우 소홀했다.[13]

그러면 한일 청구권협정의 무엇이 문제인지를 우선 국제법적으로 지적해보자. 청구권협정은 전문과 4개의 조항으로 구성되어 있다.

협정의 명칭

'대한민국과 일본국간의 재산 및 청구권에 관한 문제의 해결과 경제협력에 관한 협정'(Agreement Between Japan and The Republic of Korea Concerning The Settlement of Problems in Regard to Property and Claims Rights and Economic Co-operation)에서 '경제협력'이란 말은 적절치 않다. 따라서 과거청산을 명백하게 하지 못한 협정 명칭은 개정되어야 한다.

협정의 전문

일제식민지 36년 기간 중 침략행위는 국제법 위반이며, 이에 대한 사과 및 국제법적 책임인정을 전제로 한 협정이라는 것이 명백하지 않다. 청구권이란 용어는 쓰여도 그것은 불법행위에 대한 손해배상청구권인지

---

12) ≪연합뉴스≫, 2000년 7월 6일자.
13) 이장희, 「1965년 한일기본조약의 재검토」, 『한일기본조약의 재검토와 동북아 질서』, 아사연 학술포럼시리즈 96-2, 1996. 6, 도서출판 아사연, 3-8쪽; 이도성 편저, 『실록 박정희와 한일회담』, 도서출판 한송, 1995, 53-67쪽 참조.

아니면 일제 36년 기간 중 제불법행위가 일본 국내법 절차에 따른 합법
행위에서 비롯되는 손해보상청구권인지 애매하다. 협상과정을 분석해보
면 일본은 국제법적 책임을 인식하기보다는 경제적으로 어려운 한국에게
독립축하금 내지 경제협력기금에 비중을 두고 있다.[14] 그래서 전문에서
"양국간의 경제협력을 증진할 것을 희망하며"라는 문구는 삭제되어야 한
다. 이 전문은 또 1996년 4월19일 일본정부의 국제법위반과 그에 대한 책
임인정을 권고하는 유엔 인권위 권고결의를 반영하지 못하고 있다.

협정 제1조 1항(a)

일본이 무상 3억 달러를 제공한다는 사실, 지불시기 그리고 지불방법
만 규정하였을 뿐, 어떤 명목으로 준다는 언급이 전혀 없다.

협정 제1조 1항(b)

협정 제1조 1항(a)처럼 유상 차관 2억 달러를 지급하는 시기와 방법만
규정되어 있을 뿐, 과거청산이라는 지불금액의 성격규정은 전혀 없다. 오
히려 "본 차관은 일본국의 해외경제협력기금에 의해 행해지는 것으로 하
고…"라는 문구로써 일본측이 협정상 지불금액의 성격을 경제원조로 보
고 있다. 실제로 협상과정을 분석해보아도 일본은 무상 3억 달러 유상 2
억 달러의 명목을 경제협력적 성격으로 보아 청구권이란 용어사용조차
강하게 거부하였다. 심지어 일본측은 청구권이란 용어를 삭제하면 무상
원조액을 늘릴 수 있다고 회유까지 했다. 한일협상 막바지에서 결국 양국
대표는 자국 국민의 감정에 맞게 편리하게 해석할 수 있는 용어로 '경제

---

14) 그 당시 협상 중에 일본측 대표는 한국측이 청구권이라는 용어만 철회한다면
한국이 요구하는 청구액을 모두 들어주겠다고 공언하였는데 이것에서도 그
들의 속셈을 알 수 있다. 이도성 편저, 『실록 박정희와 한일회담』, 47-151쪽
참조.

협력'과 '청구권'이란 용어를 혼합하여 명기하였다.[15]

협정 제2조 1항

일본은 협정 제2조 1항 '최종적으로 그리고 완전히 해결되었다'("…have been settled completely and finally.")는 것을 논거로 일제 36년의 책임문제 종결을 주장한다. 협정 제2조 1항에 근거하여 협정 발효 후 10년에 걸쳐 일본이 한국에 무상 3억 달러와 유상 2억 달러(장기저리차관)를 제공하는 대신 2차 대전 중에 피해를 입은 한국 및 한국인이 일본에 대해 갖는 모든 청구권은 '완전히 그리고 최종적으로' 소멸되었다는 입장을 견지해오고 있다. 그러나 협상과정 중 한국인이 제시한 청구권 8개항 목록에는 일본군'위안부'와 같은 한국 및 한국인이 당한 인권침해로 인한 정신적 피해배상조항은 전혀 고려되지 않았다.[16] 한일협상 중 일본측 수석대표 구보다 간이치로(久保田貫一)는 1963년 10월 13일 일본군 '위안부'제도의 존재조차 부인했고, 만약 있다면 추후라도 일본이 불법행위에 대한 책임을 질 것이라고 공언한 바 있다.[17]

---

15) 이것이 소위 김-오히라 메모의 진상이다. 이도상. 편저,『실록 박정희와 한일회담』, 124-127쪽 참조.

16) 박동철,「청구권 협정 I―한일국교 정상화와 청구권 자금」, 민족연구소 편,『한일협정을 다시본다』, 1995, 아세아문화사, 179-184쪽 참조.

17) 김용식 전 외무장관은 1992년 10월 16일 동아일보와의 단독 기자회견에서 지난 1963년 10월 13일 오전 10시 40분부터 오전 11시 55분까지 열린 제3차 본회담 제2차 본회의에서 구보다 간이치로(久保田貫一郎) 일본측 수석 대표가 "앞으로 일본측의 불법행위사실이 드러난다면 배상을 하겠다"고 공식 약속했다고 증언했다. 이같은 발언은 현재 외무부가 보관중인『한일회담회의록』에 남아 있으며, 구보다 수석대표의 발언내용은 "일본은 전쟁중 동남아제국에서 약탈한 것이나 파괴한 것 등에 대해 배상을 하려고 하고 있으나 일본이 한국에서 그런 일을 한 사실이 없으니 배상할 것이 없다고 본다. 만일 있다면 배상을 할 것이다"고 기록 되어 있다. 김 전 장관은 기본조약 체결 당시 우리 정부가 '배상문제' 등을 충분히 고려치 않았다고 정치적으로만 서둘러 매듭짓는 바람에 지금과 같은 문제가 발생하였다고 하였다. ≪동아일보≫, 1992년

제2조 2항 예외조항

일본은 제2조 2항 예외조항에 일본군'위안부' 문제가 특별히 명시되어 있지 않았기 때문에 제2조 1항('최종적으로 그리고 완전히')에서 해결된 것이라고 주장한다. 그러나 이 청구권협정에는 일제침략의 합법을 전제로 한 '보상청구권'만 포함되고 침략전쟁으로 인한 '인도에 반하는 전쟁범죄'에 대한 민사배상청구권 및 형사배상책임은 포함되지 않았다.[18]

협정 제2조 3항

"제1항 규정에 따르는 것을 전제로 … 어떠한 주장도 할 수 없는 것으로 한다"라는 조항도 상기 제2조 1항 "최종적으로 그리고 완전히 해결되었다"는 일본정부의 책임면제조항을 재확인시키는 동시에 한국의 청구권을 포기케 하는 조항에 불과하다.

3. 한일청구권협정의 개정방향

위와 같이 한일 청구권협정은 일제 36년 동안 일본이 한국에 끼친 인권침해 등 정신적 가치침해와 같은 불법행위에 대한 민사상손해배상책임과 '인도에 반하는 범죄'와 같은 전쟁범죄에 대한 형사책임을 충분히 해제하지 않은 문제점이 있기 때문에 다음과 같이 개폐되어야 한다.

6월 16일, 1면 참조.

[18] 김찬규, 「1965년 한일청구권협정의 국제법적 재검토」, 통일국민당/태평양전쟁희생자 대책위원회 주최 제1회 세미나(1992년 9월 14일) 자료집, 『'65년 한일협정과 일본의 전후배상』, 9-10쪽 참조.

협정의 명칭

협정의 명칭에서 '경제협력'이란 말은 삭제한다. 그 대신 동협정은 '대한민국과 일본국간에 과거청산을 위한 국가책임해제에 관한 협정'으로 개칭한다.

협정의 전문

전면 개정한다. 대한민국과 일본국은 1996년 4월 19일 유엔 인권위 권고결의 및 1998년 8월『맥두걸 보고서』에 입각하여 1905~45년까지 일본이 대한민국 및 대한민국 국민에게 끼친 불법행위에 대한 민사상 손해배상책임과 전쟁범죄에 대한 형사책임을 인정하고 이를 청산함으로써 21세기 양국간의 평화와 협력의 증진을 희망하면서 다음과 같이 합의한다.

제1조 1항(a)

삭제한다. 대신에 양국은 과거청산을 위한 객관적인 진상규명을 위해 '국제사실심사위원회'[19) 설치를 한다.

제1조 1항(b)

삭제한다. 그 대신에 제1조 1항에 1905~45년간 한국인이 입은 정신적 피해 및 인권침해와 관련된 불법행위에 대해 민사손해배상 청구액을 지불하는 '민사특별법 제정'의 의무화를 명시한다.

제1조 1항(c)

신설한다. 1905~1945년 사이 일본이 저지른 '인도에 반하는 범죄'에

---

19) 국제분쟁의 평화적 해결방안의 정치·외교적 방안에는 직접교섭, 주선, 중개, 심사, 조정 등 5가지가 있다. 한일간의 분쟁은 우선 상호 불신 때문에 우선 진상을 정확히 확인하는 것이 필요해 국제심사위원회구성의 방법이 효과적이다. 국제심사(inquiry)에 대해서, J. G. Starke, *Introduction to International Law*, Butterworths London, 1989, pp.512-513 참조.

대한 전쟁범죄자를 처벌하기 위해 '형사특별법 제정'의 의무화를 명시한다. 단서 조항으로 5년 내에 일본이 이러한 조치가 없을 시에는 피해국인 한국이 국내특별법 제정을 할 수 있다는 규정을 둔다. 현재 일본은 유엔 결의에 따른 특별법 제정을 거부하고, 청구권협정에 의해 완전해결을 주장하고 있다.

제2조 1항

삭제한다. 그 대신에 양국은 일본이 1996년 4월 19일 유엔 인권위의 권고를 수락한다는 전제 위에, ① 민·형사상 국가책임 인정, ② 희생자에 대한 민·형사상 손해배상 지불을 해제하기 위한 민사 특별법 제정, ③ 관련자 형사처벌을 위한 '형사특별법 제정', ④ 완전한 진상규명, ⑤ 일본 역사 왜곡 시정 등을 완료했을 때 '최종적으로 그리고 완전히 해결된 것으로' 본다는 규정을 둔다.

제2조 2항

존속한다. 그 대신에 일본이 한국 또는 한국민에게 끼친 명백한 추가적 사실이 밝혀질 때, 별도 추가협정으로 책임추궁이 가능하다는 규정을 보완한다.

제2조 3항

삭제한다.

제3조는 분쟁해결방법으로 중재위원회 구성을 규정하고 있고, 제4조는 효력규정이다. 이들은 그대로 둔다.

4. 한일청구권협정의 개정 이유

청구권협정에 대한 일본의 법적 논리를 검토하고, 동협정의 개폐이유
를 알아본다.

1) 청구권협정에 대한 일본의 법적 논리

어떻든 일본정부에 의한 정신대의 설립·운영사실이 밝혀지자, 정신대
에 대한 논의의 초점은 일본에 대한 배상청구권문제의 법적 근거, 특히
1965년 한일 청구권협정으로 모아졌다. 다시 말해 이 협정으로 일본군'위
안부'와 관련된 청구권도 완전 해결되었느냐의 여부이다.

그동안 일본은 1965년 한일 기본조약의 부속문서인 청구권협정 제2조
1항을 과거 식민지 기간 중에 저지른 모든 일이 해결된 근거로 내세우면
서 법적 책임을 부인했다. 즉 일본은 한일 청구권협정이 한일 양국간 과
거식민지 청산 및 새로운 국교정상화 차원에서 체결된 것이므로 재산적
가치가 있는 일체의 청구권이 이 협정으로 완전히 최종적으로 해결되었
다는 주장을 견지하고 있다.

일본측은 이러한 주장의 근거로서 첫째, 양 체약국(締約國) 및 그 국민
의 재산권리 및 이익과 양 체약국 및 그 국민간의 청구권에 관한 문제가
완전히 그리고 최종적으로 해결됐다는 확인조항(청구권협정 제2조 1항)
을 든다. 둘째, 일방 체약국 및 그 국민의 타방 체약국 및 그 국민에 대한
모든 청구권으로서 협정서명일 이전에 발생한 사유에 기인하는 것에 관
하여는 어떠한 주장도 할 수 없다는 청구권 포기조항(동 협정 제2조 3항)
을 내세운다. 셋째, 당시 한국측이 제기한 소위 대일청구요강(8개 항목)은
하나의 구체적 예시에 불과한 것으로 그러한 것들을 전부 합쳐 완전히
최종적으로 해결된 것으로 해석(동 협정 합의의사록 제2조 g항)했고, 마

지막으로 청구권협정상 명문화된 예외(제2조 2항)가 있는데 일본군‘위안
부’ 배상문제가 이 예외에 명문으로 유보되어 있지 않은 점을 논거로 제
시했다.[20]

2) 일본의 국제법 위반

일본의 국가기관인 일본군의 직접 관여하에 한국여성을 일본군‘위안
부’로 강제 동원, 일본군의 성적 도구로 삼은 성적 학대행위는 구체적으
로 어떠한 국제법 위반인가?

첫째, 이는 뉘른베르크 국제군사재판소 조례(1945. 8. 8.) 제6조 c와 동
경군사재판소 조례 제5조에 규정된 ‘인도에 반하는 범죄’에 대한 위반이
다. 여기서 특히 ‘인도에 반하는 범죄’란 “전쟁 전 또는 전쟁 중 민간인에
대한 살해, 절멸, 노예적 혹사, 추방, 기타의 비인도적 행위 또는 범행지
국내법위반이든 아니든 이 재판소의 관할권 내에 있는 어떤 범죄의 수행
으로서 행했거나, 그와 관련하여 행해진 정치적·인종적 또는 정치적 이
유에 근거한 박해행위”이다. 따라서 반인도죄는 범행지의 국내법위반의
여부를 불문하므로 ‘정신대’ 설치행위가 설사 일본국내법에 근거한다 하
더라도 반인도죄의 구성을 방해하지 않는다. 또 일본의 행위는 인권과 기
본적 자유의 중대한 침해행위로서 1949년 8월 12일 4개 제네바 국제인도
법을 위반하고 있다.[21]

둘째, 이는 일본이 1932년에 비준한 ILO협약 제29호, 즉 강제노동규약
(1930. 6. 28)의 위반인 성노예에 해당한다. 1996년 2월 29일 ILO 기준 적
용위원회는 “제2차 세계대전 중 당시 일본군 ‘위안부’”는 성적 노예로 강

---

20) 이장희, 「1965년 한일기본조약의 재검토」, 8-9쪽 참조.
21) Theo van Boven, "Reparation for Victims of Gross Violations of Human Freedom
Digest," *Quarterly*, vol.27, no.1, Spring 1993, pp.48-49.

제노동을 금지하고 있는 ILO협약 제29호를 위반하였으며, 일본정부는 임금지급 등 피해여성들의 보상을 민간차원이 아닌 정부차원에서 하여야 한다는 전문가 의견서를 제출하였다.[22] 국제법상 국가책임 하에서 전쟁범죄를 논하기 위해서는 선결적으로 그 당시 한국의 국제법적 지위에 대한 언급이 필요하며, 인도에 반하는 범죄가 많은 타당성이 있음에도 불구하고 이 노예제 범죄논거가 인도에 반하는 범죄보다 더 설득력이 있을 것 같다.

셋째, 이는 육전의 법규 및 관례에 관한 협약(1907)의 전문이 규정한 '인도의 법칙 및 공공 양서의 요구' 위반이다. 이 육전의 법규 및 관례에 관한 협약은 국제관습법으로 인정되며, 이것의 위반은 일본국을 구속하므로 전쟁범죄가 된다.[23] 특히 상기 협약 제3조는 전기 규칙 위반자에게 손해배상을 규정하고 있다.

넷째, 국제관습법인 노예로부터 자유(Freedom from Slavery)의 침해임이 명백하다.

다섯째, 1968년 유엔결의 제2391(xxiii)는 전쟁범죄 및 인도에 반한 죄의 시효부적용을 확인했다. 다시 말해 전쟁범과 인도에 반하는 죄는 공소시효가 없다는 것이다. 따라서 일본의 제2차 대전에 대한 전쟁책임은 종결되지 않았으며, 청구권협정이 그 면죄부가 될 수 없다.[24]

3) 청구권협정의 개별조항별 개폐이유

그리고 일본측의 이러한 주장은 너무 일방적인 주장으로 국제법적으로 논

---

22) 『정신대대책협의회 활동 소식』, 제9호, 1996년 4월 20일, 5쪽 참조. 또한 ILO에 의한 해결을 제시한 논문으로, 이장희, 「일본군'위안부' 인권침해에 대한 국제적 차원에서 해결방안」, 『국제법과 현대법의 신전개』(기남 이중범 교수 화갑논문집), 도서출판 신양사, 1993, 137-142쪽 참조.
23) 김명기, 『정신대와 국제법』, 법지사, 1993, 87-116쪽 참조.
24) 유감스럽게도 한국과 일본은 이 협정에 아직 비준하지 않았다.

거가 박약하다. 따라서 청구권협정은 다음과 같은 이유로 개폐되어야 한다.

협정 명칭 개정

현 협정의 명칭은 일제 식민지 과거청산을 완전히 법적으로 마무리한다는 관점에서 볼 때 매우 미흡하다. 현 협정은 마치 한일간의 상호 원조 협정으로 오인하기 쉽다. 그래서 동 협정의 명칭에는 과거청산의 의미와 일본의 국가책임을 명시하는 뜻이 함축되는 명칭이 적합하기에 '대한민국과 일본국 간에 과거청산을 위한 국가책임해제에 관한 협정'으로 개정하여야 한다.

협정의 전문

전면 개정하는 이유는 일본이 과거사에 대한 명백한 법적 책임 인정과 사과, 그리고 그에 대한 명백한 청산약속이 명시되어 있지 않기 때문이다. 그리고 국제적 차원에서 일제식민지기간 중 일본의 만행을 국제법적으로 위법이라고 결의한 1996년 4월 19일 유엔 인권위원회 권고 결의 및 1998년 8월 맥두걸 유엔 인권위 보고서를 양국이 수락한다는 내용이 반영되어야 한다.

제1조 1항(a)

신설. 한일간에 과거청산작업의 가장 큰 난관은 정확한 사실규명이다. 양국은 국제분쟁의 평화적 해결방안인 '국제심사위원회'를 구성하는 것이 객관적인 문제 해결에 도움이 될 것이다. 그래서 무상원조 금액 항목을 삭제하고, '국제심사위원회'를 신설하였다.

제1조 1항(b)

신설. 일본은 유엔 인권위원회 권고결의가 있음에도 불구하고 희생자

배상을 위한 국내특별법을 제정하지 않고 있다. 이를 막기 위해 조약으로 국내특별 제정을 의무화하는 일이 매우 필요하다. 현재 일본은 원호법으로 일본출신 희생자만 보상해주고 타국출신 전쟁희생자는 전혀 보상하지 않고 있다.

제1조 1항(c)

신설. 독일의 전범들은 뉘른베르크 군사법정, 독일국내법, 그리고 피해국의 국내법에서 철저히 처벌되었다. 그런데 일본의 전범들은 그 어느 곳에서도 철저히 처벌되지 않았다. 최소한도 1996년 4월 19일 유엔 인권위원회 권고결의에 따른 '형사특별법제정'을 의무화하여, 일본군'위안부'에 대한 전범자는 처벌되어야 할 것이다. 더구나 전범은 시효가 없다.

제2조 1항

"…완전히 그리고 최종적으로 해결되었다"는 규정을 1996년 4월 19일 유엔 인권위 권고결의에 기초한 상기 제1조 1항(a)·(b)·(c)항 등을 완료하는 조건과 연계시켜야 할 것이다.

제2조 2항

이는 제2조 1항의 예외조항인데, 일본군 '위안부'의 인권침해와 같은 정신적 가치의 피해와 미처벌된 전범자 처벌문제는 예외에 속한다는 것을 명백히 할 필요가 있다.

제2조 3항

향후 더 이상 어떠한 주장도 포기한다는 규정은 한일간 역사청산차원에서 볼 때는 문제가 많다. 그 이유는 한일간에 객관적인 자료를 일본이 훼손하거나 갖고 있어도 공개하지 않기 때문이다. 따라서 추후 명백한 추가진상이 밝혀지는 경우 추가협정으로 국가책임이 가능하게 길을 터놓는 것이 더 과거 역사청산에 더욱 충실한 것이다.

제3조

분쟁해결방안을 제시한 것으로 본 협정의 개폐 이유가 과거청산에 있는 만큼 오히려 그대로 두는 것이 좋다.

5. 한일청구권협정 개폐를 주장할 수 있는 국제법적 논거

첫째, 한일 청구권 협정에 의해 최종적으로 소멸한 것은 국가의 외교적 보호권이며 국가가 개인의 청구권까지 포기할 수 없으므로 개인의 청구권은 계속 유효하다. 한일 청구권협정 제2조 제3항에 한일 양국이 국가 및 국민의 권리를 포기한다는 의미의 명백한 어구가 있다고 하더라도, 국가의 권리에 관해서는 자신의 권리이므로 포기할 수 있으나 국민의 권리까지 국가가 포기할 수는 없으며, 국민의 권리포기는 단지 국가의 권리추구에 관한 외교적 보호권 즉 자국민에 대한 외교적 보호권을 포기한 데 불과한 것으로 보아야 한다. 이 점에 대해서는 일본의 야나이 조약국장도 1991년 12월 5일 참의원 PKO특별위에서 최초로 시인했다. 다만 이 발언의 구체적 의미내용이 개인의 청구권 그 자체가 보상받지 못했으므로 추가 보상해줄 대상이라는 것을 인정한 것인지 또는 개인적 차원의 절차적인 청구권인 소송 제기권만 유효하다는 것인지는 명확하지 않았다. 그러나 이것이 개인의 절차적인 소송권까지 소멸한 것으로는 보지 않는다는 입장이란 것이 1992년 2월 3일 중의원예산위 발언에서 명백해졌다.

둘째, 일본군 '위안부' 문제는 협정체결 당시 협정의 본질을 이루면서 또한 교섭당사자간에 전혀 그 해결을 의도하지 못한 경우에 해당하므로

'조약법에 관한 비엔나협약'(1969)상 사정변경의 원칙(제62조)에 의하여 조약의 종료사유에 해당한다. 특히 조약의 종료에는 조약의 수정도 포함된다고 보는바, 일본군'위안부'문제의 새로운 발견은 중대한 사정에 해당하며, 한일 청구권협정의 최종타결조항에 포함된 것으로 볼 수 없으므로 정부는 일본측에 추가 배상을 요구 할 수 있다. 일부 학자는 '사정변경의 원칙'의 주장을 위해서는 그 사정의 존재가 당사국의 조약에 대한 동의의 본질적 기초여야 하고, 또 사정 변경의 결과로 조약상 이행해야 할 의무의 범위를 근본적으로 변화시키는 경우인 점, 그리고 국제적 사례가 없는 점을 들어 이론을 제기한다. 그러나 일본군'위안부' 문제 등 일본의 조직적이고 인도에 반하는 전쟁범죄의 존재는 인간을 성적 노예화하는 '인간성 파괴행위'라는 중대한 인권침해이므로 조약의 충분한 동의의 본질이며, 근본적 사정변경을 발생한다. 그리고 '조약법에 관한 비엔나협약' (1969)상 착오(제48조)와 기망(제49)에 의해서도 청구권협정의 제2조 무효의 주장도 충분히 가능하다.

셋째, 청구권협정은 인권침해로 인한 손해배상청구권문제는 해결하지 아니하였다. 청구권협정은 1910년 한일합방조약이 적법하다는 묵시적 전제하에 체결되었기 때문에 과거 식민지 지배기간 중 한국 또는 한국인이 입은 일체의 손실을 보상한다는 차원에서 우편저금통장, 채권증서, 미불입금 등 재산권문제만 타결된 것으로 보아야 하며 따라서 정신대문제와 같은 불법행위로 인한 손해배상청구권문제는 포함되지 않은 것으로 보아야한다. 청구권협정상 어디에도 일본의 식민지배의 불법성과 동기간 중 인권침해에 대한 손해배상을 언급하고 있지 않다. 이에 대해 한국인이 일제 때의 징용·징병·강제연행 등으로 피해를 입은 것은 당시 실정법에 근거하고 있으므로 일본에게 법적 보상·배상 책임이 없으며, 설사 불법행위가 있다 하더라도 청구권협정 합의의사록(제2조 a항)은 일체의 보상 또는 배상이 포함되어 있다는 반론이 있을 수 있다. 그러나 1965년 협정의 협상과정을 자세히 분석해보면, 한국정부가 제1차 회담부터 일본에 제시한 8개 항목의 청구권에 관한 충분한 토의가 이루어지지 않았다.[25] 8개 항목의 청구권내용도 들여다보면, 일본국이 한국인에 가한 전쟁범죄나 비인도적 범죄와 관련한 민·형사책임을 추궁하는 것은 전혀 포함되지 않았다. 그 청구내용은 한국이 일본의 식민지로부터 독립되어 두 개의 국가로 분리됨으로써 일본정부가 한국정부에 돌려주어야 할 재산의 반환이나 한국국민에 대하여 미변제한 채무의 변제에 있었던 것으로 보인다. 또한 이러한 8개 항목 청구권에 대해서도 1차에서 4차 회담까지는 전혀 토의조차 이루어진 바 없고, 5차 회담에서 비로소 토의가 시작됐으나 일본정부가 확실한 증거가 있는 것만 변제할 수 있다고 주장하여, 한국측은 세세한 청구권에 기초한 주장을 포기했다. 이어 6차 회담부터는 군사쿠데타로 집권한 박정희 정권이 경제개발을 위한 자금이 필요하게 되자 종전의 법적인 청구권주장을 포기하고 '전체액수'와 '명목'에 대한 타협으로 협상의 성격을 완전 전환하여 양정부간에 일괄적 정치 타협으로 만든 것이 청구권협정이다.

넷째, 1965년 청구권협정의 체결의 법적 근거가 1951년 샌프란시스코 강화조약 제4조(손해보상)에 근거하고, 제14조(손해배상)에 근거하지 않은데서 한일 청구권협정에는 보상청구권만 포함되고, 배상청구권은 포함되지 않다는 것이 명백하다. 특히 제14조는 전승국과 패전국 사이의 명백한 손해배상에 관한 규정이고, 대한민국 임시정부는 샌프란시스코 강화조약에서 전승국으로 심지어 교전단체로서도 인정받지 못해 제14조의 적용대상이 되지 못했다. 그러나 상해 임시정부는 1941년 대일 선전포고를 명백히 하였고, 또 일본군과 교전행위도 한 바 있다.. 더구나 1910년 한일합병조약은 무효이므로 일제 식민기간 중 일본이 한국과 한국인에

---

25) 원용석, 『한일회담 14년』, 1965, 58-75쪽; 이동원, 『대통령을 그리며』, 고려원, 1993, 253-273쪽 참조.

가한 강제행위와 한국을 대신해서 한 행위는 불법행위이다.

다섯째, 국제 선례로서 독·불간 포괄보상협정 후 프랑스에서 국내사정의 변경을 이유로 독일에 추가보상을 요구한 예가 있다. 독일은 이웃국가인 프랑스와는 1960년 7월 15일에 「독불간 나치피해 박해조치로 피해를 입은 프랑스 국민을 위한 지불에 관한 조약」을 체결하고 4억 마르크를 지급했다. 동조약 제3조에도 나치박해로 자유 또는 신체상의 피해를 입은 프랑스인 또는 그 유족에 대한 모든 청구권을 완전히 해결한다는 취지의 완결규정을 두었다. 그럼에도 불구하고 프랑스가 독일에 '강제 징집자' 등에 대하여 추가보상을 요구하자 독일은 1981년 3월 13일 '독·불 이해 증진 명목으로' 「독·불 이해 증진재단에 대한 출연조약」을 체결하여 2억 5천만 마르크를 위 재단에 출연했다.[26] 따라서 정부는 1965년 한일 청구권협정의 종료를 주장하고 추가 손해배상요구 협정체결을 할 수 있을 것이다.

많은 유럽국가들의 나치전범자 처벌의 법체제의 특성은 ① 소급 입법효를 인정한 점, ② 보편적 관할권을 인정한 점, ③ 전쟁범죄와 인도에 반하는 범죄의 보편적 적용성을 확보한 점, ④ 국내 입법조치가 없는 경우에도 전쟁범죄 및 인도에 반하는 범죄의 적용가능성 등이다. 이러한 선례는 일본전쟁책임자 처벌에도 적용될 수 있을 것이다.

여섯째, 권위 있는 국제법학회 및 유엔 국제기구도 일본군 '위안부' 인권침해 책임이 한일청구권협정과 관계없이 아직도 유효함을 주장하고 있다. 1994년 11월 22일 이미 국제법률가협회(ICJ : International Commission of Jurists)도 그 최종보고서에서 일본의 법적 책임과 배상의무에 대한 법적 근거에서 위의 법적 논거를 모두 인정했다.[27] 특히 국제법률가협회는

---

26) 박원순, 「일본의 전쟁책임 끝났는가?」, 『정신대 자료집 IV』, 1993, 17-21쪽 참조.
27) Comfort Women, *Report of a Mission*, International Commission of Jurists, Geneva, Switzerland, November 1994, pp.155-182.

일본정부가 전쟁범죄와 인도에 반하는 범죄를 저지른 범법자를 처벌하지 않은 책임에 대해 배상의 의무가 있음을 지적했다. 또 지난 2월 5일 유엔 인권위원회에 제출된 여성폭력문제 특별보고관인 라디카 쿠마라스와미의 보고서도 일본군'위안부'를 '군사적 목적에 의한 제도적 성폭행 피해자'로 표현하고, 이는 인도에 반하는 범죄인 동시에 노예제도를 금지한 국제관습법을 위반한 행위라고 규정했다. 그리고 동보고서는 일본이 일본군'위안부' 피해자에 대해 사죄 및 국가배상을 할 것과 가해자 전원처벌 그리고 일본군'위안부'에 관한 역사교과서의 기술을 고칠 것을 권고했다. 이어 1996년 4월 19일 제52차 유엔 인권위는 상기의 특별보고서를 수락하였다.

일곱째, 동협정 제3조도 본 협정의 실시 및 해석상 분쟁이 있는 경우 외교상의 해결과 중재위원회에 의한 방안의 길을 규정하고 있다. 우선 정부는 정식으로 일본 당국에 1996년 4월 19일 유엔 인권위 권고사항을 일본정부에 수락할 것을 요구해야 한다. 그런 후 해결이 되지 않은 경우 동협정의 조약법상 개폐를 요구해야 할 것이다.

따라서 설사 일본의 주장을 인정한다 하더라도 그 한일기본조약의 청구권 협정은 재산적 가치침해에 대한 국제민사책임을 규정한 것이고, 인권침해에 대한 손해배상책임과 국제범죄행위에 대한 형사책임은 전혀 포함되지 않은 것이다. 그러므로 일본이 전쟁기간 중 대표적으로 저지른 반인권 침해범죄 중의 하나인 일본군'위안부'의 인권침해에 대한 민사배상책임과 그 국제형사책임은 여전히 유효하다. 따라서 국제조약법상 사정변경의 원칙, 착오 및 기만에 의한 조약은 종료 내지 무효화할 수 있다는 1969년 비엔나 조약법에 근거(제62조 1항, 제48조, 제49조), 청구권협정의 전면 재검토를 요구할 수 있을 것이다.

청구권협정을 포함한 1965년 한일협정이 모두가 국제법적 논리에 의한 협상이 아니라 그 당시 부도덕한 양국의 정치세력에 의한 정권적 이익의 필요상 이루어진 정치 협상의 산물이다. 이제 국민적 정통성을 회복한 김대중 정부는 이러한 과거 굴욕적인 조약을 바로잡아야 하는 역사적 과제를 안고 있다. 더구나 양심적인 일본 학자조차도 이러한 일본이 국제 책임을 인식하여 유엔 결의 실천을 촉구하고 있다.[28] 우리가 일본정부에 바라는 것은 동정심이나 자비심으로 주는 위로금이 아니다. 일본정부가 저지른 전쟁범죄와 국제법 위반에 대한 법률적 책임으로서 배상을 요구하는 것이다.

따라서 한국의 국제화는 국제적 차원에서는 바로 이와 같이 잘못된 과거 식민역사를 바로잡는 데서부터 출발해야 할 것이다. 이제 한국정부도 더 이상 이 문제를 수수방관해서는 안된다. 정부는 국제법과 국제 선례에 입각하여 1965년 한일 청구권협정은 일본군'위안부' 인권침해에 대한 배상문제는 포함되지 않았고, 전쟁범죄와 같은 형사책임은 포함되지 않았음을 공식적으로 당당히 밝히고 일본정부에 문제제기를 공식적으로 해야할 때이다. 그리고 이 문제를 일본의 유엔 상임이사국가입과도 연계시켜국제여론을 환기시켜 '한일협정의 재검토'를 추진해야 할 것이다.

그리고 일본군'위안부' 문제가 유엔 차원에서 국제적으로 인정받은 것은 각종 시민단체의 힘에 의한 것이었다. 한국정부도 지금까지의 방관자적 입장을 버리고 피해자의 구제를 위해 아니 역사청산의 차원에서 좀더 적극적 자세를 가져야 할 것이 요망된다. 필요한 경우 한국정부는 북한,[29] 대만, 필리핀, 중국, 베트남과 같은 아시아 피해국가들간 연대회의

---

28) 토츠카 에츠로(Etsuro Totsuka), "일본군'위안부', 강제연행문제와 유엔-중대 인권침해와 구제문제해결방식", 『정신대 자료집 IV』, 1993, 74-76쪽; Etsuro Totsuka, "International Legal Issues between ROK and Japan concerning Comfort Women," 李長熙 편저, 『韓日間의 國際法的 懸案問題』, 아사연 학술논총 제7권, 아시아사회과학연구원, 1998, 65-90쪽 참조.

29) 1993년 11월 7일부터 8일까지 평양에서 '일본의 전후처리문제에 대한 평양국제토론회'가 개최되었다. 이 국제토론회에는 북한의 일본군'위안부' 및 태평

도 소집할 수 있을 것이다. 따라서 남북한은 향후 정상회담에서 민족공동
의 이익을 위해 과거 일제잔재청산 차원에서 공동 대처할 필요가 있다.[30]

양전쟁 피해자보상대책위원회, 한국의 한국정신대문제대책협의회, 조선인 강
제연행진상 조사단 일본인측 전국연락협의회와 조선측 중앙본부, 필리핀의
군사적 성노예피해자 특별조사단, 일본의 전쟁자료센터를 비롯하여 구일본의
전시범죄를 조사하며 그에 대한 사죄와 보상을 요구하여 활동하고 있는 아세
아지역의 여러 단체대표들과 이름 있는 학계·법조계 인사들이 참가하였다.
참가자 모두는 일본군'위안부' 문제를 국제법에 따라 해결할 것에 동의하고
촉구하였다. 허종호, 「일본은 전후 배상책임에서 벗어날 수 없다」, 사회과학
원 력사연구소, 평양 국제토론회, 1993,11월 7일-8일, 발표된 자료; 전영률,
「일제가 감행한 100여만명의 조선인학 인권인도에 대한 죄」, 사회과학원 력
사연구소, 평양 국제토론회, 1993,11월 7일-8일, 발표된 자료 참조.

30) "남과 북은 다른 나라들과 맺은 조약과 협정들 가운데서 민족의 단합과 이익
에 배치되는 것을 개정 또는 폐기하는 문제를 법률실무협의회에서 협의·해결
한다'"는 조항을 합의에 이르지 못했으므로 앞으로 계속 토의한다(남북기본
합의서 제1장 남북화해 부속합의서 부기사항).

국제법상 전쟁범죄로서의 무력 충돌시 여성에 대한 성폭력*
―여성의 시각에서 본 일본군'위안부' 문제

장복희
서울대 BK21법학연구단 계약조교수

1. 서론

일본군'위안부'(comfort women)는, 슬픔과 부끄러움 충격적인 과거사로, 제2차 세계대전시 일본에 의하여 강제로 성노예로 끌려간 아시아 여성들로, 그후 50여 년이 지난 지금 이들은 자신의 이야기를 폭로하고 있고, 일본정부에 의하여 여성과 인간으로서 이들에게 저질러진 폭력에 대한 처벌을 요구하고 있다.

지금까지 일본정부는 일본군'위안부'의 강제징용의 관련성을 계속 부인하고 은폐해 오다가, 1992년 7월 6일 아시아 여성과 인민들 특히 한국인에 대한 억압에 적극적으로 참여하고 관여했음을 인정했다. 그러나 일본정부는 여성피해자에 대한 구제를 위한 행동은 하지 않았고, 이러한 태도는 이들 여성에게서 직접적인 사죄, 정당한 보상과 과거 잘못을 치유할 수 있는 여타 필요한 행동을 박탈하는 것이다.[1]

---

* 본고는 2000년에 완성된 것으로 본 논문집에 싣기 위하여 편집되었음을 밝힌다.
1) TFFCW & Asian Women Human Rights Council(AWHRC), "Forward to Book I,"

일본군'위안부'는, 위안소에서 일본 군인에게 성을 강제로 제공한 여성에게 일본의 제국주의적 군대에 의하여 완곡한 표현으로 사용된 용어이다. 이들 여성은 위안소에서 좁은 방에 감금되어, 하루에 약 30~40명의 일본 군인에게 강제로 성을 제공했다. 1942년에서 1945년 사이 일본군'위안부'로 강제 수송된 아시아 여성은 10만에서 20만 명에 달했고, 이 중 80%는 한국(남한과 북한)에서 이동되었다.[2]

오늘날 세계 각 지역에서 벌어지고 있는 잔인성과 야만성을 계속해서 목격되고 있다. 세계 어느 곳에서든 전쟁과 무력 충돌이 발생할 때 모든 여성피해자는 강간, 강제임신과 성노예에 노출되고, 기록에 의하면 폭력으로 희생되는 자의 70%는 여성과 어린이다.

일본군'위안부' 문제는 세계의 무력 충돌시 여성이 직면하게 되는 무도한 상황을 보여주는 것으로, 특히 대규모로 저질러지는 인권과 기본적 자유의 중대한 위반은 성질상 회복할 수 없는 것임이 명백하다. 예컨대, 어떠한 구제나 보상도 여성피해자에 가해진 중대한 침해에 비하면 비교할 수 없다. 그럼에도 불구하고 가해자의 책임은 분명히 정해져야 하고, 피해자의 인권은 정의의 의무적 개념으로서 충분한 명예회복이 이루어지고 보상받도록 노력하는 것이 현대를 사는 우리가 마땅히 해야 할 도리이며, 앞으로의 비극을 예방하고 평화로운 인류사회를 건설하기 위해 반드시 해결해야 할 중대한 과제인 것이다. 일본군'위안부'의 비극적인 삶을 살았던 현재 여성생존자는 이제 평화에로의 길을 제시해주고 있다. 이들은 여성과 인도(人道)에 저질러진 범죄에 그 가해자는 책임이 있음을 설명해주고 있는 것이다.

Nelia Sancho(ed.), *War Crimes on Asian Woman : Military Sexual Slavery by Japan During World War —The Case of the Filipino Comfort Women*, the Asian Women Human Rights Council, India Regional Secretariat and Manila Secretariat, 1998, p.iii.

2) *Ibid.*

이 글에서는 제2차 세계대전시 일본에 의하여 저질러졌던 '위안부 공수'라는 반인륜적 극악무도한 행위를 지적하고, 이중 가장 많은 고통을 받았던 한국여성에 저질러졌던 범죄행위에 대한 국제법적 책임의 근거를 고찰하고 그 사죄와 보상을 촉구함으로써, 21세기 일본군'위안부'라는 반인륜적 전쟁범죄에 대한 인류의 인식과 그 책임을 확고히 하려 한다. 그 유사한 사례로서 필리핀의 일본군'위안부'의 경우를 살펴봄으로써 아시아와 한국에서의 소수자(minorities)로서의 지위를 벗어나지 못하고 있는 여성의 인권을 다시금 조망하고 무력 충돌시 여성에 대한 성폭력의 범죄성을 강조하고자 한다. 무력 충돌시 민간인(여성) 보호원칙과 폭력금지에 관한 국제법규는 다음과 같다.

2. 1899년과 1907년의 헤이그협약

1874년 브뤼셀 회의에서 전쟁에 관한 법규와 일반관습을 정의하는 시도는 25년 이후에 헤이그협약[3]으로 그 형태를 갖추었다. 이 협약 전문에서 체약국은, "…전쟁을 막을 수 없는 극단적인 경우에조차, 인류의 이익과 보다 진보적인 문명의 필요성"에 기여할 바램으로 고무되었음을 확인하였다. 우선 이러한 목적을 위해 보다 상세히 전쟁에 관한 법규와 관습

---

3) 1899년 7월 29일 헤이그협약과 1907년 10월 18일 헤이그협약. Friedman, *The Law of Law, A Documentary History*, vol.1(New York: Random House), pp.211, 308; James Brown Scott(ed.), Carnegie Endowment for International Peace, *The Hague Conventions and Declaration of 1899 and 1907*, 2th edition(New York: Oxford University Press, 1915), p.100; D. Schindler and J. Toman(eds.), *The Laws of Armed Conflicts — A Collection of Conventions, Resolutions and Other Documents*, 3rd edition(Dortrecht: Martinus Nijhoff Publishers; Geneva: Henry Durant Institute, 1988), p.70.

을 정의하는 노력이 이루어졌다. 체약국은 "군사상 요건이 허락하는 한, 전쟁의 해악을 줄이기 위한 바램으로 고무되어 작성된 전문규정은, 교전 자간의 상호관계와 그들과 민간거주민간의 관계에서 교전자의 일반행위 원칙으로서 제공되도록 의도된 것이다…"라는 일정한 제한을 마련하였다.

헤이그협약의 체약국은, 실제로 일어난 모든 상황을 포함하는 규정을 마련하는 것이 가능하지 않다는 사실을 인식하고 있었다. 그러나 체약국 은 자신들이 "서면약속이 없는 가운데 예기치 못했던 경우는 군 지휘자 의 자의적 판단에 남겨져야 한다고 의도"한 것이 아님을 분명히 언급하 고 있다.[4] 헤이그협약 전문에는 체약국이 마련한 가장 중요하고 놀랄 만 한 선언이 있다. 소위 '마튼즈(Martens)[5] 조항'이라 불리는 이 규정은 다 음과 같이 선언하고 있다.

보다 완전한 법전이 마련될 때까지, 체약국은 그들이 채택한 규칙에 의하 여 포함되지 않는 경우에도, 민간거주민과 교전자는, 문명인들이 정해 놓은 관행, 인도법(the law of humanity)과 공공의 양심의 명령으로부터 나오는 국제 법의 원칙과 규율에 구속당함을 선언하는 것이 바람직하다고 생각한다.

전문에서 전쟁시 인도주의원칙에 대한 군사상 요건을 조정하는 고전 적인 시도를 찾아볼 수 있다. 이는 전쟁법에 대한 현대적 의미의 인도주 의적 접근과, 성문법의 필요성의 실증적 이론을 반영한 대담한 시도였다. 1907년 헤이그협약의 마튼즈 전문은 19세기 전쟁인도법의 발전을 구체 화하고 요약하고 있다고 해도 과언은 아니다.

이 전문은 협약초안자들을 지휘한 인도주의사상의 본질이며, 19세기를

---

4) Yougindra Khushalani, *Dignity and Honour of Women as Basic and Fundamental Human Rights* (The Hague / Boston/ London: Martinus Nijhoff Publishers, 1982), p.9.
5) 러시아 법률가 Fedor Fedorovich Martens.

분수령으로 완성된 전쟁법의 광범위한 법전화 작업의 핵심이라고 할 수 있다. 이 전문은 구체적인 용어로서 긍정적인 사고를 가진 법학자의 사상, 군사상 요건과의 필수적 상관관계, 인도주의정신의 명령, 문명의 기준 및 국제법의 성문화의 가치를 반영하고 있다. 현재 법학자와 관련자들도 이 이론을 계속해서 개발 이용하고 있으며, 이 전문에서 이어받은 인도주의 전쟁규칙을 만들어가고 있고 이러한 작업은 아직도 계속 진행중이다.[6]

협약 전문에서 공언된 선언은 멀리는 문명인들이 정해놓은 관행, 인도법과 공공의 양심의 명령으로부터 나오는 기존의 국제법의 원칙을 확인하고 강조하는 효과를 가진다. 이러한 선언에서, 문명국에서 인정된 서면협약과는 별도로 이들 원칙이 조약형태로는 되어 있지 않더라도 모든 상황에서 존중되어야 하는 기본원칙이 있음을 알 수 있다. 수십년 간 1899년과 1907년 헤이그협약 규정은 무력 충돌법의 인도적 측면을 규율하는 주요 규범이 되었다. 헤이그협약의 진정한 성격을 알기 위하여, 두 가지 판결을 언급하는 것이 필요하다. 1939년 국제군사재판소는 그 판결[7]에서 다음과 같이 판시하고 있다.

1939년까지 1907년 헤이그협약에서 규정된 육지전의 규칙은 문명국에서 인정된 것이며, 전쟁의 법규와 관습의 선언으로 간주된다.

극동 국제군사재판소는 다음과 같이 판결을 내렸다.[8]

---

6) 張福姬, 「國際人道法의 발전과정과 그 이행」, 『人道法論叢』, 제17호, 대한적십자사 인도법연구소, 1997. 7, 199-200쪽.

7) *Judgement of the International Military Tribunal for the Trial of Major War Criminals*, 10 Oct. 1946, Cmd. 6964, p.64.

8) *Judgement of the International Military Tribunal for the Far East of 1948*, United Nations War Crimes Commission, Law Reports of Trial of War Criminals, vol.15 1949, p.13.

1907년 헤이그협약은, 당해 사건에 적용되는 관습법을 결정하는 데 있어서, 다른 유용한 증거와 함께 재판소가 고려한 국제관습법의 좋은 증거이다.

이렇게 권위 있는 판결은 헤이그협약의 규정이 국제사회의 모든 구성원을 구속하는 국제관습법의 규칙임을 인정하였다. 그러나 국가관행은, 현실적으로 이러한 제한조항은 특히 인도적 고려가 문제되는 경우에 어떠한 의미도 없음을 보여주었다.[9]

이같은 기존관습의 명백한 규정, 공공의 양심의 분명한 명령에도 불구하고, 여성의 명예를 침해하는 불법행위는 수년간 거의 전쟁의 자연스러운 현상으로서 받아들여졌다. 모든 전쟁에서 세계의 양심을 유린하는 인도법을 위반하는 야만적이고 비인도적인 행위를 목격하고 있다.[10]

제1차 세계대전 이후 예비평화회의는 전쟁과 관련한 책임을 처벌할 목적으로 1919년 전쟁책임자의 책임과 처벌에 관한 위원회(이하 위원회)[11]를 창설하기로 결정했다. 위원회는 1914년에서 1919년 전쟁 중 "독일제국과 그 동맹국의 군대에 의하여 저질러진 전쟁법규와 관습을 위반한 사실"을 조사하고 보고하도록 요청받았다.

이 보고서는 제2장에서 "기존의 관습과 인도성의 분명한 명령의 명백한 규정에도 불구하고, 독일과 그 동맹국은 무도한 불법행위를 저질렀음"을 언급하였다. 위원회의 다수는 제1차 세계대전은 "기존의 전쟁법규와 관습 및 기본적인 인도법을 위반한 야만적이고 불법적인 방법으로, 동맹국인 터키와 불가리아와 함께 독일제국에 의하여 이행된 것"이라는 결론을 내렸다.

---

9) Friedman, *op.cit.*, p.11.

10) *Ibid.*

11) The Commission on the Responsibility of the Authors of the War and on Enforce0 ment of Penalties, 1919.

위원회는 전쟁범죄 리스트를 준비하였다. 중요하게 32개 범죄를 나열하면서, 위원회는 제5범죄로서 강간(rape)과 제6범죄로서 "강제매춘을 목적으로 소녀와 여성의 탈취"를 특별히 언급하고 있다. 위원회는 다음과 같이 권고하였다.

한편, 전쟁 법규와 관습 또는 인도법에 반하는 범죄에 책임이 있는 자는, 계층의 구별 없이, 국가의 수뇌를 포함하여 적국의 모든 자가 형사기소의 대상이 되어야 한다.

이같은 위원회의 보고서는 전시 기본적인 인권을 확인하고 보장하는 시도로서 생각되어 왔다. 제2차 세계대전 이후 국제인도법의 발전이 이루어지면서 인도에 반하는 범죄(crime against humanity)[12]의 개념이 출현하기 시작했다.

3. 인도에 반하는 범죄

1) 개념 정의

제1차 세계대전 이후 세계 일부 국가에서는 인간존엄성을 존중하는 최소한의 인간행동의 진정한 보편적 기준을 모색하려는 끊임없는 노력이 있었다. 여기서 키체이메(Otto Kirchheimer)의 말을 언급할 수 있다.[13]

---

12) 이 개념은 반인륜적 범죄, 반인도적 범죄, 비인도적 범죄로 혼용해서 사용됨.
13) O. Kirchheimer, *Political Justice, The Use of Legal Procedure for Political Ends*(Princeton, New Jergey: Princeton University Press, 1961), p.319; Yougindra Khushalani, *op. cit.*, p.13에서 재인용.

승계 정권의 허망한 기준을 넘어서, 충돌하는 원칙이나 기구, 신뢰제도와 이익제도와 함께 우리는 모든 집단과 민족이 늘 찬성하지는 않더라도, 적어도 제시해야 할 기본적인 개념을 찾고 있다. 인간 존엄성의 존중과 단순한 목표에 위한 인간성 비하의 거부가 그러한 개념이다.

인도에 반하는 범죄의 개념은 특별히 정의되지는 않았지만 헤이그협약으로 거슬러 올라갈 수 있다. 한편 오래된 국제문서에서는 이것이 '인도성'(humanity), '인도법'(laws of humanity)과 '인도의 명령'(dictates of humanity)의 표현으로 비전문적인 의미로 사용되었고, 이러한 표현들은 런던헌장에서 정의된 전쟁범죄를 구성하는 '전쟁법규와 관습'의 위반과는 다른 일련의 규범을 나타낼 의도로 표현된 것은 분명 아니다.14)

1907년 영토에 대한 전쟁법규와 관습에 관한 헤이그협약은 기술적이고 협의의 의미의 전쟁범죄에 관련된 문서로서, 그 전문 제2항에서는, 체약국은 전시의 경우라도 "인류의 이익과 보다 진보적인 문명의 필요성(the interests of humanity and the ever-progressive needs of civilization)에 기여할 바램으로 고무되어야 한다"고 상기시키고 있다. 체약국들이 선언한 전문 제8항에서 인용된 가장 유명한 규정은 "거주민과 교전자는, 문명인이 정해놓은 관행, 인도법과 공공의 양심의 명령으로부터 나오는 국제법의 규칙과 원칙에 의한다"는 것이다. 여기서 '인류의 이익'은, 전쟁법과 관습 및 '인도법'인 국제법의 요소 중 하나의 목적으로 인식된다.15)

전쟁범죄와 인도에 반하는 범죄간에 구별이 이루어진 첫번째 실례는, 터키에서의 아르메니아인의 대학살에 관한, 프랑스·영국과 러시아 정부에 의한 1915년 5월 28일 선언이었다. 이 선언에서는 "인류와 문명에 반

---

14) Yougindra Khushalani, *op. cit.*, p.13.
15) Egon Schwelb, "Crimes Against Humanity," *British Year Book of International Law,* vol.33, 1946, p.178.

한 범죄로서, 터키정부의 모든 구성원은 대학살에 연루된 기관과 함께 책임을 져야 한다"고 비난하였다.16)

예비평화회의 15인 위원국으로 구성된 위원회의 1919년 3월 29일 보고서는, 제2항에서 이러한 구별을 받아들이면서 이러한 자들의 형사기소에 대한 책임으로 "전쟁법규와 관습 혹은 인도법을 위반한 범죄는 유죄"임을 언급하고 있다.17) 그러나 이러한 범죄의 범주는 전쟁 이후 조인된 어떠한 평화조약에서도 삽입되지 않았다. 제국의 통합의지를 구현하는 국제법문서를 통하여 국제적으로 처벌해야 하는 범죄의 부류를 선언한 문서로서, 처음으로 이러한 범죄부류를 구체화시킨 것은 뉘른베르크 국제군사재판소헌장(Charter of the International Military Tribunal at Nurenberg)이었다.18)

뉘른베르크 국제군사재판소의 진행은 국제형사법의 발전의 출발점이다. 이들 재판소에 대한 가장 중요한 것은, 국제법에 의하여 처벌할 수 있는 범죄로서 두 가지 범죄의 초기 범주, 즉 '평화에 반하는 범죄'와 '인도에 반하는 범죄'를 분명히 정하고 명시하는 4개 동맹강대국에 의해 이루어진 시도였다.

2) 1945년 8월 8일 유럽 추축국 주요 범죄국 기소와 처벌에 관한 런던협정 및 국제군사재판소헌장

1945년 8월 8일 유럽 추축국 주요 범죄국 기소와 처벌에 관한 런던협

---

16) Yougindra Khushalanim, *op. cit.*, p.14.

17) Violation of the laws and customs of war. Report of Majority and Dissenting Reports of American and Japanese Members of the Commission on Responsibilities, Conference of Paris, 1919, Carnegie Endowment for International Peace, *Division of International Law*, pamphlet no.32. Yougindra Khushalani, *op. cit.*, p.14에서 재인용.

18) Woetzel, *The Nuremberg Trial in International Law*(London: Stevens: 1962), p.137.

정에 의하여, 4개 주요국은 주요 전쟁 범죄의 처벌을 위한 공동결정을 내렸다. 이 합의에 부속된 헌장(런던헌장)은 재판소가 구속할 수 있는 법을 명시하면서, 처벌을 위하여 이 법의 위반을 '평화에 반하는 범죄', '전쟁 범죄' 및 '인도에 반하는 범죄'로서 정의하였다. 이 헌장 제6조는 다음과 같이 규정하고 있다.

본 헌장 제1조에서 언급된 협정에 의하여 유럽 추축국의 주요 전쟁범죄인의 재판과 처벌을 위하여 설치된 재판소는, 개인으로서 또는 조직의 구성원으로서 관계없이 유럽 추축국의 이익을 위하여 행동하면서, 다음과 같은 범죄를 저지른 자를 재판하고 처벌하는 권한을 가진다. 다음 행위의 전부 또는 일부는 개인적으로 책임을 져야 할 당해 재판소의 관할권 내에 속하는 범죄이다.

(a) 평화에 반하는 범죄.

(b) 전쟁범죄. 즉, 전쟁에 관한 법규 또는 관습에 대한 위반. 그러한 위반은 민간인에 대하여 또는 점령지역에서 살인, 학대 또는 노예적 노동 또는 다른 목적에 의한 추방, 전쟁포로 또는 해상에 있는 자에 대한 살인 또는 학대, 인질의 살해, 공적 또는 개인적 재산의 약탈, 도시, 촌 또는 마을의 무분별한 파괴, 또는 군사적 필요성에 의하여 정당화되지 않는 유린을 포함하나, 이러한 행위에만 한정되지 않는다.

(c) 인도에 반하는 범죄. 즉, 전쟁 전 또는 전쟁 중 민간인에게 대하여 저질러지는 살인, 절멸화, 노예화, 추방 또는 다른 비인도적 행위. 또는 범죄가 저질러지는 국가의 국내법의 위반에 관계없이, 당해 재판소의 권한에 속하는 범죄를 실행하는 가운데 또는 이들 범죄와 관련하여 행하는 정치적, 인종적 또는 종교적 이유에 의한 박해.

상기에 언급된 범죄를 행하는 공동계획, 모의준비 또는 수행에 참가한 지도자, 조직자, 선동자 및 공범자는, 그러한 계획을 수행하는 여하한 자에 의하여 행해진 행위에 대하여 책임을 진다.

인도에 반하는 범죄에 관한 규정을 국제군사재판소 헌장에 삽입한 것은 제2차 세계대전을 치르는 동안 반복해서 표출된 국가들의 바램 때문이었다. 헌장 제6조에서 언급된 범죄 중 '전쟁범죄'는 당시 전통국제법이었으나,[19] '평화에 반하는 범죄'와 '인도에 반하는 범죄'는 이전에는 국제법에 의하여 처벌될 수 있는 명백한 정의가 주어지지 않고 있었다. 뉘른베르크 재판은 '평화에 반하는 범죄'와 '인도에 반하는 범죄'와 같은 독립적이고 개인적인 범죄처벌을 위한 출발점이었다.[20] 인도에 반하는 범죄와 관련한 규정은 국제형법에서 하나의 혁명으로 환영받았다.

뉘른베르크 재판소(이하 재판소)는 인도에 반하는 범죄를 인정하는 출발점이었으나, 자체적인 한계를 가졌다. 한 가지 명백한 한계는 (점령국이나 추축국 내의 인민들과 같은) 민간인에 대한 범죄에 한정하고, 이는 군대구성원에 의해 저질러지는 행위를 배제하고 있으며, 범죄를 단독 개인이 아닌 대규모 집단에 대해 저질러지는 행위에 대하여만 한정하고 있는 것으로 보인다.

또 다른 가장 중요한 한계는, 런던헌장에서 정의된 '인도에 반하는 범죄'는 전쟁을 꾀하고 있다는 것이다. 이는 독립적인 범죄가 될 수 없다. 예컨대 전쟁범죄나 평화에 반하는 범죄와 같은 "재판소의 관할권에 속하는" 어떠한 범죄의 실행이나 관련하여 저질러지는 행위가 되어야 한다는 것이다. 재판소의 견해는, 제6조에 규정된 모든 범죄는, 이들 범죄가 평화에 반하는 범죄나 혹은 전쟁범죄의 이행이나 이와 관련하여 저질러지는 경우에만, 인도에 반하는 범죄에 해당된다는 것이다.

이 견해의 결과 "전쟁 전 혹은 전시"의 문구는 상당히 협의의 의미이다. 범죄가 저질러지는 시간이 자체 확정적이지 않더라도 제6조 c항의 의

---

19) Ian Brownlie, *Principles of Public International Law*(Oxford: Clarendon Press, 1966), p.455.

20) Yougindra Khushalani, *op. cit.*, p.15.

미 내에서 인도에 반하는 범죄의 개념으로 보기에는 전쟁과의 관련성이 설정되어야 한다. 그러나 재판소는 1939년 이전에 저질러진 행위는 헌장의 의미 내에 인도에 반하는 범죄라고 선언하지 않았으나, 평화에 반하는 범죄와의 관련성이 인정된 경우 인도에 반하는 범죄를 인정하는 것을 실제로 금지한 것은 아니었음을 인식하는 것이 중요하다.[21]

헌장과 재판소 판결 규정의 주요 누락 부분 중에 하나는, 이들 규정이 희생자의 국가에 대한 평시 인권보호에 기여하는 원칙을 분명히 규정하고 있지 않다는 것이다. 실제로 국가주권의 개념이 국제적 집행성에 방해가 되어 왔고, 독립된 범죄로서 인도에 반하는 범죄의 발전을 가로막아 왔다.[22]

헌장과 재판소의 가장 중요한 결과 중에 하나는, 처음으로 개인의 형사책임원칙을 명백히 확인된다는 점이다. 제6장에서 헌장은 명백히 "개인으로…행동한…자"로 규정하고 있고, 재판소도 판결에서 다음과 같이 강력히 선언하고 있다.

국제법에 반하는 범죄는 추상적인 실체가 아닌, 사람에 의하여 저질러지는 것으로, 그러한 범죄를 저지른 개인을 처벌함으로써만이 국제법의 규정이 이행 될 수 있다.

요컨대, 뉘른베르크 재판이 인도에 반하는 범죄와 관련한 국제법의 발전에 있어서 이정표가 되었다 하더라도, 이는 여전히 전쟁과 관련하여 저질러지는 범죄에 한정된다고 할 수 있다. 이 재판은 인도에 반하는 범죄를 독립된 범죄로서 이루어내지는 않았다. 그러나 이러한 시작의 중요성을 잊어서는 안된다. 트루먼 대통령은 1946년 11월 이 점에 대하여 다음

---

21) *Ibid.*, p.18.
22) *Ibid.*, p.19.

과 같이 올바르게 언급하였다.

뉘른베르크에서 얻을 수 있는 이득은 반인륜적 범죄가 있다는 것을 공식적
으로 인정한 것이다.

런던헌장이 특별히 인도에 반하는 범죄로서 강간을 거론하지는 않으
나, 의심할 바 없이 세계 문명국은 '다른 비인도적 행위'의 규정에 의하
여 헌장이 정의하는 인도에 반하는 범죄로서, 여성에 대한 강간을 인정하
는 것은 어렵지 않다. 전시에만 인도에 반하는 범죄의 기능적 정의를 받
아들인다 하더라도 무력 충돌시 여성에 대한 대량 강간은 제6조 c항에
언급된 '인도에 반하는 범죄'의 정의에 해당된다고 보는 것은 어렵지 않
다. 이후 여성에 대한 대량강간을 인도에 반하는 범죄로 보는 시각은 후
속법의 발전과 유엔법에서 신중히 채택된다.

3) 1946년 극동국제군사재판소 도쿄헌장

극동국제군사재판소의 법적 근거는, 일차적으로 미국군사법정이었던
뉘른베르크 재판소의 그것과는 달리 도쿄 재판소의 관할권 내에 범죄의
정의에 관하여 특별히 차이가 있다. 극동 국제군사재판소 헌장 제5조는
런던헌장 제6조와 유사하게 다음과 같이 정의하고 있다.

사람과 범죄에 대한 관할권. 재판소는 평화에 반하는 범죄를 포함한 범죄
에 책임이 있는 개인이나 조직의 구성원으로서의 극동전쟁 범죄인을 재판하
고 처벌하는 권한을 가진다. 다음 행위의 전부 또는 일부는 개인적으로 책임
을 져야 할 당해 재판소의 관할권 내에 속하는 범죄이다.
  (a) 평화에 반하는 범죄.

(b) 협약 상 전쟁범죄. 즉, 전쟁에 관한 법규 또는 관습에 대한 위반.

(c) 인도에 반하는 범죄. 즉, 전쟁 전 또는 전쟁 중 민간인에게 대하여 저질러지는 살인, 절멸화, 노예화, 추방 또는 다른 비인도적 행위. 또는 범죄가 저질러지는 국가의 국내법의 위반에 관계없이 당해 재판소의 권한에 속하는 범죄를 실행하는 가운데 또는 이들 범죄와 관련하여 행하는 정치적, 인종적 또는 종교적 이유에 의한 박해.

상기에 언급된 범죄를 행하는 공동계획, 모의준비 또는 수행에 참가한 지도자, 조직자, 선동자 및 공범자는, 그러한 계획을 수행하는 여하한 자에 의하여 행해진 행위에 대하여 책임을 진다.

도쿄헌장은 인도에 반하는 범죄를 정의하는 시도를 했을 뿐 아니라 협약상 전쟁범죄를 확인하는데 중요한 의미가 있다. 제5조 c항은 많은 범죄를 포함하고 있는 광범위한 내용으로 되어 있다. 전통적으로 여성의 명예에 대한 책임은 늘 인도법에 반하고, 전쟁법규와 관습의 위반으로 생각되어져 왔다. 간접적으로 도쿄헌장은 헤이그협약의 원칙을 확인하고 인정하고 있다.

여성의 명예와 존엄성의 보호에 대한 기본적 인권은 또한 제5조 c항에 의하여 보장된다. 제5조 c항에서 '다른 비인도적인 행위'의 문구는 명백히 여성에 대한 강간을 인도에 반하는 범죄에 해당하는 것으로 해석할 수 있다.

앞서 지적한 바와 같이, 양 헌장에서의 인도에 반하는 범죄의 정의가 한계를 가지고 있었으나, 이것의 중요한 의미는, 협의로 강간을 포함한 비인도적인 행위는 인도에 반하는 범죄라는 사실을 국제적으로 인정한 데 있다.

4) 1946년 유엔총회 결의 3(I) 및 95(I)

1946년 2월 13일의 「유엔총회 결의 3(1)」 및 1946년 12월 11일의 「유엔총회 결의 95(1)」은 뉘른베르크 국제군사재판소 헌장과 재판소의 판결에서 인정하는 국제법 원칙(전쟁범죄와 인도에 반하는 범죄)을 만장일치로 확인하였다. 슈와젠버그(Schwarzenberger) 교수는 이 결의에 대하여 다음과 같이 언급하였다.

이 결의의 법적 의미로, 장래 UN의 어떠한 회원국도 국제법의 규칙으로서의 이들 원칙의 타당성에 대하여 논란을 하지 않을 것으로 기대한다. 이는 기능적 의미로의 전쟁범죄에 관한 교전자의 특별한 관할권은, 그러한 전쟁과 관련하여 저질러지는 평화와 인도에 반하는 범죄에 적용되는 것을 의미한다.[23]

이후 국제문서에서 제국의 태도는 현저히 달라졌고 독립된 범죄행위로서의 인도에 반하는 범죄가 발현되기 시작했다. 런던헌장과 도쿄헌장에 의한 인도에 반하는 범죄의 정의에 대한 일정한 제한이 독일 관리위원회 법률 제10호에서는 완전히 제외된다.

5) 1945년 독일관리위원회 법률 제10호

전쟁범죄, 평화에 반하는 범죄 및 인도에 반하는 범죄의 책임이 있는 자의 처벌에 관한 1945년 12월 20일의 독일관리위원회(Control Council for Germany) 법률 제10호, 전문에서는 다음과 같은 이유로 법제정의 목적을

---

23) G. Schwarzenberger, *The Problems of an International Criminal Law, Three Current Legal Problems*, 1950, p.263.

언급하고 있다.

　1943년 10월 30일 모스크바 선언과 1945년 8월 8일 런던협정 및 이에 따른 헌장의 내용을 실현하고, 국제군사재판소에 의하여 다루어지는 자 외의 전쟁범죄인과 다른 유사한 범죄인의 기소를 위한 독일에서의 통일된 법적 근거를 마련하기 위하여…

　이 법 제1조는 런던협정은 이 법의 필수부분이 되고 있음을 규정하고 있다. 이 법 제2조는 범죄로서 런던헌장과 도쿄헌장과 유사한 규정을 두고 있으나 중요한 특색이 있다. 런던헌장과 독일 관리위원회 법률 제10호(이하 법률 제10호)의 중요한 차이점 중에 하나는, 런던헌장이 "전쟁 이전이나 전쟁 중" 살인, 절멸화 등을 포함하고 있는데, 이 문구는 법률 제10호에는 찾을 수 없다. 이들 용어는 전쟁 이전이나 전쟁 중뿐만 아니라 전쟁 후에도 저질러지는 행위를 포함하기 위하여 빠졌다.[24]

　런던헌장과 법률 제10호간의 가장 기본적이고 현저한 차이는, 법률 제10호에서의 인도에 반하는 범죄는 "당해 재판소의 권한에 속하는 범죄를 실행하는 가운데 또는 이들 범죄와 관련하여 행하는" 용어가 포함되어 있지 않다는 것이다. 국제군사재판소의 결정적인 제한문구가 빠진 것이다. 따라서 인도에 반하는 범죄의 범위는 법률 제10호에 의하여 중요하게 확대된 셈이다.

　법률 제10호가 인도에 반하는 범죄의 범위를 확대한 것일지라도, 국제법문서가 아닌 전후 독일에서 주권에 의하여 제정된 국내법으로서 의미가 있다. 이 법의 권위의 성격과 요소에 대해 견해가 어떠하든 국제군사재판소헌장과 법률 제10조는 국제문제에서 개인책임원칙을 권위적으로 인정하고 있는 점을 인식하는 것이 중요하다. 또한 법률 제10호 c항에서 처

---

24) Yougindra Khushalani, *op. cot.*, p.25.

음으로 '강간'을 제2차 세계대전 이후 전쟁범죄인의 처벌을 다루는 문서에서 독립적인 인도에 반하는 범죄로 특별히 언급했다는 데 의미가 있다.

런던헌장, 도쿄헌장 및 법률 제10호는 거의 동시에 전쟁범죄, 평화에 반하는 죄 및 인도에 반하는 범죄에 책임이 있는 자의 재판을 목적으로 제정된 것이다. 법률 제10호가 국내법인지 국제법인지의 논란에도 불구하고, 이 법은 여성에 대한 강간은 독립된 반인륜적 범죄의 개념을 세운 첫번째 법이며, 이러한 발전과정을 통하여 이 규정은 보다 많은 조치로서 국제법에 흡수되었다. 이후 유엔 문서에 의하여 인도에 반하는 범죄의 정의는 보다 구체화되었다.

6) 1993년 구유고 국제형사재판소, 1994년 르완다 국제형사재판소 및 1998년 국제형사재판소 규정

90년대 들어 1993년 구유고 국제형사재판소, 1994년 르완다 국제형사재판소의 설립과 1998년 국제형사재판소(International Criminal Court) 규정(이하 ICC규정)은 새로운 경향을 보여주는 것으로, 이들 기구의 창설은 중대한 국제범죄를 저지른 범법자에 대한 처벌과 여성에 대한 범죄를 예방하는 데 기여하기 위한, 시민사회의 양심적인 대표자들의 강력한 지지를 받은 국제사회의 광범한 분야의 바램과 결정을 보여주는 것이다.[25]

---

25) Theo van Boven, "Women Human Rights in Armed Conflict," A Report presented in the International Symposium Commemorating the 50th Anniversary of the Universal Declaration of Human Rights, "Woman's Human Rights in Asia: Violence against Woman in Armed Conflict," September 16-17, 1998, National Assembly Memorial Building, Seoul, Korea, Association of National Assembly Members Studying the 'Comfort Women' Issue, Korea Women' Hot Lines, The Korean Council for the Women Drafted Military Sexual Slavery by Japan, Friedrich-Ebert-Stiftung, American Friends Service Committee.

특히 ICC규정에는 성과 관련한 민감한 요소와 개념을 포함하고 있다. 인도에 반하는 범죄로, "강간(rape), 성노예(sexual slavery), 강제매춘(enforced prostitution), 강제임신, 강제불임 혹은 기타 형태의 중대한 성폭력"을 열거하고 있고, '강제임신'을 "어느 인민의 인종구성을 달리하거나 또는 국제법의 중대한 위반을 행할 의도로, 강제로 임신하게 하기 위해 여성을 불법적으로 감금하는 것"이라고 정의하고 있다.[26] 국제적 및 국내적 무력 충돌과 관련한 전쟁범죄(war crimes)는, "강간, 성노예, 강제매춘, 강제임신, 강제불임, 또는 제네바 협약 혹은 4개 제네바협약에 공통인 제3조를 중대히 위반하는 기타 형태의 성폭력을 각각 저지르는 것"이라고 규정하고 있다.[27]

4. 제네바협약과 추가의정서

1) 1949년 전시 민간인 보호에 관한 제네바협약

1949년 8월 12일 제네바협약 채택 이전에 민간인 보호는 1899년과 1907년 헤이그협약의 일반규정과 이들 협약에 부속된 규칙에 한정되었었다. 1949년 제네바협약은 전시 민간인 인권에 관한 기존의 관습법을 법전화한 것이고, 이전 협약의 한계를 넘은 민간인의 권리에까지 적용된다. 체약국의 영역에서 발생한 국제적 성격이 아닌 무력 충돌시, 각 체약국은 최소한 제3조를 적용하여야 한다. 제3조는 '축소된 협약'과도 같다. 이 규정은, 교전자든 민간인이든, "국제적 성격이 아닌" 전쟁에서, 모든 사람의 보호를 위한 최소한의 기준을 정하고 있다. 제3조는 강제적 최소기준을

---

26) ICC 규정 제7조.
27) ICC 규정 제8조.

나타내는 의무규정이다. 제3조 c항은 분명한 어조로 "인간의 존엄성에 대한 침해, 특히 모욕적이고 비인도적인 대우"를 금지하고 있다. 여성에 대한 강간이 특별히 언급되고 있지는 않으나, 분명 제3조에 의하여 개인의 존엄성에 대한 침해와 모욕적이고 비인도적인 대우를 금지하는 것이다.

제3조에 의하여 금지되는 행위는 또한 제네바협약의 다른 조항에 의하여 금지된다.[28] 제27조는 일부 일반원칙을 규정하고 있다. 제27조는 제네바협약 조항 중 핵심규정으로, 인간존중의 원칙과 개인의 남자와 여성의 기본적 권리의 침해할 수 없는 성격을 공언하고 있다.

제27조 1항은 기본권존중의 일반원칙을 규정하고 있고, '인간의 존중'은 광의로 이해되어야 한다. 신체적 주체성을 가질 권리는 개인적인 삶이나 건강을 침해하는 행위를 금지하는 것을 포함한다. 1항은 언제든지 인간적인 대우를 할 의무를 명백히 규정하고 있다. 여성을 강간하는 것은 신체적 주체성을 침해하는 것이며, 제27조 1항의 의미로 비인도적이고 모욕적인 대우가 된다. 이 조항은, 여성은 특별한 보호를 받을 권리를 가지고, 이들이 남성과 동등하게 향유할 수 있는 특별한 고려가 여성에게 있어야 한다는 점을 분명히 하고 있다.

제27조 2항에서, 일정한 행위는 여성의 명예의 공격이 되는 예로서 열거하고 있다. 강간과 강제매춘, 예컨대 폭력이나 위협과 어떠한 형태이든 무자비한 공격에 의하여 여성을 비도덕적으로 몰아넣는 행위가 명백히 언급된 예이다. 제27조에 의하여 이들 행위는 모든 장소와 상황에서 금지되며, 국적, 인종, 종교적 신념, 연령, 부부간의 지위나 사회적 지위가 어떠하든 여성은 자신의 명예와 정숙함을 존중받을 절대적 권리 즉 여성으로서의 존엄성을 가질 권리가 있는 것이다.[29]

제32조의 목적 역시 보호받아야 할 사람은 당국과 군 당국으로부터 인

---

28) 1949년 제네바협약 제27조, 제31조에서 34조 및 제64조에서 77조.

29) Yougindra Khushalani, *op. cit.*, p.25.

간적인 대우를 받아야 하는 것을 보장하는 것이다. 이는 영원히 금지되어야 하는 잔인성의 기본형태의 예를 언급하고 있는 것이다. "그 어떤 잔인한 조치"(any other measure of brutality)는 이 조항의 일반적 성격을 표현하고 있다. 제27조에서 "신체적 고통"(physical suffering)의 일반용어는 광범위한 의미를 가짐에 따라 충분히 여성에 대한 강간을 포함한다.[30]

제네바협약의 제규정에 의하여 여성에 대한 대량 강간은 인류의 양심을 배반하는 야만행위이며, 협약은 여성이 특별한 고려대상으로 보호를 받아야 함을 공언하고 있다.

2) 1977년 국제적 무력 충돌시 희생자 보호에 관한 제네바협약 제1추가의정서

제네바협약 제1추가의정서는 장기간의 열정적인 노력의 결실을 보여주는 것으로서, 발전하는 인도법의 과정에 초석이 되고 있다. 추가의정서의 주요 목적은 현재 국제인도법의 많은 간격을 메워주는 것이다.[31] 제1추가의정서는 많은 인도법 규칙을 발전시켰을 뿐 아니라 동시에 일정한 새로운 원칙들을 삽입시켰다.

제1추가의정서는 국제적 무력 충돌에 관한 것으로, 제11조는 "사람의 신체적 혹은 정신적 건강과 주체성"을 침해하는 어떠한 행위나 부작위도 금지하고 있다. 이 문구에는 여성에 대한 공격도 포함되며, 강간은 여성의 개인적 주체성을 침해하는 행위이다.[32] 여성에 대한 강간은 제11조 4항의 범위 내에서 의정서의 중대한 위반이다.

제75조는 기본적인 보장에 관한 것으로, 인권에 관한 일련의 규칙을

---

30) *Ibid.,* p.44.
31) *Ibid.,* p.47.
32) *Ibid.,* p.53.

규정하고 있다. 이 조항은 세계인권선언과 시민적 및 정치적 권리에 관한 국제규약(B규약)의 의미 내에 속하면서, 국제무력 충돌의 경우 적용되는 특별규칙을 정하고 있다. 이 조항은 의무적인 최소기준을 제시하고 있다. 이 조항의 목적은 국제적 보호가 적용되는 광범위한 부류의 사람들에 대한 인도적인 대우를 명시하고 보장하는 것이다.

제75조 1항은 국가에 대하여, 어떠한 구별도 없이 "모든 사람의 인간성, 명예, 신념과 종교적 보장"을 존중할 것을 요구하고 있다. 이 의무는 특히 강간으로부터의 여성의 "인간성"과 "명예"를 존중하고 보호할 국가의 의무를 포함한다.[33] 이 조항의 가장 중요한 성격은 일반국제법의 기본원칙을 재확인하는 것이다.

관련 조항으로 제76조는 여성의 인도적 대우에 관한 제75조의 확대규정이다. 제76조 1항은 다음과 같이 규정하고 있다.

> 여성은 특별한 존중의 주체가 되어야 하며, 강간, 강제매춘과 다른 형태의 잔인한 폭력으로부터 특히 보호되어야 한다.[34]

이 조항은 제4제네바협약 제4조의 요건을 충족시키는 여성들의 이익을 위한 것뿐만 아니라 분쟁당사국의 영역 내에 있는 모든 여성의 이익을 위한 기존의 법을 재확인하고 발전시킨 것이다. 여성의 존엄성과 명예의 보호의 일반적인 보장은 이 조항에서 특별하다. 여기서 'shall'의 단어는 여성을 보호할 국가의 필수적 의무를 강조하는 것이다.[35]

제1추가의정서에서 제48조, 제51조는 민간인 보호의 기본적인 보장을 제공하고 있다. 제49조는 "공격"(attacks)에 대하여 정의하고 있고, 이 조

---

33) *Ibid.*, p.55.
34) 이 조항은 제4 제네바협약 제27조 2항을 확대 적용하는 것이다.
35) Yougindra Khushalani, *op cit.*, p.57.

항은 모든 폭력행위를 포함하고 있다. 이 조항은 무기사용에 따른 사람의 신체적 안전에 영향을 미치는 행위를 포함한다. 총기 앞에서 여성에 대한 야만적이고 대량의 강간은 여성의 신체적 안전에 대한 공격과 폭력행위로 고려될 수 있고, 이는 인도적 원칙에 반하는 것이다.[36] 특히 '여성에 대한 강간'과 관련한 규정은 다음과 같다.

(1) 여성에 대한 강간: 민간인의 일반보호 원칙에 관한 위반

제51조는, 여성을 포함한 민간인은 군사적 활동에서 발생하는 위험으로부터 보호를 받아야 함을 단언적으로 선언하고 있다. 여성에 대한 강간은 군사활동에서 발생하는 공통위험 중에 하나이다. 여성에 대한 강간은 제51조 1항에 의해 보장되는 여성들의 일반적으로 보호받을 권리를 부인하는 것이다. 이는 또한 제52조 2항에 의하여 금지된 행위이다.

(2) 여성에 대한 강간과 구별원칙

제48조는, 민간인의 존중과 보호를 보장하기 위하여 분쟁당사자는 늘 민간인과 교전자 간의 구별을 해야 한다는 기본규칙을 정하고 있다. 제57조는 이 규칙을 구체화시키고 있고, 민간인에게는 일정한 주의가 주어져야 하는 것을 의무적으로 하고 있다. 이 조항은 그 권리 저하가 인정되지 않는 절대 규칙이다. 여성에 대한 명예와 존엄성에 대한 공격은 민간인에 대한 공격에 해당되며, 제48조는 이 점을 강조하고 있고 이는 제57조상 구별원칙의 위반이다.

(3) 여성에 대한 강간과 무차별공격 금지원칙

제51조 4항은 무차별적인 공격을 금지하고 있다. 특별한 군사목표물에

---

36) *Ibid.*, pp.58-59.

로 행해지지 않은 여성에 대한 강간은 여성의 명예와 존엄성에 대한 무차별적인 공격으로 간주되며, 제51조 4항 e에 의하여 금지된다.

(4) 여성에 대한 강간과 비례성 원칙

제51조 5항은 무차별공격의 금지원칙의 범위를 확대시키고 있다. 이들 조항의 원칙은 소위 "비례성원칙"(Rule of Proportionality)으로 알려졌다. 여성의 존엄성과 명예에 대한 공격은 구체적이고 직접적인 군사이익이 결코 아니다. 지휘관은 여성을 포함한 민간인에게 침해를 줄 수 있는 어떠한 활동도 제기하는 것을 분명히 삼가야 한다.

여성에 대한 공격은 "군사목표물"과 관련된 것이 아니며, 이는 제76조에 의하여 특별한 보호에 구속되지 않으므로 여성에 대한 공격이 되는 군사활동을 취소하거나 정지시키는 것은 지휘관의 의무이다. 여성에 대한 강간은 어떠한 군사이익을 확대시키지 않는다. 여성의 존엄성이나 명예에 대한 그러한 공격은 비례성 원칙을 위반하는 것이며, 이 의정서의 중대한 위반이 된다.[37]

(5) 여성에 대한 강간과 보복의 방법에 의한 민간인에 대한 공격금지원칙

1874년, 브뤼셀회의와 1880년 국제법기구(Institute of International Law)는 "일반적인 형평의 원칙에 대한 예외로, 무고한 사람은 고통을 받아서는 안된다"는 사람에 대한 보복금지원칙을 강조하였다. 이 원칙은 제네바협약에 의하여 보호되는 교전자나 민간인이든, 현재 모든 사람에 대해 적용되는 것으로서 국제법의 일부가 되고 있다.[38] 추가의정서 제51조 6항은 민간인에 관한 이 원칙을 재확인하고 있다.

---

37) 제네바협약 추가의정서 제85조 3항 (a)와 (b).

38) Pictet, *Commentary on Geneva Conventions*, vol.I, 1960, pp.314-347.

여성보호에 관한 이와 같은 분명한 규칙에도 불구하고, 역사는 무력 충돌을 반복해왔고, 수많은 여성의 보복의 방법으로 강간당했다. 여성에 대한 그러한 공격은 사람에 대한 보복금지규칙을 위반하는 것이다.[39]

3) 1977년 국제적 무력 충돌시 희생자 보호에 관한 제네바협약 제2추가의정서

제2추가의정서는 국내적 무력 충돌에 적용되는 원칙을 형성한 거대한 첫 단계로서, 제3조는 4개 제네바협약과 내용이 동일하다. 이 추가의정서는 국내적 무력 충돌에 대한 국제적 합의를 나타내는 것이다.

제2추가의정서의 본질적인 가치는 민간인 보호 규정에서 알 수 있다. 제4조는 무력 충돌과 관련된 모든 사람을 위한 진정으로 기본적인 인권헌장이다.

제6조에 의하면, 여성과 어린이는 특별한 존중의 대상이며, 강간, 강제매춘과 다른 어떠한 형태의 잔인한 폭력으로부터 보호되어야 한다. 제5조는 구금된 자의 기본적 보장을 다루고 있다.

제3조는, 민간인은 군사활동에서 발생하는 위험으로부터 "일반적인 보호를 받아야 하며", "공격의 목표가 되어서도 안된다"고 단정적으로 언급하고 있다. 민간인 보호를 위한 이들 일반규정은 강간으로부터 여성을 특별히 보호하는 것으로 자유로이 해석되어야 한다.[40]

제4조 1항과 2항은 민간인의 인간적 대우를 위한 기본규칙을 규정하고 있다. 제4제네바협약 제147조는 다음과 같이 중대한 위반을 규정하고 있다.

중대한 위반은, 제네바협약에 의하여 보호되는 사람과 재산에 대하여 저질

---

39) Yougindra Khushalani, *op. cit.,* pp.63-64.
40) *Ibid.,* p.71.

러지는, 고의적인 살인, 고문 또는 비인도적인 대우…등의 다음의 행동을 포
함한다.[41]

이 조항은 4개 제네바협약[42]에 공통된 제3조, 제1추가의정서 제75조와
제2추가의정서 제4조와 연관하여 이해되는 경우 분명해진다. 이들 2개
조항은 보호받는 사람은 늘 인도적으로 다루어져야 한다고 규정하고 있
다. 따라서 사람과 인간의 명예에 대한 중대한 침해를 야기하는 행위는
비인도적인 행위로 간주된다. 논리적으로 여성의 명예와 존엄성에 대한
공격은 제4제네바협약 제147조의 의미 내에서 중대한 위반이 된다.

제1추가의정서 제85조에 의하여, 민간인의 신체에 대한 중대한 침해를
야기하는 행위는 중대한 위반이 된다. 제85조 5항은 제네바협약과 제1추가
의정서의 중대한 위반은 전쟁범죄로서 간주된다고 분명히 명시하고 있다.

제11조는 사람의 보호를 다루고 있으며, 이 조항에 의하여 여성에 대한
강간은 이 의정서의 중대한 위반이 된다. 강간은 여성의 신체적 정신적 건
강을 중대히 해치는 행위이며, 여성의 주체성을 침해하는 행위이다.[43]

결국 제1추가의정서 제1조 2항과 제2추가의정서 전문은 마튼즈 조항

---

41) 이 조항은 4개 협약에 공통된 것으로, 제1 협약 제50조, 제2 협약 제51조, 제3
협약 제130조.

42) 제2차 세계대전에서 저질러진 비인도적인 행위에 대한 두번째보다 실질적인
반응은, 전문가의 도움으로 국제적십자위원회에 의하여 준비된 1949년 전쟁
희생자의 보호를 위한 4개 제네바협약의 채택이다. 제네바협약(이하 협약)은
당시 기존의 人道法의 영역을 확대하였는데, 즉 제1 협약은 무력 충돌시 병자
와 부상자의 보호, 제2 협약은 海上에서의 같은 상태에 있는 사람과 조난자의
보호, 제3 협약은 전쟁포로의 보호를 규정하고 있다. 이 3개 협약은 보호의
범위와 역량에서 인도법에 대한 매우 실질적인 추가문서로서 人道法의 시행
과 집행에 대한 여유 있고 개선된 방안을 제시하고 있다. 제4 협약은 새로운
기준을 제시하고 있는데, 敵의 영역에서 즉 점령지역에서의 民間人의 보호를
규정하고 있다.

43) Yougindra Khushalani, *op. cot.,* p.72.

을 재확인하고 있다. 이들 의정서에 의해 해당되지 않는 경우라도, 민간인과 교전자는 기존의 관습, 인도주의의 원칙과 공공의 양심에서 나오는 국제법원칙의 보호와 권위에 따라야 한다. 제1추가의정서와 제2추가의정서의 조항은 여성의 특별한 보호를 보장하는 것이 아니라고 가정하더라도, 마튼즈 조항의 단순한 인정은 그러한 보호를 제공하는 충분한 근거가 된다. 제네바협약과 그 추가의정서의 현대 전쟁법은 유명한 마튼즈 전문에서 그 정신을 이끌어내고 있으며, 1949년 이후 국제인도법의 발전은 이 이론에 기초하고 있다.

5. 유엔 문서

전시 여성과 어린이의 보호는 1945년 유엔헌장과 1948년 세계인권선언에서 신중히 고려되고 있다. 전시 여성이 처하게 되는 취약성을 생각해 볼 때, 이들에게 합법적으로 주어지는 특별한 보호를 받을 권리를 무시하는 것은 여성에 대한 차별에 해당한다.

'여성지위위원회'(Commission on the Status of Women: 이하 위원회)는, 모든 여성을 위하여 세계인권선언과 국제인권규약에 규정된 인간존엄성과 개발의 기준을 만족시키는 삶의 조건을 구하고 마련할 책임을 인식하면서, 무력 충돌이나 점령시 비인도적인 관행으로부터 여성과 어린이를 보호하는 것은 유엔의 관심 대상임을 권고하는 「결의 4」(XXII)[44]를 채택하였다. 민간인 보호문제는 다른 유엔 기구와 국제적십자위원회에 의하여 다루어졌다.

경제사회이사회는, 위원회의 권고에 따라 제23회기에서 비상사태시 혹

---

44) 3 Feb. 1969, ECOSOC 64th Session, p.66(27 Jan-12 Feb. 1969): E/CN.6/527, E/4619.

은 전시 여성과 어린이 보호에 관한 「결의 1515」(XLVIII)[45]를 채택하였다. 경제사회이사회는 국가에 대하여 전시 민간인 보호와 관련한 제네바 협약과, 무력 충돌시 인권존중에 관한 여타 국제법규칙을 준수할 것을 요청하였다.

위원회는 「결의 XII」[46]에서 처음으로 전쟁지역의 여성은 개인의 존엄성에 대한 다양한 형태의 공격의 희생자임을 특별히 언급하였다. 이 결의는 최종적으로 경제사회이사회에 의하여 「결의 1687」(LII)[47]로 채택되었다. 이 결의에서 경제사회이사회는 평화, 자결, 국가해방 및 독립을 위한 투쟁에서 비상사태와 무력 충돌시 여성과 어린이의 운명에 깊은 우려를 표명하고, 이들은 종종 파괴의 희생자가 되며 자신의 생명과 인간존엄성을 침해하는 상황으로부터 고통을 받음을 지적하였다.

1974년 유엔 총회는, 경제사회이사회의 권고에 따라 비상사태시와 무력 충돌시 여성보호에 관한 선언[48]을 채택하였다. 이 선언에서, 인간의 기본적 자유와 존엄성에 대해 여전히 중대한 공격이 있다는 사실을 유감스럽게 생각하고, 민간인에 속하는 여성과 어린이의 특별한 보호의 필요성을 인식하면서 이 선언이 모든 UN회원국에 의하여 엄격히 준수될 것을 선포하였다.

이 선언은 여성과 아동에 대한 어떠한 공격도 명백히 금지하고 있다. 선언 제4조는 비인도적인 대우를 금지하는 조치를 취하는 것을 국가의 의무로 규정하고 있다. 제5조는 모든 형태의 억압과 잔인하고 비인도적인 대우를 범죄로 규정하고 있다. 이 조항에 의하여 전투원의 범죄적 책

---

45) 28 May 1970.
46) 2 March 1972.
47) 2 June 1972.
48) Declaration on the Protection of Women and Children in Emergency and Armed Conflict proclaimed by General Assembly Resolution 3318(XXIX) of 14 December 1974.

임이 지워진다. 무엇보다도 가장 중요한 조항은 제6조로, 이 조항은 여성과 어린이는 다양한 국제법문서에 의하여 자신의 불가양의 권리를 박탈당할 수 없다고 규정하고 있다. 이는 분명 인간으로서 존엄성에 대한 양도할 수 없는 권리를 포함하고 있는 것이다.

유엔의 결의와 선언은 조약이 아니므로 법적 구속력은 없으나, 이들 규칙이 국가간 수년 동안의 합의된 것으로서 모든 유엔 회원국이 협상과정에 참여하였고 주로 컨센서스에 의하여 채택되어 회원국들이 이 규칙에 반대하지 않았음을 의미하며, 이들 중 일부는 명백히 기존의 규칙과 원칙을 선언하는 것으로서 국가에 의하여 존중되어야 하는 권위 있는 기준이 된다 하겠다.

6. 강행규범

강행규범의 실재는 부인할 수 없는 보편적 양심, 모든 사람이 신성한 것으로 생각하는 공통기준 표현, 즉 인간의 권리의 존중과 보호를 나타내는 것이다. 강행규범은 인간이 모든 상황에서 존중되어야 한다는 원칙을 말한다. 이 규범은 절대적으로 엄격한 성격을 가진 규범으로서 여러 나라의 국내법규칙에 의해서도 확인되고 있다.[49] 많은 강행규범은 유엔헌장이나 일반 다변조약에 그 기원을 두고 있는 것이 사실이나, 일부는 관습법에서 비롯되었다. 민간인 보호의 원칙은 관습법의 일부이다. 이는 제네바 협약 제1 추가의정서 제51조에 규정되고 있고 현재 조약법이 되었다.

초기 국제사회는 공공질서와 엄격규범을 가지고 있었다. 이 규범은 점차 변화되었으며, 20세기에는 세계대전을 겪고 나서 무력 충돌시 민간인

---

49) *Ibid.*, p.151.

보호에 관한 새로운 엄격규범이 발현되었다. 강행규범은 이미 국제관습법규칙과 여러 나라의 국내법으로 존재하고 있고 국제조약법에 흡수되었다. 초국가적인 집단이 존재하지 않는 한 국제적 양심은 국제적 삶의 필요성을 표현하고, 이러한 경향을 반영하며 다변조약, 제네바협약 제1추가의정서에 포함된 민간인 보호규칙에서 반영되었다. 무력 충돌시 민간인 보호원칙은, 그 가치의 저하가 인정될 수 없는 국제사회에 의하여 보편적으로 인정되는 강행규범으로서 인도법 원칙이다.[50] 무력 충돌시 민간인의 인권보호원칙은 인도적 목적을 위하여 창출되었고, 일반국제법에 의하여 인정된 엄격규범이며 국제사법재판소의 권고적 의견에서도 이를 인정하고 있다.[51]

제네바협약은 개별국가의 이익 아닌 인류 전체의 고귀한 이익을 위하여 마련된 것이다. 이들 협약의 규정은 비체약국에도 적용된다. 이 협약의 인도적 원칙은 강행규범의 성격을 갖는 일반국제법의 기본원칙이기 때문이다. 무력 충돌시 민간인의 인권침해는 국제적 범죄를 구성하며, 제4제네바협약[52]과 제1추가의정서[53]는, 이 협약과 의정서 규정에 반하는 모든 행위는 중대한 위반임을 분명히 규정하고 있다. 제1추가의정서는 제네바협약의 중대한 위반은 전쟁범죄로 간주된다고 규정하고 있다.[54] 제1추가의정서는 전시 인정되는 인도적 원칙을 위반하는 형사적 행위를 금지하는 원칙은 강행규범임을 규정하고 있다.

전시 민간인의 인권보호원칙이, 국제법의 엄격규범이 아니라 할지라도 실제로 강행규범의 성격을 갖는 발전적인 규범이다. 유엔 총회의 다양한

---

50) *Ibid.*
51) Advisory Opinion concerning Reservations to the Genocide Convention, *I.C.J. Reports*, 1951, p.23.
52) 제146조, 제147조.
53) 제85조.
54) 제85조 5항.

결의문은 그러한 규범의 출현과 발전에 기여하고 있다. 결국 제1 추가의 정서에로의 편입은 이 규범이 전적으로 국제사회에 의하여 받아들여지고 인정된 것임을 반영하고 있다.

7. 전시 여성의 성폭력에 대한 소송을 위한 법적 근거
―필리핀 일본군'위안부'의 경우

1) 소송을 위한 법적 근거

1992년 9월 18일 필리핀의 한 일본군'위안부'였던 피해자가 폭로하면서, 일본군'위안부'의 문제는 제2차 세계대전 중 일본 제국주의 군대에 의하여 필리핀 여성에 대해 저질러졌던 전쟁범죄로 필리핀 전국을 충격에 몰아넣었다. 이는 제2차 세계대전 중 전쟁희생자묘역에 묻혀 있는 전쟁피해자에 대해 다시 한번 사회적·법적 구제를 요구하는 사건이 되었다. 이때 필리핀의 일본군'위안부'는 50년 전에 이들에게 저질러진 전쟁범죄에 대해 일본정부로부터 개인적인 사죄와 정당한 보상을 요구했다. 한국의 일본군'위안부'와 유사한 상황에 있는 필리핀 일본군'위안부'의 경우를 살펴보는 것은 시사하는 바 크다고 보며, 당시 필리핀 일본군'위안부'소송을 위한 일본측 변호인단은 일본정부에 대한 소송의 법적 근거로 다음 요소를 제시하였다.

(1) 헤이그협약 위반 : 전쟁범죄

1907년 헤이그협약은 점령지역에서 민간인 보호를 규정하고 있다. 일본은 1912년에 이 협약에 비준하였으며, 일본제국주의 군대가 필리핀을 침략하기 시작하였을 당시 1941년에 이 협약에 의하여 구속받고 있었다.

이 협약 제46조는 가족, 개인의 삶(individual life) 등의 명예와 권리를 존중할 것을 규정하고 있다. 개인의 삶을 존중해야 하는 규정은 개인적인 삶과 사람의 신체 침해를 금지하는 것이다. 명백히 여성에 대한 강간과 성적 폭력은 이 규정을 위반하는 것이다. 더욱이 문명사회에서 여성에 대한 성적 침해는 가족의 존엄성에 대한 중대한 위반을 구성한다.[55]

제46조에 규정된 의무의 중요성은 이후 국제법에서 재차 반복되고 발전되었다. 더 나아가 1949년 민간인 보호에 관한 제네바협약 제27조 2항에서 상세히 규정되었다. 이 조항은 특히 강간, 강제적 매춘과 모든 종류의 음행으로 여성의 명예를 침해하는 것으로부터 여성을 보호하는 것에 관한 의무를 규정하고 있다. 국제적십자위원회는 제네바협약에 대한 해설에서, 이 규정은 헤이그협약의 규정을 구체화하고 있다고 인정하고 있다. 1977년 민간인 보호에 관한 제네바협약 추가의정서는 여성의 존엄성 보호에 관한 보다 구체적인 규정을 두고 있다.

일본제국 군대에 의한 헤이그협약의 위반은 극동국제군사재판소(도쿄재판소)에서 일부 재판을 받았다. 이때 원고는 권한을 명하고 부여하며 전쟁범죄를 저지르도록 허용함으로써 전쟁법규를 위반한 것에 대한 유죄 판결을 받았다. 당시 재판소에서 다룬 사안은 전쟁포로의 대한 폭력에 맞춰져 있었고, 민간인이 입은 손해는 아직도 충분히 배상되고 있지 않았는데, 강간과 강제매춘은 충분히 헤이그협약의 위반에 해당된다.[56]

(2) 인도에 반하는 범죄

일본정부의 보상의무의 근거는 인도에 반하는 범죄를 저지른 것에 해당된다. 인도에 반하는 범죄의 개념은 1919년 파리평화회의에서 처음 사

---

55) The Japanese Panel of Lawyers, "Legal Basis of the Lawsuit of the Filipino Comfort Women," Nelia Sancho(ed.), *op. cit.*, p.131.

56) *Ibid.*

용되었는데, 당시 이 개념은 평화에 반하는 범죄, 즉 침략전쟁범죄(crimes of waging invasion war)와는 구별되지 않은 상태였다. 제2차 세계대전 이후 전쟁범죄는 인도에 반하는 범죄에 대해 기술적인 실체성을 부여함으로써 전쟁범죄는 3개 범주로 나뉘어졌다. 전쟁범죄 중의 하나인 인도에 반하는 범죄는 국제군사재판소헌장 제6조에 규정되어 있다. 범죄를 저지른 데 대한 공모자의 처벌 또한 이 헌장에서 규정되고 있다. 도쿄재판소는 이러한 효과를 가진 규정으로 도쿄재판소 헌장 제5조를 들었고, 이 조항은 전쟁 이전이나 전시에 저지른 살인, 파괴, 노예, 추방과 다른 비인도적인 행위를 열거하고 있다. 그러나 도쿄재판소 판결에는 인도에 반한 범죄에 관한 언급은 없다.

이후 인도에 반하는 범죄 개념은 1948년 제노사이드협약과 반아파타이드조약(Anti-Apartheid Treaty)과 같은 국제법에서 재차 채택되었다. 국내법에서는, 1954년 독일 형법은 특정 국적, 인종 혹은 민족집단을 전적으로 또는 일부 전멸할 의도로 저지른 살인, 상해 및 여타 행위를 금지하고 있다.[57]

(3) 헤이그협약 위반의 효과

헤이그협약 위반 당사자는 형벌을 가해야 하며, 협약 제3조는 이를 위반한 교전자는 필요한 경우 보상책임을 지고, 자국의 군대 구성원에 의하여 저질러진 모든 행위에 책임을 진다고 규정하고 있다. 이 규정에 의하여 일본정부는 점령지역에서 일본군대가 저지른 살인과 강간에 대하여 보상을 지불할 책임이 있다.[58]

---

57) *Ibid.*, p.132.
58) *Ibid.*

(4) 개인적 청구권 적용을 위한 국제법상 개인의 주체성 근거

전쟁보상의 새로운 개념은 제1차 세계대전 이후 평화조약에 의하여 도입되었다. 전통적인 보상과는 달리 독일은 국가의 손해에 이어 개인에게 가해진 손해에 책임을 지기 시작했다.[59] 평화조약은 민간인 희생자의 손해배상을 주로 규정하고 있는 부속서를 가지고 있다. 더욱이 개인은 혼합중재재판소의 판결을 통하여 보상을 받을 있다는 특별한 명제가 확립되었다.[60]

전통적으로 보상은 집단청구를 행하는 국가간에 이행되는 것으로 생각되었다. 그러나 제1차 세계대전 이후 새로운 관행은 인적 손해에 대해 국가에 호소하는 개인의 권리를 구별하고 이를 분명히 하고 있다. 즉 외교적 보호권을 이행하는 것으로서의 보상과, 개인의 권리로서의 보상을 구별하는 것이 필요하다. 제2차 세계대전 이후 국제법에서 개인의 주체성은 인권보호의 점진적인 인식과 관행에 따라 현실적으로 인정되어가고 있다. 이러한 맥락에서 전쟁보상에 관하여 개인피해자에게 청구권을 인정하고 부여하기 위한 노력이 이루어지고 있다.[61]

특히 개인의 손해에 대한 보상을 주장하는 경우 외교적 보호의 개념은 변화되어 왔다. 현재 외교적 보호는 더 이상 단순히 국가의 재량행위가 아니라는 견해가 많다. 외교적 보호는 자국민의 복지를 보호할 임무를 맡은 대리인으로서 국가의 의무이지 국가의 권리가 아니라는 것이다. 지배적인 견해와 관행에 의하면, 원칙적으로 국가에 대해 청구할 수 있는 개인의 권리는, 국가가 외교적 보호를 행하거나 보상합의를 통한 개인적 청구를 포기하는 경우 적용된다.[62]

---

59) 베르사이유 평화조약.

60) 베르사이유 강화조약 제302조 2항.

61) 예컨대 전쟁희생자에 관한 독일법과, 부대수용소에 감금되었던 일본계 미국인을 위하여 시민의 자유법에 근거한 보상 등이 있다.

62) The Japanese Panel of Lawyers, Nelia Sancho(ed.), *op. cit.*, p.133.

2) 정의 회복의 요구

필리핀 일본군'위안부'를 위한 소송에서 일본측 변호인단은 위와 같은 법적 근거를 제시하면서 다음과 같이 소송의 정당성을 언급했다.[63]

'정의의 회복'이 제2차 세계대전이 지난 거의 50년 이후 이 소송을 제기한 원고들을 위한 최우선의 이유이다. 청구에서 자세히 언급되고 있는 것처럼 일본은 국제인도법의 무시와 위반을 하였다. 이는 마치 제2차 세계대전은 끝났으나 전쟁범죄라는 거대한 책임이 남겨져 있는 것과 같다. 전쟁범죄는 재판을 받아야 한다. 재판을 받지 않는다면 비난받아야 한다.[64]

그러나 보다 중요한 것은 즉각적인 명예회복과 희생자의 인권의 구제이다. 침략자를 충분한 처벌을 하지 못하거나 현재 가능하지 않는 경우, 강제매춘의 희생자는 50년이 넘도록 말할 수 없는 엄청난 고통을 계속해서 겪고 있음을 기억해야 한다. 일본은 이를 저지른 범죄자를 용서하는 사면을 생각해서는 안된다. 또한 일본과 일본인은 보상을 완전히 이행할 때까지 책임이 있다. 이러한 이유로 이 소송의 중요 부분은 일본과 일본인에게 정의를 회복할 것을 요구하는 것이다. 본 소송은 여성의 권리를 강조함으로써 기본적 인권의 개념을 되찾는 여성운동이다. 이 일은 성폭력의 피해자를 돕고 오랫동안 침묵할 수밖에 없었던 이들에게 용기를 북돋는 운동이다. 이는 전세계적으로 확산되고 있는 여성해방운동의 성과 중에 하나인 것이다.[65]

본 소송은 이들의 인권을 회복하는 데 있다. 이는 침해받은 여성의 권리가 회복되는 선도적 사례가 되어야 한다. 보스니아와 헤르제고비아의 수많은 여

---

63) Restore Justice, Press Statement of the Japanese Panel of Lawyers for the Filipino Comfort Women, April 2, 1993.
64) The Japanese Panel of Lawyers, Nelia Sancho(ed.), *op. cit.*, p.137.
65) *Ibid.*

성이 당시 집단강간에 희생됨에 따라 이 소송은 지도적 사례가 되어야 한다. 침해받은 여성의 권리는 평화가 다시 왔을 때 적절히 회복되어야 하지 않는가?

필리핀의 일본군'위안부'의 범죄자에 대한 공식적인 사과가 일본의 미야자와 수상에 의하여 이루어졌다. 이는 일본 범죄를 명백히 인정하는 것으로 이해되어야 한다. 다음에 일본이 해야 할 것은 역사상 부정의를 저질렀다는 것과, 국제인도법을 전적으로 위반했다는 점을 보다 분명하게 인정하는 것이다. 일본은 손해에 대해 충분히 보상하려는 태도를 보여야 한다.[66]

이들 행위가 일본 자신의 도덕성을 회복함에 있어서 필수 불가결하다. 다행히도 일본의 여론은 정의회복에 대해 점차 성숙한 태도를 보이고 있다. 1992년 12월 여론조사에 의하면, 25%는 이전의 일본군'위안부'에 대한 인도적 조치를 지지했고, 36%는 분명한 사과와 보상의 입장을 견지했고, 반면 10%만이 어떠한 사과나 보상도 필요 없다는 입장을 보였다. 이는 부정적 유산의 청산을 요구하는 새로운 세대의 적극적인 의사표현이며, 지금의 일본인들은 포츠담선언을 받아들임으로써 아시아에 대한 침략을 인정한 전후세대의 일본인의 반응이다. 전후 일본의 새로운 헌법은 전제주의와 노예제도, 억압과 편협주의를 극복하자는 규정을 하고 있다.[67]

본 소송은 일본에 의하여 수많은 희생자가 있는 아시아국가뿐만 아니라 국제적 도덕의 준수와 실행을 바라는 국제사회가 지켜보고 있다. 이들의 기대는 국제인도법의 준수와 이행을 요구하는 것으로서, 일본이 이에 대한 진지하고 자발적인 결정을 보는 것이다. 또한 소송지로서, 현재 혼란한 국제사회에 진정한 기여를 할 수 있는 곳인 일본을 국제화를 위한 장으로서도 의미가 있다. 그럼에도 불구하고 원고는 이미 황혼기에 있다. 본 소송은, 일본군'위안

---

66) *Ibid.*, p.138.
67) *Ibid.*

부’ 여성이 정의가 세워지고 이들에게 보상이 이루어지는 것을 볼 수 있도록 하기 위하여, 사안해결을 위해 가장 열망스럽게 이루어져야 한다. 우리는 피고인 일본정부와 법원의 협력을 기대하면서 이 목적을 이루기 위하여 이 소송을 제기한다.[68]

3) 일본정부에 대해 한국인 일본군‘위안부’ 보상을 명한 법원 명령과 이후 상황

1998년 4월 27일 야마구치 지방법원은 일본정부에 대해 제2차 세계대전시 일본군대에 강제로 성을 제공하였던, 3인의 한국인 일본군‘위안부’에게 보상할 것을 명하였다. 법원의 시모노세키 지원의 의장 판사 히데스키 치카시타는 일본정부에 대하여 전시 피해자들이 받은 고통을 보상하는 조치를 취할 법적 의무를 이행하는 데 소홀히 했다고 하였고, 3인의 원고에게 각각 3만 엔을 지불할 것을 명하였다.[69] 이 사례는 이전의 일본군‘위안부’에 의하여 제소된 법적 분쟁에서 판결이 내려진 첫번째 경우이다. 일본법원에서 일본의 거주민이 아닌 자에 의하여 제소된 5개 유사

---

68) *Ibid.*, p.139.

69) 3인의 여성과 관련한 사안은, 7인은 전시 일본의 군수품공장에서 강제노역을 한 것과, 3인은 일본인과 강제 성관계를 한 것에 대해 공개적인 사과와 564백만 엔의 보상을 요구하는 10인의 한국인이 제소한 법적 소송의 일부였다. 3인의 일본군‘위안부’ 가운데는 한국의 79세 이덕순 할머니도 있었다. 판결은 일련의 다른 소송을 고무할 뿐 아니라 일본군‘위안부’ 구제에 관한 양국간의 해묵은 문제에 대한 새로운 해결책을 제시할 것으로 기대된다. 이 소송은 1992년 12월 시모노세키의 지원에 제기되었다. 야마구치현의 현청이 있는 이 항구도시는 한국의 부산에서 페리호를 타고 일본으로 온 강제노동자가 도착했던 곳이다. 3인의 여성은 상하이와 대만에 위안소라고 불리던 곳에 갇혀 있었고, 일본군인에게 강제로 성을 제공한 것에 대해 일본정부가 책임이 있다고 하였다. 또한 7인의 여성은 주로 토야마현에 있는 공장에서 오랫동안 강제노역을 한 데 대해서도 일본의 책임을 물었다.

한 사건이 현재 도쿄법정에서 계류중에 있다.[70]

원고는 이 소송이 일본정부의 의무에 근거하고 헌법에 근거하여, 식민지 통치의 희생자에 대한 사과와 보상을 해야 한다고 했다.[71] 원고는, 일본군'위안부'는 더 이상 자신의 인격과 명예를 침해받은 인증된 창녀 그 이상은 아니었다는, 1994년 법무부장관 시게토 나가노의 언급을 진술했다. 일본정부는 전쟁과 관련한 모든 청구는 전후 조약으로 해결되었다고 주장하면서, 계속해서 희생자에 대한 개별적인 보상을 거부하고 있었다. 그러나 1993년 8월 일본군대와 행정당국은 많은 경우 여성 자신의 의지에 반하여 강제 이송되었고 직접적으로 이 계획에 연루되었음을 인정하였다. 국가보상에 대신하여 일본정부는 1995년 민간 차원의 아시아여성 재단을 설립하고, 이 재단은 다음 해 일본수상에게 사과문을 제안하고 희생자에게 생활지원으로 2백만 엔을 제공할 것을 요청했다.

일본이 한국과의 긴장된 관계를 악화시키는 문제가 새로운 반전을 맞게 되었는데, 김대중 대통령의 새로운 한국정부는 기록상으로 남아 있는 152인의 희생자에게 각각 3,800만 원을 제공하기로 결정하였다. 국가보상에 대한 이전의 한국행정부에 의한 요구와는 반대로, 새로운 한국정부는 이를 통해 일본으로부터의 보상에 대한 압력은 아닌, 성노예에 대한 진심 어린 사과와 책임통감을 도쿄에 요청한 것이었다고 말했다.[72]

8. 제안과 권고

무력 충돌시 여성에 대한 성폭력 문제에 대하여, 아시아 여성인권위원

---

70) The Japanese Panel of Lawyers, Nelia Sancho(ed.), *op. cit.*, p.144.
71) *Ibid.*, p.145.
72) *Ibid.*

회(Asian Women Human Rights Council: AWHRC)는 유엔과 각국 정부 및 일본에게 다음과 같은 제안과 권고를 하고 있다.[73]

1) 유엔에 대한 권고

첫째, 이러한 범죄의 가해자는 그 잘못된 행동이 정도가 넘은 정부임에 따라 유엔과 그 기관 및 위원회는 전시 여성의 피해자의 고통을 청구하는 데 중요한 역할을 하여야 한다. 군대에 의한 성노예와 같은 조직적인 강간은 전쟁범죄와 인도에 반하는 범죄를 구성한다고 볼 때, 여성에 대한 이같은 범죄에 대한 정당한 결의 채택이 필요하다.

둘째, 노예 형태에 관한 소위원회와 작업단체의 가치 있는 역할과 기여에도 불구하고, 이 문제에 관한 제안과 권고는 유엔 사무총장 이하 성실한 유엔 직원, 총회, 안전보장이사회, 경제사회이사회, 여성지위위원회에 의하여 이루어져야 한다.

셋째, 유엔은 이에 책임 있는 정부에 대하여 합리적인 재정적 판단에 대한 지침을 제시할 수 있고 중대한 인권침해의 피해자의 요구와 필요성을 종합적으로 청원할 수 있는 보상청구절차를 권고할 국제기구를 창설하여야 한다.

넷째, 유엔은 이러한 반인륜적 범죄를 저지르는 것을 예방하기 위하여 세계 각 지역에서 저질러지고 있는 전쟁범죄와 인도에 반하는 범죄를 처벌할 수 있는 국제재판소를 창설하여야 한다.

다섯째, 인권침해를 감시하는 국제조약기구는 인권침해 피해자의 보상

---

73) Asian Women Human Rights Council(AWHRC) & LILA Pilipina, "Women in Armed Conflict Situations," Nelia Sancho(ed.), *War Crimes on Asian Woman: Military Sexual Slavery by Japan During World War —The Case of the Filipino Comfort Woman*, the Asian Women Human Rights Council, India Regional Secretariat and Manila Secretariat, 1998, pp.307-309.

문제에 상당한 주의를 기울여야 한다. 이들 기구는 당사자의 이행상황을 심사하는 데 있어서 문제제기를 하여야 하고, 기구의 권고와 판정에서 보상문제를 포함시켜야 한다.

2) 각국 정부에 대한 권고

첫째, 각국 정부는 단독으로 혹은 연대하여 잘못을 저지른 정부에 대하여 모든 침해를 충분히 보상하도록 촉구한다. 피해자의 국적을 대표하는 정부는 어떠한 행동에서든 이상적으로 선도해야 하며, 모든 정부는 양심적으로 이 요구에 대응하여야 한다.

둘째, 청구인의 국적 소속 정부는 희생자, 희생자협회 및 대리인들을 지원하여야 한다. 청구인은 자국에서 혹은 외국에서 청구함에 있어서 지원을 받아야 한다.

셋째, 청구인이 심문을 위하여 국가나 유엔에 대하여 법적 소송을 제기하는 경우, 각국 정부는 잘못을 저지른 정부의 자산을 동결하는 것을 고려하고 이 자산을 청구에 이용할 수 있도록 하여야 한다.

3) 일본정부에 대한 권고

첫째, 일본은 희생자, 피해생존자와 그의 가족들에게 공식적으로 사과하여야 한다.

둘째, 일본의 법적 책임은, 군의 성노예의 피해자로 확인되거나 확인된 여성에 대하여 충분한 재정적인 보상을 하는 것이다.

셋째, 대부분의 여성이 노후를 맞고 있는 점을 고려하여 철저한 조사할 의무를 인정하면서, 일본은 피해자에 대해 개별적 보상을 제공하는 즉각적 조치를 취할 의무가 있다.

넷째, 일본정부는, 전시 위안소 운영, 어떻게 여성을 다루었으며, 또한 이들 여성을 수송한 방법에 관한 문서기록 등 모든 정보를 공개할 의무가 있다.

다섯째, 일본의 동맹국과 여타 국가는 이들 여성에게 사안과 관련한 문서와 자료를 공개할 책임이 있고, 일본에 대하여 피해자에게 완전한 보상과 배상을 제공하도록 강제할 의무가 있다.

여섯째, 일본은 교과서와 역사책에 성노예형태인 일본군'위안부'로서 여성의 인권의 침해사실을 일본의 전쟁범죄로서 언급하여야 한다. 이러한 노력은 전쟁, 군사주의와 일반적으로 사람에 대한 특히 여성에 대한 인권남용이 되풀이되어서는 안된다는 것을 보장하는 것이다.

일곱째, 일본이 이들 침해에 대해 도덕적 및 법적 책임을 충분히 이행할 때까지, 각국 정부는 일본과 관련한 유엔 안전보장이사회의 행동변화나 유엔의 활동에 구속되어야 한다.

9. 결론

앞서 언급한 여러 국제문서는 여성의 존엄성의 권리는 기본적이고 실질적이며, 법적이고 불가양의 권리임을 입증하는 명백한 증거이다. 무력충돌시 여성의 특별한 보호의 필요성은 국제사회에 의하여 인정되어 왔음을 알 수 있다. 이들 국제법문서를 통하여 여성과 여성의 주체성에 대한 폭력의 금지는 국제사회의 양심에 의하여 요구됨을 알 수 있다. 무력충돌시 여성의 특별보호원칙은 인도법의 일부이다.

더욱이 무력 충돌시 여성의 보호원칙은 국제법의 엄격한 규범이다. 이 원칙은 개별국가의 이익만을 위한 것이 아닌 인류 전체의 이익을 위한 것이다. 1974년 비상사태시와 무력 충돌시 여성과 어린이 보호에 관한 선언에서 공언된 원칙은 강행규범의 성격으로 일반국제법의 기본원칙이다. 여성의 존엄성과 명예에 대한 폭력은 국제인도법의 원칙을 명백히 위반하는 것이며, 공공의 도덕(bonos mores)에 위반되는 여성의 기본권을 실제로 부인하는 것이다. 전시에도 여성은 존엄성과 명예를 가질 권리가 있다. 강간은 그러한 권리의 부정이다. 국가는 전쟁이 정당하든 아니든 관계없이 이들 권리를 지켜야 한다.[74] 여성에 대한 성적 착취는 많은 국가가 군사활동에서 흔히 일어나는 일이나, 군인에게 성의 제공을 위해 현지 여성이 조직적으로 제공된 경우는 들어보지 못했다. 태평양전쟁 당시 일본군을 위한 '위안부'라는 전례 없는 제도는, 조직적이고 장기적인 여성의 성노예 제도화였고 이들은 대부분 국가권력에 강제로 끌려간 가난한 가정 출신의 식민지 여성이었다.[75]

결론적으로, 여성에 대한 강간은 인도에 반하는 범죄일 뿐만 아니라 헤이그협약, 제네바협약과 제1의정서를 중대히 위반하는 것으로서 독립적인 국제범죄이다. 제네바협약 제3조는 국제관습법을 법전화한 것으로, 이 최소한의 규범은 국제적 성격이 아닌 무력 충돌시에 적용되며, 2차 대전 당시 일본이 저지른 인류의 양심을 유린하고 인류에 반한 일본군'위안부'제도에도 적용된다. 제네바협약은 현재 전세계 모든 국가가 비준하였고 비체약국에도 적용될 수 있고, 특히 제3조는 명백히 국제관습법의 개념으로 인정되고 있다.

그러므로 국제법상 이와 같은 범죄를 저지르는 개인은 전쟁범이며 어느 곳에서든 처벌을 받아야 한다. 모든 국가는 그러한 자에 대해 제소할 수 있는 보편적 관할권이 있으며, 자국의 관할권내에서 그러한 자를 처벌하거나 또는 재판을 하기 위하여 이들을 타국에 인도할 국제적 의무가 있다. 그러한 범죄를 저지른 개인이 확인되지 않는 경우, 국가는 자국의

---

74) Yougindra Khushalani, *op. cit.*, p.153.
75) Chunghee Sarah Soh, "The Korea 'Comfort Women'—Movement for Redress," *Asian Survey*, vol.36, no.12, December 1996, p.1238.

군대 구성원에 의하여 저질러진 행위에 대하여 책임을 져야 한다.[76]

무력 충돌시 여성에 대한 성폭력문제는 남녀평등의 인식에 새로운 계기를 던져주고 있다. 전시 여성에 대한 대량강간(mass rape)[77]은 인권, 전쟁범죄와 주권문제를 재고케 하고 있다. 전시에 가장 보호해야 할 대상인 여성에게 저항할 수 없는 힘을 이용하여 무자비하게 행하는 강간은 여성에 대한 전쟁이며, 전시에 행해지는 여성에 대한 성폭력은 전쟁범죄에 해당된다. 세상에서 가장 비겁하고 잔인한 것은 자신의 이익과 쾌락을 위하여 저항할 수 없는 약자를 이용하고 착취하는 일이기 때문이다.

일본에게 바라는 것은 자국의 어린 일본여성이 이러한 일을 겪었을 때 일본이 참을 수 없는, 그 가해국에 대해 요구하고 싶은 바로 그것을 요구하는 것이다. 이 문제의 정당한 해결을 위해서는, 일차적으로는 일본정부의 의지에 달린 문제로 일본은 자국의 행위로 인한 침해에 대해 진정한 사과와 보상해 줄 법적·도덕적 의무와 책임이 있고, 또한 각 분야에서 최대한의 노력이 필요하다.

일본군'위안부' 문제 해결에 대해 어떠한 국내적 및 국제적 구제조치를 취하는가는, 일본측에서는 자국의 태도가 앞으로의 일본의 도덕성과 위상을 새로이 정립하게 할 수 있는 계기가 될 것이다. 또한 국제사회에서는 20세기의 전쟁 중 여성인권의 유린에 대한 비극을 어떻게 마무리짓느냐에 따라 여성의 권리문제를 국제적으로 재인식케 하고 여성에 대한 다양한 폭력을 제어함으로써 새 천년의 인류의 삶의 방향을 제시하는 지침과 시험대가 될 것이다.

---

76) Yougindra Khushalani, *op. cit.*, p.153.
77) 여성에 대한 대량강간 문제에 대해서는 Alexandra Stiglmayer(ed.), *Mass Rape: The War against Women in Bosnia −Herzegovinia*(Lincoln: University of Nebraska Press, 1994) 참조.

미국에서 진행중인 일본군'위안부' 및 징용 소송에 대한 보고서*

한우성
《LA 코리아 타임즈》 기자

1. 머리말

이 보고서는 한국 정신대문제대책협의회로부터 미국에서 진행중인 일본군'위안부' 소송과 징용 소송에 대한 보고서를 제출해 달라는 요청에 따라 작성된 것이다. 이 보고서는 한국의 일반 국민이 이들 소송과 소송을 둘러싼 전반적 상황을 쉽게 이해할 수 있도록 돕는다는 데 주안점을 두고 씌어졌다. 그러나 이 보고서의 작성에 있어서는 시간적 제약과 개인적 역량도 문제거니와 무엇보다 소송이 진행중인 동안에 공개될 예정이기 때문에 원고측 변호인단의 주요한 재판전략을 모두 담을 수 없다거나 '오프 더 레코드'(off the record)를 조건으로 취득한 정보는 공개할 수 없다는 근본적 한계가 있었다.

이같은 한계성은 특히 북한이 관련된 문제에서는 더욱 그러하다. 북한

___

* 이 글은 2000년 10월 완성된 것으로, 현재 이 소송은 2001년 8월 1심 재판이 있었으며, 미 워싱턴 연방지법은 이 소송이 정치적 문제라는 이유로 기각처리 했다. 재판 변호인단은 항소할 계획을 가지고 있다.

은 현재 일본과 조일수교 협상을 지해줒이고 이 피깅에서 북한이 가장 강조하는 부분도 과거의 청산이라는 점과 정부 차원에서도 한국정부보다 북한정부가 이번 소송에 더 깊은 관심을 갖고 있는 것 같다는 정도만 확인해 두고자 한다. 그렇지만 시대정신이 사안과 너무 떨어져 있기 때문인지 아니면 한국정부의 방침 때문인지 모르겠으나 소송이 시작된 지 벌써 2년째로 접어든 2000년 10월 현재까지도 한국의 정계·학계·법조계·언론계·시민운동단체나 일반 국민들이 이번 소송의 실상에 대해 정확히 모르고 있다는 점을 감안하면 소송의 의미와 진행상황을 이해하도록 돕는 데 어느 정도는 도움을 줄 수 있을 것으로 믿는다.

지금까지 반세기 이상에 걸친 우리 모두의 무관심 속에서 외면된 피해자의 권리가 보호되고 역사적 정의가 회복되며 나아가 개개인의 인권이 진실로 존중되는 보다 나은 미래로 함께 가는 데 이 보고서가 작으나마 보탬이 될 수 있다면 더 바랄 것이 없겠다. 이번 소송의 원고측 변호인 가운데 한 명으로 LA소송팀을 이끌고 있는 배리 피셔 국제인권변호사협회 수석부회장의 말을 빌려 머리말을 맺는다.

We together fight the last battle of World War II in justice for all the victims of the war crimes(우리는 반인류 전쟁범죄의 모든 희생자들의 정의 회복을 위해 다같이 힘을 합쳐 2차 대전의 마지막 전쟁을 치르고 있습니다). —Barry A. Fisher(Senior Vice President, Human Right Advocates International)

2. 소송의 경과와 현황 및 방향

1) 경과와 현황

미국에서 벌어지고 있는 한국인(재미교포 포함)들의 일본정부 및 일본회사를 상대로 하는 징용 소송과 일본군'위안부' 소송은 지난해 먼저 징용 소송부터 시작돼 금년에 일본군'위안부' 소송으로 확산됐다. 2000년 10월 31일 현재 징용 소송은 일본회사를 상대로, 일본군'위안부' 소송은 일본정부를 상대로 각각 진행중이다. 원고측 변호인단 가운데는 두 소송 모두에서 궁극적으로 피고에 일본정부와 일본기업들이 모두 포함되어야 한다고 보는 사람들도 있기 때문에 재판관할권 및 한일기본조약이라는 걸림돌을 넘어 소송이 성공적으로 계속된다면 이러한 방향으로 전개될 가능성이 높다.

(1) 징용 소송

▲ 1999년 9월 7일 징용피해자인 재미교포 최재식(77. 미국 워싱턴주 시애틀 거주) 씨가 재미교포 윤영일 변호사를 소송대리인으로 하여 신일본제철·미쯔비시중공업 등 일본회사를 상대로 손해배상을 청구하는 집단소송을 워싱턴주 시애틀에 있는 미국연방지법에 제기했다. 최 씨의 소송은 일본정부나 회사가 일제강점기에 한국인들을 대상으로 자행한 불법행위에 대해 미국 법정에서 손해배상 청구소송을 제기한 선례가 됐다.

이같은 최 씨의 소송은 제2차 세계대전 당시 일본군에게 전쟁포로가 됐다가 강제노동을 했던 미군 참전용사들이 일본회사들을 상대로 제기한 집단소송의 연장선상에서 나온 것이다. 전쟁 당시 포로로 잡혔다가 강제노동을 했던 미군들은 1999년 8월 미쓰이나 신일본제철 등 일본회사를 상대로 캘리포니아주에서만 3건의 소송을 제기함으로써 일본의 전쟁범죄와 관련된 집단소송의 포문을 역었다.

▲ 1999년 10월 4일 징용피해자인 재미교포 정재원(LA) 씨가 재미교포 한태호 변호사(LA)와 신혜원 변호사(LA)를 공동 소송대리인으로 내세워 다이헤요 시멘트(오노다 시멘트의 후신)를 상대로 집단소송을 제기했다. 정 씨의 소송은 한국인 징용피해자가 캘리포니아 주법정에서 징용문제로 일본회사를 소송한 최초 사례이다. 정 씨의 소송이 최 씨의 경우와 달리 캘리포니아 주법정에 제소됐다는 사실에 주목해야 한다.

정 씨의 변호인단이 이 소송을 캘리포니아 주법정에 제소한 이유는 그 해 7월 캘리포니아주가 징용피해자들의 손배소의 공소시효를 2010년까지로 하는 특별법을 제정했기 때문이다. 이 법은 원래 제안자인 탐 헤이든 캘리포니아주 상원의원(민주)의 이름을 따 세칭 '헤이든 법'이라고 불린다. 캘리포니아주가 이 법을 제정하면서 즉시 효력을 발생시키자 징용피해자들의 변호인단은 실정법이 있는 유일한 주가 된 캘리포니아의 주법정에서 징용 소송을 하는 것이 유리하다고 판단해 캘리포니아 주법정에 징용 소송을 제기하기 위해 노력했다.

최 씨에 이어 정 씨가 소송을 제기함으로써 미국법정에서 일본회사를 상대로 하는 한국인 징용 소송은 연방법정과 주법정 모두에서 벌어지게 됐다. 이 현상은 뒤에 집단소송제도에 대한 설명으로부터 보다 정확히 이해되겠으나 앞으로 미국에서 벌어지는 징용 소송의 향방에 중요한 영향을 미칠 수 있는 변수이다.

▲ 2000년 3월 30일 징용피해자인 재미교포 신사손 씨가 윤영일 변호사를 소송대리인으로 북캘리포니아에 있는 연방지법에 미쓰이를 상대로 집단소송을 제기했다.

▲ 2000년 5월 16일 한국 거주 한국인 징용피해자 오도근, 이응창, 이용해 씨가 마이클 최 변호사 등을 소송대리인으로서 LA 인근 오렌지카운티에 있는 캘리포니아주 지방법원에 미쓰이, 미쓰비시, 신일본제철 등을

상대로 집단민사소송을 제기했다(이들 원고의 이름은 소장에 쓰여진 영문 이름으로부터 음역한 것이기 때문에 부정확할 수 있다).

어느 한국인이 어느 미국법정에서 어느 일본회사를 상대로 징용 소송을 제기했는지를 확인하는 것은 쉽지가 않다. 이상은 2000년 8월 11일 현재를 기준으로 한 것이다. 한국인 피해자의 징용 소송의 경우는 크게 봐서 3개의 변호인단이 있는데 '한태호-피셔-하우스펠트'팀(이하 편의상 'LA팀'), '윤영일-버먼'팀('시애틀팀'), '마이클 최-스위프트'팀('필라델피아팀')이다.

(2) 일본군'위안부' 소송

▲ 2000년 9월 18일 한국인 피해자 6명, 중국인 피해자 4명, 대만인 피해자 4명, 필리핀인 피해자 1명이 워싱턴DC에 있는 연방지법에서 일본정부를 상대로 집단소송을 제기했다. 원고측 변호사는 한태호(재미교포), 김기준(재미교포), 배리 피셔(Fleishman & Fisher), 마이클 하우스펠트(Cohen, Milstein, Hausfeld & Toll), 데이빗 마컴(Blumenthal, Ostroff & Markham), 모리스 래트너(Leiff, Cabraser, Heimann & Bernstein) 등이다.

징용 소송이 일본 회사를 상대로 제기된 데 비해 일본군'위안부' 소송은 직접 일본정부를 상대로 제기됐다. LA법률팀은 원래 일본군'위안부' 소송도 징용 소송처럼 '선 일본회사, 후 일본정부'를 상대로 소송할 생각이었으나, 일본군'위안부' 문제는 징용 문제와 성격이 다르다는 점 등 여러 가지를 감안해 '선 일본정부, 후 일본회사'라는 식으로 전략을 변경했다.

2) 집단소송의 성격

현재 미국에서 진행중인 일본군'위안부' 소송이나 징용 소송이나 모두가 민사법정에서 집단소송이라는 형태로 진행되고 있다. 이들 소송이 민사소송이라는 사실과 집단소송이라는 두 가지 사실 모두가 이번 소송의 진행방식, 변호전략, 소송결과에 직접 영향을 미친다. 따라서 이것들을 논하기 위해서는 먼저 미국의 집단소송제도에 대한 이해가 앞서야 한다.

집단소송제도는 영국에서 처음 시작됐다. 영국은 수백년 동안 원시적 형태로 집단소송이라는 개념을 지닌 제도를 인정하다가 18세기 들어 현대식 집단소송과 매우 유사한 형태의 집단소송제도를 채택했다. 영국의 사법제도를 도입한 미국 역시 1848년부터 집단소송을 인정하기 시작했으며 연방정부는 1938년 정식으로 집단소송제도를 성문화했다. 캘리포니아주는 이보다 빨리 1872년부터 집단소송제도를 성문화했다.

집단소송은 이처럼 영미식 사법제도가 낳은 독특한 소송의 종류로 힘 없는 다수의 피해자를 보호할 수 있다는 뛰어난 장점이 있다. 먼저 집단소송의 대표적 예로서 '캘리포니아 주정부를 상대로 한 캘리포니아 주민들의 집단소송'을 보자.

캘리포니아 주정부 차량국은 환경보호를 위해서라며 타주에서 전입 오는 주민들이 자동차를 등록할 때 스모그 비용으로 차량 한 대당 300달러씩 부과했다. 이러한 일이 오랫동안 계속된 다음 한 신입 주민이 이같은 캘리포니아주의 정책이 위헌이라며 같은 경우에 처한 다른 주민들의 대표원고로 나서서 주정부 차량국을 상대로 집단소송을 제기했고 소송은 원고측의 승리로 끝났다. '조단(Jordan) 대 DMV' 판례에 따라 주정부는 스모그 비용으로 300달러씩 납부했던 약 170만 명에게 돈을 되돌려줬다.

이 경우를 보면 집단소송의 장점이 잘 드러난다. 우선 집단소송제도가 없었다면 이같은 소송은 현실적으로 매우 어렵다. 한 피해자가 300달러를 되찾기 위해 변호사를 고용할 수도 없고 그 정도 피해를 보전하기 위해 일일이 법정을 드나드는 것도 어려워 사실상 소송을 포기하게 되기 때문이다. 피고의 입장에서도 같은 사안을 가지고 170만 건이나 되는 소송에 일일이 응소하는 것은 자원의 낭비가 아닐 수 없다. 법원의 입장에

서는 170만 명이나 되는 피해자가 각각 소송을 제기한다면 같은 사안을
두고 170만 건의 소송을 심리해야 한다. 변호사의 입장에서도 한 명의 소
송대리인으로 나서는 것보다는 170만 명의 소송대리인으로 나서는 것이
적은 에너지로 보다 많은 피해자의 권익을 보호하고 수임료도 더 많이
받을 수 있어서 좋다. 결국 원고, 피고, 법원, 변호사 모두가 시간과 에너
지를 절약하고 보다 많은 실익을 얻을 수 있기 때문에 사회 전체적으로
득이 된다는 얘기다.

이 사건에서 원고측 변호사는 물론 각 피해당사자보다 많은 돈을 벌었
다. 이 때문에 집단소송이 변호사들의 배만 불리는 제도이며 이같은 구조
가 집단소송을 부추긴다는 비판이 나오기도 한다. 집단소송제도의 역기
능인 셈이다. 그러나 집단소송제도는 충분한 경제력, 시간, 의지가 없는
피해자의 권리를 보호해 줄 수 있다는 명백한 이점이 있다. 결국 집단소
송은 비슷한 피해를 입어 같은 처지에 있는 다수의 피해자를 대신에 소
수의 피해자가 소송을 제기해 승소하면 그 열매를 같은 처지에 처한 다
른 피해자와 함께 즐길 수 있는 것이 특징이다.

이같은 집단소송을 제기하기 위해서는 소송의 제기 단계에서는 대표
원고가 단 한 명만 있어도 된다. 집단소송을 제기한 원고측은 일정한 시
점에 법원에 다수의 원고가 있다고 확인시켜 법원으로부터 인정을 받아
집단소송으로서 인정을 받게 된다. 이 단계에서는 원고측은 20명 정도의
원고를 내세워야 하는데 20명이 법정 숫자는 아니고 보통 그 정도 수준
이면 법원이 심사해 집단소송임을 인정한다. 집단소송은 성공적으로 진
행되면 어느 단계에 이르러 전체 피해자를 대상으로 등록을 받게 된다.
이때 피해자로 등록만 한다고 해서 원고로 인정을 받는 것은 아니고 일
정한 자격을 갖춘 사람이 등록했을 경우에만 원고로 인정받게 된다. 이때
집단소송에 가입하기를 원하지 않는 사람은 그같은 의사를 표현할 수 있
다. 유대인 소송에서 엄청난 돈이 투입된 중요한 이유 중의 하나가 이 단

계에서 전세계에 퍼져 있는 잠재적인 전체 원고를 대상으로 소송을 알리고 원고로 합류시키기 위한 홍보비 때문이었다. 미국 법정에서는 이를 '옵트 아웃'(Opt-out)이라고 하는데 이렇게 옵트 아웃한 원고는 집단소송의 결과에 영향을 받지 않으며 독자적인 소송권을 인정받는다.

이렇게 집단소송을 인정받는 것과 함께 또 다른 중요한 절차는 대표 변호사 또는 대표 변호인단을 정하는 것이다. 집단소송은 통상적으로 여러 지역에 퍼져 있는 많은 피해자들이 각기 서로 다른 변호사나 변호인단을 소송대리인으로 앞세우기 마련이며 이에 따라 원고측 변호사들을 대표할 대표 변호사를 정해야 소송을 효과적으로 진행할 수 있기 때문이다. 이론적으로는 원고의 입장에서 보면 대표 변호사가 항상 모든 원고의 이익을 최대한 보호해야 하므로 누가 대표 변호사가 되건 달라질 것이 없다. 그렇지만 현실적으로는 누가 대표 변호사 또는 대표 변호인단이 되느냐 하는 것은 원고의 입장에서도 커다란 차이가 있다. 변호사의 입장에서 볼 때도 누가 대표 변호사가 되느냐 하는 것은 중요하다. 변호사마다 소송전략이 다르고 대표 변호사 또는 대표 변호인단이 소송을 주도하는 반면 다른 변호사나 변호인단은 소송에서 커다란 역할을 하지 못하게 되기 때문이다. 문제는 소송을 주도하는 것뿐 아니라 소송을 마무리하는 데도 대표 변호사 또는 변호인단의 의지가 중요하다는 것이다.

실제로 이번 일본군'위안부' 소송을 예로 들어보자. 현재는 일본정부를 상대로 하는 소송만 제기돼 있지만 원고측 변호인단은 일본군'위안부' 소송도 징용 소송과 마찬가지로 일본회사로도 확산시킨다는 전략을 갖고 있고 또 이같은 전략이 그대로 가시화될 것으로 보이기 때문에 이러한 시나리오 아래 살펴보는 것이 현실적일 것이다. 각 원고의 요구도 개인에 따라 조금씩 차이가 있지만 원고들의 요구는 대체로 ① 일본정부의 공식 사과와 ② 정당한 배상으로 압축된다. 한 가지 되새겨야 할 점은 이 소송 역시 형사소송이 아니라 민사소송이라는 점이다.

여기서 변호인단 A는 원고의 요구를 그대로 관철시켜야만 한다고 생각하고 있고 변호인단 B는 금전적 배상에만 관심이 있다고 가정하자. 미국의 민사소송법 아래서는 판사가 판결을 통해 "일본정부는 얼마를 배상하라"는 판결을 내릴 수는 있어도 "일본정부는 공식적으로 사과하라"는 판결을 내릴 수가 없다. 따라서 이에 대한 원고측의 요구는 재판이 원고측에 유리하게 진행되면서 피고측이 판결에 의해서는 패소가 분명하다고 생각할 때 또는 판결에 의해서는 이길지 모르나 재판과정에서 입는 피해가 너무나 크다고 생각해 협상으로 재판을 종결하고자 할 때 변호인단 사이의 협상을 통해서만 얻어져야 한다. 그런데 B가 대표 변호인단이 된다면 그같은 협상 결과에는 관심이 없기 때문에 B가 생각하기에 적당하다고 생각하는 선에서 협상을 마무리할 가능성이 높다. 이 경우는 회사를 상대로 하는 소송에서 더욱 가능성이 높아진다. 극단적인 예 같지만 실제로 발생할 가능성이 있는 얘기다.

현재 미국의 변호인단은 미국법원이 재판관할권을 인정해 본격적으로 재판이 열린다 해도 일본정부가 독일정부와는 달리 스스로 역사적 과오를 뉘우치고 쉽게 이를 인정하지 않을 것이라는 전제 아래 마지막 순간까지 재판을 진행해야 할 것으로 보고 있다. 그러나 일본회사들이 무더기로 피고석에 앉아야 하고 재판을 진행하는 과정에서 일본회사들이 일본군'위안부' 문제에 개입해 이익을 얻었다는 사실이 밝혀지면서 기업 이미지에 심각한 타격을 입는 지경이 되면 일본회사의 입장은 달라질 수밖에 없을 것으로 보고 있다. 이렇게 되면 이미지 홍보를 위해 막대한 자금을 홍보비로 쏟아 붓는 일본회사들로서는 타협을 생각하지 않을 수가 없을 것이라는 논리다. 일본군'위안부' 소송을 이 수준으로까지만 끌고 갈수 있다면 승산이 있다고 보는 이유도 이 때문이다.

이때 일본회사측과 타협하는 과정에서 대표 변호인단이 진실로 추구하는 바가 무엇이냐 하는 것이 곧 이번 재판을 어떻게 마무리짓느냐 하는 것을 실질적으로 결정하게 되는 것이다. 물론 현재로서는 일본군'위안부' 소송은 하나의 변호인단밖에 없으나 앞으로 충분히 발생할 수 있는 시나리오를 가정해본 것이다. 그러나 징용 소송에서는 이미 여러 개의 변호인단이 나서 있는 것이 현실이다.

그렇다면 미국의 집단소송제도 아래서 대표 변호사 또는 변호인단은 어떻게 정해지는가. 우선 변호사들은 자기들끼리 협의를 통해 경험, 시간, 승소를 위한 기여도 등을 따져 누가 대표 변호사가 될 것인지를 선정한다. 이렇게 대표 변호사를 선정하면 법원에 통보하고 판사가 이의를 제기하지 않는 한 그 변호사가 대표 변호사가 된다. 이때 변호사들이 합의를 통해 대표 변호사를 정하지 못하면 판사가 지명하는 데 여기서도 고려대상은 마찬가지다.

그러나 각 변호인단의 수석 변호사들은 저마다 나름대로 한가닥하는 변호사들이기 쉽고 저마다 소송을 위해 전적으로 시간을 쓸 의사가 있다고 하고 저마다 승소에 대한 기여도가 높다고 주장할 것이기 때문에 객관적으로 판단하기가 쉽지 않다. 이 때문에 객관적으로 평가될 수 있는 또 다른 척도들이 동원되는데 예를 들면, ① 어느 변호사가 제일 먼저 소송을 제기했는가, ② 어느 변호사가 분명한 케이스를 갖고 있는가, ③ 어느 변호사가 보다 많은 원고를 대리하고 있는가, ④ 어느 변호사가 피해자들 또는 그들이 속한 집단의 지지를 받고 있는가 등이다.

미국에서 집단소송제도가 이처럼 운영되는 현실은 이번 일본군'위안부' 소송 및 징용 소송의 경과와 진행방식에 있어서도 이미 커다란 영향을 미치고 있다.

예를 들어, 위 ① 항의 경우를 보자. '어느 변호사가 제일 먼저 소송을 제기했느냐'는 문제가 대표 변호사의 선정과정에 중요한 변수가 되기 때문에 실제로 지난해 징용 소송은 워싱턴주 연방법정에서 소송가능성에 대한 검토가 끝나자마자 '최재식 VS 신일본제철·미츠비시' 케이스가 신속히 제기됐다. 며칠 후 캘리포니아 주법정에서도 '정재원 VS 오노다' 케이스가 제기됐다. 이미 이 단계부터 두 케이스의 변호인단은 앞으로 다가올 대표 변호사 선정과정을 염두에 두고 있었다.

②항 '어느 변호사가 분명한 케이스를 갖고 있는가'는 문제도 소송의 진행방식에 직접적 영향을 미치고 있다. 이 부분은 1965년 한일기본조약이 개인의 청구권을 제한하느냐 아니냐의 문제와도 직접 관계가 있다. 예를 들면 원고측 변호인단은 한국정부가 이번 재판의 진행과정, 특히 징용소송에서, '한일기본조약이 개인의 청구권을 제한한다'는 공식 입장을 취할 가능성에 대해 신경을 곤두세우고 있다. 이 때문에 아예 한일기본조약의 저촉대상이 아닌 원고를 대표원고로 내세우고자 하며 사할린이나 중국 또는 북한을 포함한 제3국에 거주했거나 거주해오고 있는 원고를 내세우는 전략이나 한일기본조약 체결 당시 한국측 대표단의 일부가 일본측으로부터 뇌물을 받았다는 제보 내지 사실과 관련된 전략도 검토했다.

③항 '어느 변호사가 보다 많은 원고를 대리하고 있는가'의 문제도 재판의 진행 또는 준비 과정에 직접적 영향을 미치고 있다. 위 ①항은 이미 움직일 수 없는 사실이고 ②항은 '분명한 케이스'란 것이 이 단계에서는 아직 객관적으로 입증할 수 없기 때문에 현재 이 소송에 개입된 변호인단으로서는 대표 변호사 또는 대표 변호인단이 되는데 영향을 미치는 가변적 변수가 ③·④항이라고 생각할 수밖에 없고 자연히 이 부분에 에너지를 집중하게 되며 실제로도 그렇게 진행되고 있다.

여기서 ③항은 또 각 변호인단의 성향이나 수임료 산정방식과도 복합적으로 관계가 있다. 변호인단의 성향이란 각 변호인단이 진실로 추구하는 바가 무엇이냐는 것이다. 이들이 이번 소송을 통해 진실로 추구하는 바가 무엇이냐를 논하는 것은 너무 주관적일 수가 있으므로 언급을 피한다. 다만 이들 모두가 지금까지 피해자들이 가장 많이 사는 한국에 여러 차례 다녀왔는데 이들이 한국에서 무엇을 중시하며 활동했는가 하는 것을 비교해보면 어느 정도는 가늠할 수 있을 것으로 본다. 개중에는 한국의 인권변호사나 시민운동단체와 연대를 공고히 하기 위해 대부분의 시간을 들였던 팀도 있고, 개중에는 이보다는 한 명이라도 더 많은 피해자들로부터 수임계약을 받기 위해 대부분의 시간을 들였던 팀도 있다.

변호인단의 수임료 산정방식은 객관적으로 비교평가가 가능하며 또 한국의 피해자는 물론이고 법조인, 학자, 언론인 및 시민운동가들로부터 여러 차례 질문을 받은 문제이기 때문에 상세히 설명하겠다. 통상적으로 집단소송의 수임료 산정방식에는 두 가지가 있다. 하나는 피고측으로로부터 원고가 받는 보상액 또는 배상액의 전체의 몇 퍼센트를 원고측 변호인단의 몫으로 하는 방법이다. 다른 하나는 원고가 받는 보상액 또는 배상액 일체를 원고에게 주고 별도로 변호사들이 실제로 일한 시간을 주요 근거로 변호사비를 산정한 다음 판사에게 제출해 재판부의 허락을 받아 피고측으로부터 받는 방법이다(이 경우 피고측으로부터 다 받지 못한 재판비용의 미지급분은 원고가 받은 배상금에서 공제된다). 수임료 산정방식은 각 원고가 서명한 수임계약서에 명시돼 있으므로 어느 변호인단이 어떤 방식을 쓰고 있는가를 명백히 알 수 있다.

그러나 여기서 분명히 강조하고 싶은 것은 "배상액 또는 보상액의 몇 %를 변호사비로 한다"는 방식을 적용한다고 해서 무조건 비난할 문제는 아니라는 점이다. 이번 징용 소송의 경우는 세계적인 굴지의 기업인 일본의 대기업들이 피고가 되고 있으며 재판관할권의 문제와 한일기본조약의 문제라는 두 가지 걸림돌만 넘으면 소송은 걷잡을 수 없이 확산될 가능성이 있고 피고 기업도 무더기로 불어날 것이다. 한국인 징용피해자가 600만 명, 중국인 징용피해자가 1,000만 명이라는 학자들의 주장이 있는 가운데 어떤 변호인단은 징용 인력을 써서 부를 축적한 일본 기업 약 600개의 리스트를 갖고 있기 때문이다.

이미 피고측 변호인단으로 나서 있는 법률회사들도 미국법조계에서는 최고의 법률회사로 명성으로 구가하는 법률회사들인데 재판이 본격적으로 확산되면 이같은 미국 최고의 법률회사들이 더 동원될 것이다. 원고 개인의 입장으로 보면 이같은 법률회사들을 상대로 법정투쟁을 하는 것은 사실상 불가능하다. 정의의 문제를 떠나 현실적으로 돈이 없다.

'단순히 옳고 그름을 가리는 재판을 하는데 어째서 자금력이 그렇게 문제가 되는가?' 아직 본심에는 들어가지도 않은 '정재원 VS 오노다' 케이스를 보자. 피고측은 원고측 변호인단의 주장에 반론을 제기하면서 약 80개의 판례를 제시했다. 이렇게 되면 원고측은 이 판례를 일일이 찾아 증거로 제시된 판례가 타당성이 없다는 점을 들어 재반론을 제기해야 하기 때문에 유료회원만이 이용할 수 있는 특수한 컴퓨터 프로그램을 써서 각 판례를 수집해 재반론을 제시했는데 이를 위해 많은 돈과 에너지가 들어가야 했다. 이같은 방법은 많은 인력과 재력을 지닌 미국의 대형 법률회사가 자주 쓰는데 가난한 개인 변호사의 경우는 아무리 똑똑해도 도저히 이러한 물량 공세를 감당할 수가 없으므로 대형 법률회사와는 법정 투쟁을 할 수가 없다.

이뿐만 아니다. 이번 소송에서 일본회사의 일본에 있는 본사를 피고로 삼기 위해서는 먼저 미국법정에 소송을 제기한 다음에 국제법(헤이그협약)이 정한 기준에 따라 소장을 번역해 해당 기업의 일본 본사에 전달해야 하는데, 후자에만 1건당 약 3,000달러가 소요된다. 10개 회사를 상대로 소송을 시작하는 데만 미국 법정 비용은 빼고도 3만 달러가 들어간다는 얘기다. 실제로 아직 본심이 시작되지도 않은 지금까지도 이번 소송을 준비하는 과정에서 3개 소송팀 모두가 한국·미국·중국·일본을 오가는 출장이 빈번했는데 이같은 출장비도 소송을 위해 들어가는 돈이다. 소송이 본격적으로 시작되면 많은 원고나 증인에 대한 '데포지션'(Deposition: 변호사가 행하는 증인 심문인데 판사 앞에서 행하는 증언과 같은 효력을 지닌다)을 해야 하는데 여기에는 법정 속기사나 경우에 따라서는 비디오

촬영기사까지 동원된다. 이 데포지션을 외국에서 하거나 외국 증인을 미국으로 불러서 해야 한다고 생각해보라.

이러한 이유로 인해 실제로 자금력이 없는 원고측 변호사들은 소송비용을 감당할 미국 법률회사와 연대할 수밖에 없다. 이 문제와 관련하여, 실제로 한국의 대표적 인권변호사 한 분이 "이 소송을 위해 꼭 미국 법률회사와 연대해야 하느냐? 소송비용이 그렇게 문제가 된다면 우리 국민이 성금을 모아서라도 할 수 있는 것 아니냐?"고 언급한 적이 있다. 이 분은 한국에서도 상당히 존경받는 명망 있는 변호사인데 그의 이같은 말은 한국의 식자층에게도 미국의 상황을 파악하는 것이 얼마나 어려운지를 대변한다.

재미교포 변호사들이 미국 법률회사와 연대하는 이유가 자금력 때문만은 아니다. 미국 변호사 또는 법률회사와 연대하는 이유는 ① 자금력, ② 법률적 전문성, ③ 인적 자원, ④ 정치력을 얻을 수 있기 때문이다. 특히 이번 소송처럼 국제적·정치적 소송에서는 정치력의 동원이 중대한 변수인데 막강한 미국 법률회사와 연대함으로써 미국 주류사회의 정치력을 동원할 수 있는 교두보를 마련하는 셈이다. 물론 이 4가지 가운데 즉각적으로 눈에 보이는 지원은 ①·②·③ 항이다.

이같은 집단소송의 성격은 미국내에서 원고측만 해도 여러 변호인단이 경쟁하는 현상과 직접 관계가 있다. 실제로 지금까지 진행된 소송의 양상에 대해 양식 있는 한국 지도층 인사들로부터 "어째서 미국 변호인단이 경쟁하는가? 이들이 진실로 피해자의 권익을 위한다면 서로 힘을 합쳐 하나의 변호인단을 구성해야 하는 것 아니냐?"는 우려성 질문을 자주 들었다. 물론 이 질문의 의미는 충분히 이해가 되지만 결론적인 답변은 "그다지 걱정할 것이 없다"는 것이다. 미국은 각각 헌법과 방위군을 지닌 50개의 주가 모인 커다란 하나의 나라인데 변호사들이 지금부터 한 팀이 돼야 한다는 얘기는 좀 과장해 비유하자면 어떤 사안을 두고 유럽 각국에 퍼져 싸우는 여러 변호인단에게 하나가 되라고 주문하는 것과 같은 일이다.

이러한 일은 현실적으로 불가능할 뿐 아니라 여러 개의 변호인단이 있는 것은 실질적으로도 잃는 것보다 얻는 것이 많다. 자유경쟁이라는 시장경제의 원칙 속에 자란 이들은 '게임의 법칙'에 익숙해 있으며 지금은 경쟁적 측면이 더욱 돋보이지만 본질적으로 경쟁과 협력을 함께 하는 관계이고 실제로도 그렇게 하고 있다. 전쟁이 나면 아군끼리도 전공을 놓고 경쟁하면서 동일한 적을 물리치기 위해 힘을 모은다. 물론 이러한 경쟁이 과열되면 부작용이 있겠지만 아직 그 정도는 아니다. 소송이 재판관할권이라는 난제를 극복하고 계속 진행된다면 어차피 시간과 함께 자연스럽게 교통정리가 될 것으로 본다.

앞서 질문과 관련해 한 가지 밝혀두고 싶은 점은 원고측에서 이번 소송에 들어와 있는 변호사들의 관심은 변호사 개인의 철학에 따라 다르겠지만 본질적으로는 인권, 정의, 명성, 돈에 있다고 봐야 한다는 것이다. 그런데 이 가운데 어느 요소를 전적으로 또는 복합적으로 중시하느냐 하는 문제와 상관없이 "원고측에서 이번 소송에 들어와 있는 변호사들은 누구를 가릴 것 없이 좋은 변호사"라는 일본 인권변호사 겸 법학교수인 에츠로 도츠카 변호사의 지적은 참으로 명언인 것 같다. 다만, 이러한 낙관적 해석은 징용 소송에 대한 얘기이고 일본군'위안부' 소송에서는 얘기가 다르다. 일본군'위안부' 소송은 현재 한국에서 등록된 생존 피해자가 150명도 안되는 소규모이기 때문에 어차피 먼저 소송을 시작한 LA소송팀 하나로 충분하다고 본다. LA소송팀을 이끌면서 일본군'위안부' 소송을 제기한 배리 피셔나 마이클 하우스펠트 같은 변호사들은 세계적으로 명성이 있는 인권변호사들이다.

또 한 가지 한국 법정과 미국 법정이 근본적으로 다른 점은 미국의 법정은 배심원 재판으로 진행된다는 점이다. 이 점은 특히 이번 소송처럼 전쟁범죄나 반인류범죄에 대한 재판에 있어서 일반 재판과 엄청난 차이가 있다. 이 때문에 일본의 전쟁범죄에 대해 언론의 집중 보도가 계속된다거나 일본군'위안부' 할머니의 그림전 순회전시회 또는 다큐멘터리 사진전 등을 통해 당시 만행과 참상에 대해 미국 사회의 인지도를 높일 수 있느냐 없느냐 하는 것이 결정적 차이를 가져올 수 있다.

3) 어떤 법이 사용되고 있나

이번 소송에서 실제로 미국법정에 제출된 소장을 보면 국제법, 미국법, 원고와 피고 국적국의 국내법이 모두 동원되는 것으로 돼 있다. 그러나 소송은 일단 미국법에 의존해 제기됐다. 그리고 미국법 가운데 실제로 동원된 것은 연방법과 캘리포니아 주법이다.

(1) 연방법: 외국인 불법행위 피해자를 위한 배상청구법

이 소송과 관련한 연방법 가운데 가장 중요한 것은 '외국인 불법행위 피해자를 위한 배상청구법'(ATCA: Alien Tort Claims Act)이다. 현재까지 연방법정에 제기된 일본군'위안부' 소송이나 징용 소송이 바로 이 법을 걸어 연방법정에 소송을 제기했다. 이 법은 1700년대 후반에 미국의 독립운동을 도왔던 영국인들이 미국 독립 후 영국으로 돌아가 영국정부에 의해 박해를 받을 경우 미국정부가 개입할 여지를 만들기 위해 계획적으로 제정한 법으로 "국제법을 위반하는 범죄의 피해자가 미국 국민이 아니더라도 미국 법정에 재판관할권이 있음을 인정한다"는 것이 요지다. 이 법은 실제로 200여 년 동안 사문화돼 있다가 1992년 페르디난드 마르코스 전 필리핀 대통령을 상대로 한 소송에서 적용된 것으로 유명하다.

ATCA와 함께 고려해야 할 법이 '외국주권면책특권법'(FSIA: Foreign Sovereign Immunities Act)이다. FSIA는 "외국정부나 국가원수의 공식적인

통치행위는 ATCA법의 적용에서 제외된다"는 것이 요지다. 실제로 ATCA
와 FISA가 등장된 '트라자노 VS 마르코스, 마르코스-마노톡' 케이스를 보
자. 당시 미국법정은 필리핀 반체제 학생운동가가 고문 끝에 살해된 사건
과 관련하여, 마르코스 전 필리핀 대통령과 그의 딸 마르코스-마노톡이
공동 피고로 지목된 소송을 심리하면서 "학생운동가를 고문하고 살해한
필리핀 정부의 행위는 필리핀 공화국에 의해 합법적으로 인정된 행위가
아니므로 공식적인 통치행위가 아니었다. 그러므로 이 사건은 FSIA에 의
한 면책특권이 인정되지 않는다. 따라서 미국법정은 ATCA에 입각해 원
고나 피고가 미국 시민이 아니고 그 행위가 미국 영토 밖에서 발생했다
하더라도 이 사건에 대한 재판관할권이 있다"고 판결했다.

　FSIA에서는 정부의 상행위도 공식적인 통치행위로 인정하지 않는다. 이
같은 ATCA와 FSIA의 관계, FSIA의 예외조항은 특히 일본군'위안부' 소송에
있어서는 대단히 중요하다. 징용 소송에서도 일본정부가 피고로 등장한다
면 마찬가지겠지만 아직까지 징용 소송은 일본회사만을 상대로 진행되고
있다.

　한국인 일본군'위안부' 피해자 소송의 경우는 다음과 같은 몇 가지 근
본적 의문이 있을 수 있다.

　① 어떤 법적 논리로 일본정부를 피고로 삼을 수 있나? ② 원고도 피고
도 제3국 또는 제3국 국민인 상태에서 어떻게 미국법정이 일본군'위안부'
소송에 대한 재판관할권을 갖는가? ③ 한국인 일본군'위안부' 피해자의
경우 한일기본조약이 걸림돌이 되지는 않는가? ④ 일본정부가 피고가 될
수 있다면 아키히토 일왕도 피고가 될 수 있나? ⑤ 일본군'위안부' 피해자
중에 현재 미국 시민권자가 있으면 어떻게 되는가?

　일본군'위안부' 소송에 있어서 아직 일본정부가 공식적으로 응소하지
않았기 때문에 어떤 논리를 펼지 모르나 재판관할권 문제 및 한일기본조
약 외에 FISA를 들고 나올 것으로 보인다. 일본군'위안부' 소송의 경우,

원고측 변호인단이 일본정부를 피고로 삼을 수 있었던 가장 중요한 법적 근거는 ATCA와 FISA의 예외조항이었다. 원고측 변호인단의 논리는 짧게 말하면 "일본정부는 일본군'위안부'제도를 운영함으로써 경제적 이익을 취했다. '군표' 같은 것이 증거다. 이러한 행위는 상행위로서 FISA의 적용 대상이 아니다"는 것이다.

①항의 "과연 일본정부를 피고로 삼을 수 있느냐?"는 문제는 ⑤항의 문제와도 직접 관계가 있다. 이러한 것과는 별도로 ②항 "어째서 한국·중국·대만·필리핀 국적의 피해자만이 원고로 나서 있는 일본군'위안부' 소송이 미국 법정에서 벌어질 수 있는가?"라는 재판관할권의 문제가 있다. ③항의 경우도 되든 안되든 일본은 분명히 들고 나올 것으로 원고측은 보고 있다. 마지막으로 ⑤항의 경우는 "피해자의 피상속인이 미국 시민권자인 경우는 어떻게 되느냐?" 또는 "피해자 또는 그의 피상속인이 미국 영주권자인 경우는 어떻게 되느냐?"는 문제와 더불어 비상한 관심을 끌고 있는 문제들이다. 그러나 아직 일본정부가 공식적으로 응소도 하지 않은 단계인 현시점에서 본 보고서를 통해 이들에 대해 원고측 변호인단의 전략을 공개하는 것은 적절치 않은 것으로 본다.

현존 연방법 외에도 관심을 끄는 사안은 미국 연방의회가 일본군'위안부' 문제를 포함해 징용 문제에 대한 특별법을 제정하려고 하고 있다는 사실이다. 물론 미국이 이들 문제의 해결을 명시적 목적으로 하는 특별법을 제정한다면 법적 환경도 근본적으로 달라지게 된다. 이에 대해서는 다음 절에서 다시 논하기로 하겠다.

(2) 캘리포니아 주법: 징용배상특별법

캘리포니아주는 1999년 7월 징용배상 특별법을 제정했다. 이 법의 요지는 "1929~45년 나치 독일과 그 동맹국에 의한 징용 피해자가 2010년까지 손해배상소송을 제기할 수 있다"는 것이다. 제안자인 톰 헤이든 캘리포니아주 상원의원의 이름을 따서 흔히 '헤이든 법'으로도 불리는 이 법은 곧바로 미군으로 제2차 세계대전에 참전해 일본군의 포로가 됐다가 징용에 처해졌던 POW(prisoner of war: 전쟁포로) 출신 징용 피해자들의 소송이 줄을 잇게 했다. 이같은 상황에서 재미교포 징용 피해자들이 캘리포니아 주법정에 일본회사를 상대로 소송을 제기하기 시작했고 본국인 징용 피해자들도 캘리포니아 주법정에 역시 일본 회사를 상대로 소송을 제기하기 시작했다.

3. 미국 상황

현재 미국의 상황은 한마디로 말하면, 2차 대전 전쟁범죄 문제를 나치 중심에서 일본으로까지 확산하는 추세라고 할 수 있다. 종전 후 무려 반세기가 지난 시점에서 캘리포니아주를 선두로 미국 연방정부까지 일본의 전쟁범죄를 단죄하겠다고 나서는 의도가 무엇인지는 함부로 말하기 어렵다. 사실 미국연방정부까지 나선다고 말했지만 정확히 말하면 연방정부 차원에서 이러한 움직임은 의회가 주도하고 있다. 미국의 이러한 움직임은 홀로코스트의 유대인 피해자를 중심으로 나치 독일의 전쟁범죄에 대한 책임을 묻는 일련의 손해배상소송의 성공적 진행과 맥을 같이하고 있다. 다음은 미국 연방 행정·입법·사법부와 주요 언론의 움직임이다.

1) 연방행정부

미국 연방행정부가 일본의 전쟁범죄 문제에 대해 일정한 방향성을 지닌 모종의 의지를 갖고 있는지는 확실치 않다. 다만 OSI와 IWG가 일본의 전쟁범죄와 관련해 보다 다소 구체적 움직임을 보이고 있다는 조짐은 있다.

▲OSI: 나치 관련 전쟁범죄의 단죄라는 미국의 의지는 일반적으로 한국에 알려져 있는 것보다는 훨씬 강한 것이며 연방법무부 특별수사국(OSI: Office of Special Investigation)의 존재와 활약을 보면 명쾌히 알 수 있다. OSI는 1979년 연방법무부에 설치된 전범 추적기관으로 현재 검사 12명, 역사학자 13명 등으로 구성돼 있으며 매년 약 500만 달러의 예산으로 전범 확인, 기소 및 전범의 미국 입국 방지 등을 중심으로 활동해오다가 1996년부터는 일본 전범의 미국 입국도 금지시켰다. 그러나 최근까지 미국의 전범 색출은 나치 관련자를 중심으로 이뤄져 현재 OSI가 갖고 있는 전범 리스트에는 약 6만 명이 올라 있는데 이 가운데 99% 이상이 나치 관련 전범이고 일본 전범은 1% 미만에 불과하다.

OSI는 전범 추적으로 명성을 얻어 '(나치)사냥꾼'이라는 별명이 붙은 일라이 로젠바움 국장이 이끌고 있다. 그는 유엔 사무총장 출신인 쿠르트 발트하임 전 오스트리아 대통령이 대통령으로 있을 때 그가 옛날에 나치 장교였다는 사실을 밝혀내 공개하면서 발트하임의 미국 입국을 금지시켰던 장본인이다. 그는 금년 9월 20일 미국 연방하원 레이번하우스에서 있었던 일본군'위안부' 피해자들을 위해 마련된 '2000년 인권상. 존엄과 명예의 여성' 시상식에 참석해 소리 없이 눈물을 흘리기도 했던 인물로 최근 들어 일본군'위안부' 문제에 대해서도 깊은 관심을 갖고 있다. OSI는 2차 대전 전범 문제와 관련, 현재 전세계적으로 최대의 인력과 예산을 가진 기구로 정평이 있다.

▲IWG: 이같은 상황에서 미국은 보다 큰 틀에서 2차 대전 전쟁범죄와 관련된 문제를 해결하기 위해 1999년 '나치 전범기록 합동조사단'(IWG: Nazi War Criminal Records Interagency Working Group)을 발족시켰다. IWG의 기본 임무는 독일, 일본 등의 전범·전쟁범죄·인권유린·경제수탈과 관계된 문헌 가운데 미국 정부 부처가 산발적으로 보관중인 문서의 존재를 확인하고 이 가운데 비밀문서가 있으면 소장부처가 그 문서의 비밀을 해

제토록 권고해 관련 문서를 공개하도록 하는 것이다.

IWG는 1998년 10월 제정된 '나치 전쟁범죄 공개법'에 따라 1999년1월 빌 클린턴 대통령이 대통령령 제13110호로 발족을 명령해 출범됐다. IWG는 백악관국가안보위원회, 국무부, 국방부, 법무부, 중앙정보국(CIA), 연방수사국(FBI), 미국정부기록보존소, 홀로코스트박물관 고위관리 및 외부 전문가 등 연방정부 공무원 100여 명으로 이뤄져 2002년 1월까지 활동하는 것으로 돼 있다. 단장은 정부기록보존소 부부소장인 마이클 쿠르츠 박사이며, 법무부 파견관 가운데 일라이 로젠바움 특별수사국장이 있는 것을 보면 IWG의 위상을 알 수 있다.

이 IWG가 2000년 5월 23일부터는 일본 전쟁범죄도 조사대상에 포함시켰다. 쿠르츠 IWG 단장은 당시 조사확대를 밝히면서 "제2차 세계대전 당시 태평양 전역에서 자행된 전쟁범죄에 대한 보다 명백한 규명을 외치는 요구가 증대하고 있다. 조사확대가 이같은 요구에 부응할 것"이라고 밝혔다. IWG가 일본 전쟁범죄에 대한 조사에 착수할 수 있는 법적 근거는 '나치 전쟁범죄 공개법'의 "1933년 5월 23일에서 1945년 5월 8일까지 나치와 그 동맹국의 전범 및 이들 국가에 의해 자행된 약탈 행위와 관련, 미국 정부가 보관중인 비밀문서를 확인·수집·비밀해제권고·공개하고 연방의회에 보고해야 한다"는 규정이다.

2) 연방의회

일본 전쟁범죄 문제와 관련해 가장 뚜렷한 의지를 갖고 움직이는 곳은 연방의회다. 연방의회에는 ① 징용배상 특별법, ② IWG 활동기간 연장 및 예산지원법, ③ 일본제국군 관련 기록 공개법 등 최소 3개의 법안이 상정돼 있으며 이 가운데 ③항은 사실상 통과시켰다. 미국은 행정부가 먼저 나서기 불편한 사안이 있으면 의회가 법을 제정하고 '의회가 법을 제정해 어쩔 수 없다'는 식으로 행정부가 나서곤 하는데 이번에도 이러한 공식이 적용되는 경우인지는 현재로서는 알 수가 없다.

▲ 징용배상 특별법: 연방의회에 상정돼 있는 이 법안은 본질적으로 캘리포니아 주법으로 제정된 징용배상 특별법과 같다. 찰스 슈머 연방상원의원(민·뉴욕)과 로버트 토리셀리 연방상원의원(민·뉴저지)은 지난해 말 다이앤 파인스타인 연방상원의원이 '일본제국군 관련 자료 공개법안'을 연방상원에 내놓기 불과 6일 전에 '징용배상 특별법안'(S.1856)을 연방상원에 제안했다. 이 법안은 ATCA에 대한 수정법안으로 "1933~45년 독일과 그 동맹국의 영토나 점령지에서 상행위를 한 자(회사 등)를 위해 강제노역에 종사했거나, 어떤 종류이든 보험금 지급이 거부됐거나, 생체실험의 대상이 됐거나, 재산이 몰수됐던 사람은 본인이나 피상속인이 2010년까지 미국연방법원에 보상청구소송을 제기할 수 있다"는 것이 요지다.

이로부터 나흘만에 제롤드 네들러 연방하원의원(민·뉴욕)은 동료 의원 4명과 함께 'S.1856'과 대동소이한 법안인 'H.R.3254'를 제안했다. 공동제안자는 엘리엇 엔젤(민·뉴욕), 앤소니 와이너(민·뉴욕), 찰스 렌젤(민·뉴욕)과 짐 램스태드(공·미네소타) 연방 하원의원으로 네들러·엔젤·와이너 의원은 모두 유대계다. 이 점은 유대인 소송의 성공적 진행이 어떻게 이뤄졌는지를 간접적으로 보여주는 또 하나의 요소다. 이들 두 법안은 본질적으로 같은 자매법안으로 두 법안이 연방 상·하원에 제출된 것은 연방의회가 ATCA 수정법을 반드시 제정하도록 하기 위한 것인데, 이같은 미국 의회의 움직임이 유대인 소송에서 피고인 독일 정부나 회사에게 강한 압력을 가했음은 말할 것도 없다.

아무튼 이 법이 제정되면 한일기본조약에 따른 개인의 청구권 문제를 논외로 할 경우 미국 영주권자나 시민권자가 아닌 한국 또는 다른 나라에 있는 한국인 피해자나 그 유족들도 징용 등과 관련해 미국 법정에서 배상을 청구할 수 있는 문이 보다 확실하게 열리게 된다. 물론 일본군'위안부' 피해자나 그 유족들도 이 법을 쓸 수 있다. 당연한 얘기지만, 지난 9월 워싱턴 DC 연방지법에 제기됐던 일본군'위안부' 소송이 재판관할권 문제로 기각될 경우에도 이 법이 제정되면 재소송의 가능성이 높다고 봐야 할 것이다.

▲ 일본제국군 관련 기록 공개법: 연방의회 양원법안조정위원회가 2000년 10월 '일본제국군 관련 자료 공개법안'을 통과시켰다. 이것은 이 법의 제정이 이제는 형식적 절차만 남겨두고 있다는 의미로서 아마도 이 보고서가 일반에 공개될 시점에서는 이미 법으로 제정돼 있을 것이다. 이 법은 다이앤 파인스타인 연방 상원의원(민·캘리포니아)이 지난해 말에 제안한 것으로 남경 대학살과 일본 관동군 731부대의 인체실험 등 일제의 잔학행위에 관해 미국 정부가 보유중인 비밀자료들을 공개하기 위해 대통령 직속기관으로 특별위원회를 설치토록 하고 있다. 특별위는 1931년 9월부터 1948년 12월까지 일본이 점령지에서 자행한 인체실험과 인종, 종교, 국적, 정치적 견해 등과 관련된 박해에 관해 여러 기관이 보유중인 기록을 수집·공개하도록 하고 있다.

이 법이 제정되면 2차 대전 종전 때 미국이 일본 전범에 대한 면책을 조건으로 입수했던 731부대의 인체실험에 관한 기록은 물론 극동군사재판에서 다뤘던 남경대학살 등에 대한 미공개자료들이 공개돼 일제의 잔학상이 보다 생생히 드러날 것이다. 게다가 이 법으로 공개될 자료 가운데는 일본군'위안부'와 징용으로 인해 한국인이 받은 피해를 규명하는 데 요긴한 문건이 포함돼 있을 가능성이 높다. 이러한 문건은 일본군'위안부' 소송과 징용 소송이 진행중이기 때문에 원고의 입장에서는 더욱 중요할 수밖에 없다.

▲ IWG 활동 기간 연장법 및 예산지원법: 현재 연방하원에는 IWG의 공식 명칭을 '나치 전범기록 합동조사단'에서 '나치 및 일본 전범기록 합동조사단'으로 고치고, IWG의 활동기간을 3년 더 연장하며, IWG에 매년 500만 달러의 예산을 지원한다는 내용이 요지인 법안이 상정돼 있다.

▲ 연방하원의 일본군'위안부' 문제 속기록 기재: 1999년 11월 8일 레

인 에반스 연방하원의원(민·일리노이)이 일본군'위안부' 만행을 비난하면서 이 문제를 해결하기 위한 미국의 적극적 개입을 촉구하는 발언을 연방하원에서 공식적으로 행함으로써 발언내용이 처음으로 연방의회 속기록에 기재됐다. 발언 요지는 "일본이 저지른 일본군'위안부'라는 만행은 가장 악랄하며 가장 부정의한 인권유린 사건이었다. 일본정부는 주로 한국여성들인 수십만 명의 여성을 납치해 일본군의 성적 노예로 만들었다. 일본정부는 역사를 직면해야 할 법적·도덕적 책임이 있다. 피해당사자였던 여성들의 주장을 지속적으로 부인하는 것은 피해에 모독만 더할 뿐이다. 반인류범죄에는 공소시한이 없다. 미국은 스스로 일어서 소리칠 수 없는 사람들을 위해 일어설 의무가 있다. 미국은 정의를 외쳐야 한다. 그렇지 않으면 나중에는 미국의 침묵만 기억될 것이다."

　▲ 혼다 결의안: 연방의회는 아니나 1999년 8월 캘리포니아주 의회는 마이크 혼다 캘리포니아주 하원의원(민·산호세)이 제안한 결의안을 채택했다. 법적 구속력은 없으나 일본군'위안부' 만행을 규탄하면서 일본정부의 공식 사과와 배상을 촉구한 '혼다 결의안'(AJR27)은 '헤이든 법'과 함께 캘리포니아주가 일본 전쟁범죄의 단죄에 있어서 미국 사회를 이끄는 견인차가 됐다. 일본계 3세인 혼다 의원의 이같은 용기는 미국 주류사회로부터 자신에 대한 신뢰를 더욱 돈독히 했다. 민주당은 11월 총선거를 앞두고 연방의회에서 다시 다수당이 되기 위해 1석이라도 더 얻으려 애쓰고 있는데 클린턴 대통령은 지난 여름 혼다 의원에게 직접 전화를 걸어 연방하원의원 선거에 나서라고 촉구해 현재 혼다 의원은 연방하원의원 후보로 출마중이다.

3) 연방사법부

일본군'위안부' 소송과 징용 소송이 제기된 상태에서 가장 직접적인 관심의 초점은 역시 미국 사법부일 것이다. 일본군'위안부' 소송에 대해서는 아직 사법부의 의도를 읽을 수 있는 단서가 없으나 징용 소송에 대해서는 최근 본 워커 샌프란시스코 연방지법 판사의 미군 POW에 대한 판결이 있다. 당시 워커 판사의 결론은 "1951년 샌프란시스코강화조약으로 미국국민의 일본회사에 대한 개인청구권은 소멸됐다"는 것이다. 1965년 한일기본조약으로 한국국민의 일본회사에 대한 개인청구권이 소멸됐느냐 여부를 놓고 그가 어떻게 판결할 것이냐를 엿볼 수 있는 대목이 아닌가 한다. 그러나 유대인 소송의 경우에서도 지방에 따라 또는 지법이냐 고법이냐에 따라, 다시 말해 판사에 따라 판결이 달라지곤 했기 때문에 POW 출신 미국인 징용피해자에 대한 워커 판사의 판결 하나만을 놓고 이 시점에서 왈가왈부하는 것은 시기상조인 것 같다. 다만 뉴욕 연방법정이 ATCA의 해석에 있어서는 한국인 징용 또는 일본군'위안부' 피해자들에게 가장 유리한 법정일 것이라는 견해도 있다.

4) 미국 주류언론

같은 반인류범죄 또는 전쟁범죄라 해도 일본군'위안부' 문제와 징용 문제에 대해서는 미국 주류언론의 보도태도에 근본적으로 엄청난 차이가 있다. 또 같은 징용 문제라 해도 나치에 의한 유대인의 징용 문제와 일본에 의한 한국인 또는 중국인의 징용 문제 사이에서도 미국 주류언론의 보도 태도는 근본적으로 다르다. 미국을 움직이는 대표적 언론으로는 통신은 AP, 신문은 *New York Times, Wall Street Journal, LA Times, USA Today, Washington Post*, TV는 NBC, ABC, CBS, 케이블은 CNN을 꼽을 수 있다. 지금까지 이들 언론의 보도태도를 보면 일본군'위안부' 소송에 대한 뉴스를 징용 소송에 대한 뉴스보다 훨씬 중요하게 취급하고 있다. 그러나 *New York Times*와 *Wall Street Journal*은 징용 소송에 대한 기사는 게재했지만 일본군'위안부' 소송에 대한 기사는 게재하지 않았다. 바꿔 말하면, 이번 소송이 최근까지만 해도 주요 언론의 관심을 끌었다고 볼 수는 없다. 특히 징용 소송의 경우가 그러했다.

그러나 소송이 확산되면서 점차 미국 언론의 관심을 보이기 시작하는 가운데 특히 10월로 접어들면서 중요한 변화의 조짐이 나타나고 있다. *New York Times*가 10월 2일 중국인 징용 소송을 중심으로 하는 징용 소송 기사를 1면에서 시작해 8면으로 흐르는 주요 기사로 게재한 데 이어 10월 27일에는 *Los Angeles Times*가 '일본제국군 관계 문서 공개법'의 연방의회 통과와 관련해 일본의 전쟁범죄 문제에 대한 미국정부의 보다 단호한 조치를 촉구하는 사설을 게재했다. 최근 일본의 전쟁범죄 문제가 미국 사회의 현안으로 부각되기 시작하면서 미국 5대 일간지의 하나가 사설을 게재한 것은 이번이 처음이다. 전체적으로 보면 아직까지는 이번 소송에 대해 미국 언론이 한국 언론보다 더 많은 관심을 보이고 있는 것 같다.

4. 이번 소송에 참고할 두 가지 모델 케이스

이번 소송이 근본적으로 미국을 주무대로 하는 인권운동이라는 점에서 볼 때 반드시 참고해둘 만한 두 가지 선례가 있다. 하나는 독일정부와 나치 관련 기업을 상대로 한 유대인 홀로코스트 피해자들의 과거청산과 배상이고, 다른 하나는 미국정부를 상대로 한 재미일본계 집단격리수용 피해자들의 과거청산과 배상이다.

1) 유대인 홀로코스트 피해자들의 과거청산과 배상

2차 대전 중 나치 독일 치하에서 약 600만 명의 유대인이 강제수용돼

지멘스, 벤츠, 폭스바겐 등 유수의 독일회사와 독일정부를 위해 강제노역에 처해지거나 생체실험의 대상이 되고 부지기수가 학살됐다. 독일의회에 따르면 '홀로코스트'(holocaust) 피해자 중 생존자는 총 147만 6,800명으로 이 가운데 123만 8,000명은 강제수용되지 않았던 피해자들이고 나머지 23만 8,800명은 강제수용됐거나 게토(유대인 강제거주구역)에서 살아남은 피해자들이다. 후자 가운데 유대인은 53%인 12만 6,800명이다.

▲ 1942년: 미국 법정에서 처음으로 홀로코스트 피해자의 나치 관련 손해배상청구소송이 제기됐다.

▲ 1945∼95년: '홀로코스트' 피해자들이 종전 후 뉴욕에서 피해자 모임을 결성해 1950년대부터 강제노역을 시킨 기업에 대하여 배상을 요구하기 시작했다. 그러나 이후 50년 동안 미국 법정에서 벌어진 나치 관련 손배소는 10건에 불과했다.

▲ 1996년: 미국 법정에서 벌어진 본격적인 홀로코스트 소송의 효시인 스위스은행을 상대로 한 집단 손배소가 시작됐다. 요즘 '홀로코스트 소송'이라고 말하는 것은 이때부터 봇물을 이룬 나치 관련 손배소 전체를 말하는 것이다. 스위스은행 케이스는 스위스은행에서 추적해낸 홀로코스트 피해자들의 휴면구좌, 약탈재산 또는 징용노동자를 사용한 기업과의 거래 등을 문제삼아 3대 스위스은행을 상대로 연방법정과 캘리포니아 주 법정에서 집단소송으로 시작돼 1998년 8월 법정 밖 합의로 끝났다. 이때 12억 5천만 달러의 배상금이 책정됐으며 1999년 1월 보상금 지급안이 최종 타결됐다. 특기할 만한 점은 합의를 유도한 주원인이 미국정부가 스위스은행들에 대한 경제적 제재조치를 취하겠다는 발표였다는 사실이다.

▲ 1997년: 금융업체뿐 아니라 보험업체 또한 홀로코스트를 통해 엄청난 부당이익을 취했기 때문에 이들 또한 집단소송의 대상이 되었다. 피해자의 자손이 보험회사를 상대로 생명보험금 지급을 요구했으나 피해자의 죽음에 대한 증거 부족이나 전쟁시 보험회사의 기록 상실 등을 핑계로

보험금이 지급되지 않자 16개 유럽계 보험회사를 상대로 한 집단소송이 이해 3월 연방법원과 캘리포니아 주법원에 제소됐다. 캘리포니아 주법정에서는 개인 원고가 '홀로코스트 피해자 보험법'(HVIA: Holocaust Victims Insurance Act)을 근거로 저너라리(Generali) 보험회사를 상대로 소송을 제기했다. 법원은 캘리포니아 주민들이 총 2,700만 달러의 보험료를 이 회사에게 냈으므로 주법원에 재판관할권이 있다면서 재판을 인정했는데 이 케이스도 1999년 11월 합의로 막을 내렸다. 합의금은 공개되지 않았으나 125만 달러 수준으로 추측된다.

▲ 1998년: 9월 세계적 자동차업체인 폭스바겐을 상대로 한 소송을 선두로 지멘스, 다임러, 벤츠 등이 징용 소송의 피고 명단에 추가됐다.

▲ 1999년: 소송이 확산되면서 언론이 나치하 독일기업의 비인도적 만행을 자꾸 보도하자 독일기업은 심각한 타격을 입기 시작했다. 독일정부나 기업은 소송이 장기화되는 것보다는 차라리 보상하는 편이 낫겠다는 결론을 내렸고 정부가 적극적으로 개입해 정부와 기업이 50%씩 부담하는 배상기금을 조성하겠다고 발표했다. 합의금은 이해 2월 17억 달러가 제시됐다가 12월에 52억 달러로 최종 타결됐다.

▲ 2000년: 7월 17일 베를린에서 100만 명이 넘는 홀로코스트 피해자들에게 총 48억 달러의 배상금을 지불하기 위한 '기억·책임·미래재단'의 설립을 포함하는 역사적인 최종 타결안이 서명됐다.

홀로코스트 소송의 특징은 소송이 법정투쟁으로 끝까지 이어지기보다는 정치적·사회적 압력 속에 언론이 가세해 최대한 원고측에 유리한 방향으로 합의에 의해 타결됐다는 점이다. 합의를 위한 협상에는 양측 변호인단뿐 아니라 미국, 이스라엘, 폴란드, 체코, 러시아 등 피해자들이 살고 있는 각국의 정부와 독일정부 및 기업의 대표가 참여했다. 일본군'위안부' 소송을 제기한 LA법률팀을 이끌고 있는 배리 피셔 변호사와 마이클 하우스펠트 변호사도 이 최종협상에 원고측 대표변호사로 참여했으며 하우스

펠트 변호사는 이 소송을 승리로 이끄는 데 기여한 공로로 폴란드 정부
로부터 대통령 명예훈장을 받았다.

2) 재미일본계 집단격리수용 피해자들의 과거청산과 배상

1941년 12월 일본이 진주만을 기습하자 미국 정부는 미국에 이민와 살
고 있던 일본계가 일본에 가담할 것을 걱정해 약 12만 명에 달하는 일본
계 이민자들을 본토에 마련된 강제수용소로 격리수용했다. 이 일과 관련
하여 종전 후 일본계 이민자들은 집요하게 미국의 공식사과와 배상을 요
구하는 세칭 '시정과 배상'(RR: Redress and Reparation)운동을 벌였으며 이
운동은 1988년 레이건 대통령이 '시민자유법'에 서명함으로써 성공적으
로 마무리됐다. 법의 요지는 강제수용에 대해 미국 정부가 공식 사과하고
1인당 2만 달러를 보상하는 것이었다.

사회운동, 정치적 로비, 소송이라는 3가지 방법이 시너지효과를 일으
켜 엮어낸 승리였다. 1960년대 미국을 휩쓴 민권운동에 자극된 일본계
미국인 2·3세들은 자신의 부모들이 '적성시민'으로 낙인찍힌 채 수용소
에 감금당했던 역사를 알게 된 후 처음에는 수용소방문운동을 중심으로
이 사실을 알리는 운동을 전개했다. 주로 일본계 3세들이 주도한 이 운동
은 처음에는 재미일본인사회에서도 지지를 받지 못했다. 그동안 이러한
역사적 사실을 창피하게 생각하고 숨겨왔던 재미일본인사회는 이 문제를
다시 부각시키고 싶지 않았다. 그러나 일본계 3세들은 민권운동 차원에
서 끈질기게 시민운동을 전개했다.

이같은 운동 위에 재미일본계 변호사들은 소송의 칼을 빼들었다. 이들
은 "국방에 위협이 됐기 때문에 일본계를 격리수용했다"는 미국정부의
주장의 허구성을 입증하기 위해 노력했으며 이 과정에서 「먼슨 보고서」
(Munson Report)를 찾아냈다. 「먼슨 보고서」는 진주만 기습이 있기 한 달

전 루즈벨트 대통령에게 제출된 일본계 미국인의 충성심에 관한 25쪽 분량의 보고서인데 여기에는 "일본계 미국시민은 미국에 충성심을 갖고 있으므로 전혀 문제가 없다"고 씌어 있었다. 2차 대전이 끝났음에도 비밀문서로 보관되던 이 보고서가 공개되자 미국정부는 항소를 포기했다.

정계에 진출해 있던 일본계의 활약도 두드러졌다. 2차 대전 참전용사 출신인 대니얼 이노우에 연방상원의원과 노먼 미네타 캘리포니아주 하원의원(현재 연방상무장관) 등이 앞장서 동료 정치인들을 대상으로 로비를 전개했다. 쉽지도 않았고 시간도 오래 걸렸으나 동료 의원들도 「먼슨 보고서」 같은 증거에 동요되면서 드디어 시민자유법이 제정됐다. 레이건 대통령은 퇴임을 앞두고 이 법안에 서명하고 47년 전 미국의 행위에 대해 공식 사과했다.

이상과 같은 두 가지 운동은 모두 진상규명 노력, 시민운동, 홍보, 로비, 소송이라는 방법이 총동원됐으며 특히 소송이라는 카드가 등장하면서 해결의 전환점이 됐다는 공통점을 지니고 있다.

5. 이번 소송에서의 문제점

1) 한국의 무관심

이번 소송의 가장 큰 장애물은 한국정부와 국민의 무관심이다. 미국에서 벌어지는 소송이 한국정부나 국민의 관심과 무슨 관계가 있느냐고 생각한다면 커다란 오산이다. 이같은 한국정부와 국민의 무관심 문제는 물론 언론인과 정치인이 일차적 책임이 있겠지만 궁극적 책임은 우리들 국민 각자에게 있다. 홀로코스트 소송이 성공적으로 끝날 수 있었던 가장 근본적 원인은 최대의 피해자 집단인 유대인 스스로가 이 문제를 해결하려고 끈질기게 노력했기 때문이다. 한국인과 유대인이 이 문제에 대해 보인 실천적 관심의 정도를 비교하기는 어렵지만 상징적 예로 들 만한 것이 있기는 하다. 이는 실제로 이번 소송과 관련해 미국에서 개최됐던 심포지엄에서 지적됐던 문제인데 한국인이라면 되새겨볼 만한 일이다.

2차 대전이 끝난 후 유대인은 홀로코스트를 주제로 약 11만 편 이상의 영화를 제작해 세계에 나치의 죄상을 고발했다. 대표적인 것이 스티븐 스필버그 감독의 <쉰들러의 리스트>(1993)이다. 지구촌 곳곳에서 상영되고 아카데미상을 7개나 받은 이 영화 1편이 독일정부에 얼마나 부담을 주었을지 상상하는 것은 어려운 일이 아니다. 이에 비해 한국인이 일제 만행을 주제로 제작한 영화는 불과 100여 편에 지나지 않는다고 한다. 이 비교는 너무나 많은 것을 함축하고 있다. 어쨌든 영화 편수라는 척도로 본 두 민족의 과거사 해결에 대한 '실천적' 관심의 정도가 '100 대 1' 수준이라는 얘기다.

지금까지는 그렇다 치더라도 이번 소송조차 한국국민과 정부의 적극적 관심과 지지 없이 진행된다면 승소가능성은 거의 없다고 해도 과언이 아니다. 특히 징용 소송이 그렇다. 이번 소송을 좌우하는 핵심 요소가 국제사회의 압력인데 한국국민과 정부 스스로가 등한시하는 문제를 국제사회가 중시할 리가 없다. 이 점은 미국정부나 재판부의 입장에서도 마찬가지다. 사안의 본질을 쉽게 파악하기 위해 문제를 극단화시켜서 보자.

예를 들어, 한국국민들이 이 문제를 가지고 연일 데모를 하고 이러한 상황이 하루가 멀다 하고 내외신의 주요 기사로 취급될 경우에는 미국정부나 재판부도 이번 소송을 그만큼 심각하게 받아들일 것이다. 한국과 일본의 동맹관계를 동북아시아에 있어서 미국의 방위정책의 기조로 삼고 있는 미국정부로서는 과거사로 인한 한일간의 갈등을 지켜보고만 있을 수는 없다. 미국이 한일국교 정상화를 재촉하면서 막후교섭을 통해 1965년 양국간 수교의 산파역할을 했던 당시와 근본적으로 상황이 같은 것이고 미국은 당시 한일기본조약의 체결에도 직접 개입했기 때문에 더욱 책임의 일단을 느낄 수밖에 없다. 미국 사법제도는 한국과 근본적으로 달라 배심원 재판으로 이뤄지는데 이같은 보도가 계속되면 배심원단에게도 결정적 영향을 미치게 된다. 이 때문에 큰 사건을 맡은 미국 변호사들은 언론 보도에 신경을 곤두세우는데 이번 소송에 대해서는 더 말할 필요도 없겠다. 이와는 반대로 한국국민과 정부가 이번 소송에 대해 철저히 무관심으로 일관한다면 미국정부나 언론은 이번 소송이 '아시아판 홀로코스트 소송'이 아니라 돈 냄새를 맡은 피해자 몇 명과 욕심 많은 변호사들의 이해타산이 맞아떨어져 '못 먹을 감을 찔러나 보는' 비윤리적 소송으로 볼 것이다. 실제로 지난해 *Los Angeles Times*와 최근 *Wall Street Journal* 아시아판에 이러한 시각의 기사가 게재된 바 있다.

　현실적으로 한국정부의 태도는 전반적 무관심 내지 의도적 등한시 같다. 노벨평화상 수상자가 현직 대통령으로 있는 나라의 정부 태도로서는 이해하기 어려운 얘기지만 달리 해석할 방법이 없다. 이 문제와 관련해 소송이 실제로 벌어지고 있는 미국에 나와 있는 한국정부 기관인 주미한국대사관을 통해 본 외교부의 입장이나 2개 주미한국문화원을 통해 본 문광부의 입장을 보면 한국이 엄연한 주권국가라는 사실을 잊고 있는 것이 아닌지 의심할 정도다. 이들 공관은 어차피 본부의 훈령에 따라 움직일 수밖에 없는 데다 해외에서 수고하는 공무원들을 탓하기 위해 이 보고서를 쓰는 것이 아니므로 구체적 사례는 생략하겠지만 이와 관련해 최근 2년 사이 있었던 사례만으로 최소 4건은 제시할 수 있다.

　이같은 상황은 국회도 예외는 아니다. 자타가 차세대 지도자라고 공인하는 어느 젊은 국회의원이 금년 들어 보여준 이율배반적 태도는 서글픈 생각이 들 정도지만 전체적인 문제는 국회가 입법부로서 정상적 기능을 포기하고 있기 때문에 발생하는 것 같다. 이 문제와 관련해 반론을 제기하고 싶은 국회의원이 있다면 2000년 6월 28일 미국 연방상원 법사위원회의 'POW 청문회' 의사록을 한번 읽어보라고 권하고 싶다. 행정부가 제 기능을 하지 못한다고 생각하는 의회가 어떤 역할을 하려고 노력하는지 잘 알 수 있다. 입법부는 서둘러 '특별법'을 제정해 지금이라도 스스로 진상규명에 나서거나 행정부가 나서도록 해야 한다. 만에 하나 특별법을 제정한다면 제주 4·3사태 특별법 같은 수준이 아니라 미국의 OSI나 IWG처럼 실질적 권한(조사권)과 장기적 독자적 예산을 가진 기관의 발족을 의무화하는 법을 만들어야 할 것으로 본다. 또한 앞에서 예로 들었던 '1998년 (미국) 시민자유법의 제정'은 정의를 지키려는 사법부의 용기가 없었다면 불가능했을 것이라는 점을 기억하자. 법률가가 아니기 때문에 국내의 법적 상황은 잘 모르겠으나 진리는 단순한 것이다. "왜 80세를 전후로 한 한국의 일본군'위안부' 할머니들이 미국 법정까지 찾아와서 정의를 찾아달라고 하소연해야 하는가?"에 대한 답은 무엇인가.

그러나 이같은 환경에서도 수일 전에 "한국이 1965년 한일기본조약으로 국민의 개인적 청구권까지 소멸시킨 것은 아니라는 것이 한국정부의 공식 입장"임을 외교부 공문으로 밝혀준 이정빈 외교장관이나 이 문제와 미국에서의 소송에 진지한 관심을 가지고 외교부로부터 이러한 답변을 이끌어내 공식 기록을 남긴 김원웅 의원은 치하를 받을 만하다. 본국에서는 금년 국정감사를 통해 나온 이러한 문답이 의례적인 것으로 생각할지 모르겠으나 이 외교부 문서는 아주 결정적인 시점에 나왔으며 곧바로 미국 법정에 제출될 예정으로 이번 소송에서 중요한 역할을 할 것이 분명하다. 아무튼 소송은 현실적으로는 철저한 무관심과 광적인 관심이라는 두 극단 사이의 어딘가에서 전개되겠지만 오로지 인도주의에 입각해 이 소송에 참여한 배리 피셔 변호사 같은 사람이 한국정부나 국민의 적극적 관심을 전제로 하는 소송전략을 논할 때 너무 낙관적이지만은 않은 시나리오도 준비하는 것이 좋겠다는 조언을 할 때는 참으로 민망할 수밖에 없었다.

한편, 일본군'위안부' 문제는 한국정신대문제대책협의회, 나눔의 집,

워싱턴 정신대문제대책위원회 등의 활약에 힘입어 징용 문제에 비해서는 상대적으로 미국에서도 사회지도층의 인지도가 높다. 다시 말하지만 미국 법정은 배심원 재판으로 이뤄지기 때문에 대중의 인지도가 매우 중요하다. 그러나 징용 문제는 전혀 알려져 있지 않아 이같은 지원을 받기가 쉽지 않을 것이며 이러한 현상은 지금까지 미국 언론의 보도를 통해 이미 확인되고 있다. 결론적으로, 해방 후 반세기 이상의 세월이 흐르는 동안 집권층의 이해관계와도 직접 맞물려 오랫동안 계속됐던 국민과 역사에 대한 기만은 필연적으로 진상규명 작업을 등한시하면서 국민의 무관심으로 이어져 이번 소송에서도 최대의 장애물로 남아 있는 것이다.

2) 연구부족

이번 소송에서 당장 직접적으로 부딪히는 최고의 난제 가운데 하나는 일본군'위안부' 및 징용 문제에 대해 지금까지 체계적인 연구가 이뤄지지 않았다는 사실이다. 이러한 현상 역시 앞서 지적한 국민적 무관심이 가장 근본적 이유이겠으나 아무튼 해방 이후 지금까지 깊이 있고 체계적인 진상규명 노력 자체가 없었기 때문에 원고측은 상당한 어려움을 겪고 있다.

얼마나 연구가 안돼 있는가 하면, 징용 소송의 경우는 원고측 변호인단에 따라 한국인 징용피해자의 규모 자체가 70만에서 700만 명에 이른다고 각기 다른 주장을 하고 있다. 각각 서로 다른 근거를 원용하고 있기 때문이다. "한국인 징용 피해자가 몇 명이나 되는가?" 하는 가장 기본적 질문에 대해 타당한 근거를 가지고 자신 있게 답변할 수 있는 학자를 만나기가 어려운 것이 현실이다. "끌려간 사람 중에 못 돌아온 사람은 얼마나 되나?" 같은 문제에 대한 답변은 더욱 난감하다. 실제로 원고측 변호사들은 징용 피해자들의 진술과정에서 "2,000명이 끌려갔는데 500명만이 살아 돌아왔다", "4명이 함께 끌려갔는데 2명이 죽었다" 같은 증언이 쏟아지자 징용 피해자의 사망률이 상상을 초월하는 데 대해 경악을 금치 못했다. 또한 원고측 변호인단은 징용 피해자나 일본군'위안부' 피해자를 일본이나 기타 지역으로 운송하는 데 관여했던 수송회사를 찾기 위해 노력했는데 이런 정보조차도 한국에는 제대로 없다.

한국 학계보다는 오히려 일본 학계나 조총련 학계가 이같은 연구를 훨씬 체계적으로 해왔다는 점을 놓고 이들에게나마 감사해야 하는 것이 이번 소송을 둘러싼 오늘날 한국의 현주소이다. 일본 학자의 연구업적에 입각해 일본정부와 일본회사를 소송하고, 조총련계 학자들의 연구업적에 입각해 남한 피해자들의 권리를 찾아야 하는 웃지 못할 코미디가 벌어지고 있는 것이다. 일본에서는 향토사학자, 재야연구가들을 중심으로 노무동원의 실태를 밝혀내는 자료 발굴작업이 민간차원에서 꾸준히 진행되어 왔고 특히 1990년대 들어 강제징용 연구 붐이라 할 정도로 방대한 지역별 조사가 진행되어 현재 지역단위로 수십 개가 넘는 민간 조사팀이 활동중이다. 그러나 국내에서는 군산대 경제사학자 김민영 교수의 『일제의 조선인 노동력수탈 연구』(한울아카데미, 1995)와 한일문제연구원이 내놓은 『빼앗긴 조국, 끌려간 사람들』(1995) 외에는 이렇다 할 단행본 하나 제대로 없다.

일본군'위안부' 문제는 진상규명 정도가 징용 문제보다는 조금 낮지만 근본적으로는 마찬가지다. 예를 들면, 일본군'위안부'로 끌려갔던 한국 여성은 도대체 몇 명이나 되는가? 사망률은 얼마나 되는가? '위안부' 피해자들의 진술에 "항생제 '606'의 과다 투입"이 자주 등장하는데 이 항생제를 제조해 일본군에 군납했던 회사는 어디인가? 경기도 광주에 있는 일본군'위안부 역사관'에 가면 당시 일본군이 피해자들을 상대로 쓰던 콘돔 한 개가 수집돼 있다. 대영박물관에 있던 것을 옮겨 온 것이라 하는데 당시 콘돔을 제조해 군납했던 의약품 회사는 어디인가? 당장 원고측 변호인단이 알고 싶은 문제가 한두 개가 아니지만 이러한 문제들에 대해

자신 있게 답할 수 있는 사람을 찾는 것이 참으로 쉽지가 않다.

징용 및 일본군‘위안부’ 소송에 대한 미국 법원의 재판관할권을 결정 짓는 데 가장 중대한 걸림돌이라 할 수 있는 1965년 한일기본조약의 문제에 있어서도 사정은 마찬가지다. 한일기본조약과 그 부속조약에 대해서는 이미 원고·피고측 변호인단의 공방전에서 핫 이슈로 등장하고 있기 때문에 자세한 언급은 할 수가 없고 그 대신 실제로 이번 소송의 진행과정에서 발생했으며 앞으로 반드시 풀어야 할 숙제 한 가지를 소개한다.

원고측 변호인단은 재판이 미국 법원에서 진행되기 때문에 반드시 필요한 한일기본조약과 그 부속조약의 영문본을 구하기 위해 크나큰 노력을 들여야 했다. 함부로 번역할 수가 없는 문서들이기 때문이다. 통상적으로 국가가 조약을 체결할 때는 체약국 언어가 아닌 제3국 언어로도 조약문을 작성해두는 것이 외교 관례라고 하는데 한일조약은 기본조약만이 공식 영문본이 있을 뿐 청구권 문제가 들어 있는 부속조약에 대해서는 영문본이 처음부터 없었다. 이 문제는 당시 한국 외무부의 어처구니없는 실수였는데 영문본을 찾기 위해 한국 외교부, 외교안보연구원, 한국국제법학회에 다 알아봐도 영문본은 없었다. 외교부로서는 처음부터 영문본이 없으니 줄 수가 없고, 외교안보연구원은 책임 문제가 있어서인지 명쾌한 답변을 피하고, 국제법학회는 영문본 준비를 생각해봤으나 국익에 저해될까봐 만들지 않았다는 답변이었다. LA소송팀은 결국 동양학으로 명성이 있는 미국 대학도서관들과 미국 정부기록보존소를 뒤져 당시 주일미국대사관이 본국 정부에 업무보고용으로 썼던 비공식 영문본을 미국 정부기록보존소로부터 가까스로 구해 소송자료로 활용하고 있다.

그런데 이 영문본을 사용하는 데는 커다란 위험이 있다. 예를 들면, 청구권 문제가 들어 있는 협정의 국문본과 일문본에 용어상 차이가 있을 수 있는데 이 경우 해석에 있어서 한국정부와 일본정부의 입장이 서로 다를 가능성이 있다. 그런데 이 영문본은 당시 주일미대사관이 일문본을 영역한 것으로 보이기 때문에 결국 원전이 일문본이 된다는 얘기고 이렇게 되면 사실상 일문본을 원전으로 삼아 재판을 진행해야 한다. 따라서 처음부터 일본의 입장에 유리한 조약의 해석으로부터 출발할 가능성이 있다는 얘기가 된다. 그나마 현재로서는 이 영문본이 유일한 것이다.

아무튼 이번 소송을 위해서도 또는 원칙적인 문제로서도 지금부터라도 일본군'위안부' 문제와 징용 문제에 대해 철저한 진상규명을 우선으로 하는 체계적 연구가 있어야 한다. 이를 위해서는 지금처럼 피해자단체나 시민운동단체나 민간연구소의 힘으로는 역부족이고 정부가 지속적으로 예산을 배정해 장기적으로 진상조사를 해야 한다. 현재까지 밝혀진 피해자 외에도 아직도 본인이 피해자라는 것을 밝히기 꺼려하는 무명의 피해자, 사망자, 유족에 대한 지속적인 증언 및 자료의 체계적 수집과 분석을 토대로 한 연구가 있음으로써 일제강점기의 피해라는 한국 사학계의 큰 공백을 메꿔야 한다. 물론 이러한 연구가 적어도 단기적으로는 실제 소송에서 활용될 수 있는 연구가 된다면 더욱 좋을 것이다.

3) 보도 문제

언론인은 정치인과 함께 한국국민과 정부의 무관심에 대해 일차적 책임을 져야 한다. 이 문제도 원론적 차원을 떠나 이번에 소송팀이 직접 겪었던 사례 몇 가지만을 가지고 얘기해보자.

▲ 사례 1: 1999년 11월 LA소송팀은 일단 집단소송의 원고를 충족시키기 위해 "사안이 사안이니 만큼 본국 언론의 지원을 받을 수 있을 것"으로 생각하고 가장 민족주의적인 언론으로 정평 있는 한 시사주간지를 접촉했다. 이 잡지사의 간부 기자가 꾸벅꾸벅 졸면서 인터뷰를 마치면서 "소송이 뭐 정의를 핑계 삼아 변호사들 돈벌이하자는 것 아니냐. 뭐, 다 그런 것 아니냐"며 빈정거리는 것을 보고 인터뷰하던 소송팀 관계자는

큰일나겠다 싶어 취재기자에게 "제발 기사를 쓰지 말아 달라"고 정중히 부탁하고 돌아섰다. 물론 이 잡지는 기사를 게재하지 않았다.

▲사례 2: 1999년 12월 LA소송팀은 한국 3대 방송사 가운데 하나를 방문해 징용 소송을 설명하고 보도를 요청하려고 했다. 이 방송국의 제작 문제에 대해 결정권을 갖고 있으며 한국방송계에서는 상당한 거물인 이 인사와의 면담은 그리 길게 갈 필요도 없었다. 그가 얘기가 시작되자마자 "징용? 그거 재미없잖아. 뭐, 좀 재미있는 것을 가져와"라는 것이었다. 물론 소송에 대한 프로그램 같은 것은 없었다.

▲사례 3: 2000년 한국의 대표적 전국지이면서 종합일간지인 한 신문이 금년에 이 소송과 관련된 한 변호사를 바람직한 인권변호사의 상징처럼 보도했다. 그러나 그 변호사의 실체는 그 보도와는 사실 상당히 거리가 있는 인물이다.

▲사례 4: 2000년 9월 일본군'위안부' 소송이 제기될 때 원고측 변호인단은 워싱턴DC에 있는 내셔널프레스클럽에서 기자회견을 가졌다. 100여 명의 미국 내·외신 기자들이 참석한 이 기자회견에 한국 3대 방송사 가운데 한 방송사는 특파원이 취재조차 하지 않았다. 이 방송사는 이틀 후 미국 연방의회에서 거행된 일본군'위안부' 피해자들을 위한 '2000년 인권상. 존엄과 명예의 여성' 시상식도 취재하지 않았다. 나중에 한국정신문제대책협의회를 통해 확인한 바에 따르면 이 방송사는 이 두 가지 사안에 대해 결국 보도하지 않았다.

▲사례 5: 2000년 10월 역시 한국의 대표적 전국지이면서 종합일간지로서 '사례 3'에 인용된 신문이 아닌 다른 신문이 일본 전쟁범죄에 대한 미국의 단죄 의지(일본제국군 관련문서 공개법)에 대해 그날 신문에서 주요 기사를 게재했다. 그런데 그 기사는 오보투성이였다. 이렇게 된 이유는 앞서 게재한 다른 오보를 그 기사가 참조했기 때문인 것 같다. 오보가 오보를 낳는 악순환이 계속되는 것이다.

위 사례들 가운데 '사례 1'은 시각의 문제, '사례 2'는 소위 '황색 저널리즘'의 문제, '사례 3'과 '사례 5'는 정확성의 문제 등을 나타내고 있다. '사례 4'가 이 방송이 정부의 눈치를 보았기 때문인지 어쩐지는 알 수가 없으나 아무래도 석연치가 않다. 이러한 사례를 비교적 상세하게 구체적으로 설명하는 것은 맹목적 비판을 위한 것이 아니다. 일본군'위안부' 소송과 징용 소송을 비교적 상세히 취재한 한국의 기자들은 대단한 사명감을 가지고 조금이라도 더 많이 더 정확히 보도하기 위해 노력하고 있다. 경향신문의 이종탁 기자, 연합뉴스의 이도선 워싱턴 특파원과 권오연 LA특파원, MBC-TV '시사매거진 2580'팀의 정연국·전광준 기자, 여성신문의 이정희 기자 같은 언론인들을 예로 들 수 있겠다. 이같은 언론인들의 존재는, 마치 홀로코스트 소송이 진행될 때 미국 언론이 그랬던 것처럼, 이 소송에 대해 한국의 언론이 현재보다 훨씬 적극적 관심을 나타낼 수 있는 가능성을 보여주는 것이다. 문제는 한국언론의 지도층이 야망을 버리고 '단순한' 원칙으로 되돌아갈 것이냐 아니냐 하는 데 달려 있는 것 같다.

언론 문제와 관련해 한 가지 지적해두고 싶은 것은 한국의 시민운동단체도 홍보전문가를 영입 또는 양성하거나 예산문제로 항상 그렇게 할 수 없으면 중요한 사안이 있을 때만이라도 전문가에게 의뢰하는 방법을 신중히 고려해야 한다는 점이다. 예를 들면, 금년 9월 워싱턴 정신대문제대책위원회는 일본군'위안부' 소송과 '2000년 인권상' 시상식 홍보를 위해 5,000달러를 들여 미국 주류사회의 전문 PR회사를 고용했다. 정대위가 집행한 행사 예산의 약 20% 수준인 것으로 알고 있는데 이러한 정대위의 결정은 옳았다고 본다. 한 가지 더 있다면 언론의 입장에서 뉴스를 보는 시각도 길러야 한다. 예를 들면, 이벤트를 만들거나 엮어서 자연스럽게 보도를 유도한다면 언론의 입장에서도 뉴스 가치를 부여할 수 있기 때문에 보도하기가 편하다. 이러한 맥락에서 한국정신대문제대책협의회가 준비중인 '2000년 일본군성노예전범 여성국제법정'도 국제사회의 압력을 가중시킨다는 소기의 목적이 더욱 돋보인다.

4) 네트워킹상의 문제점

한국정신대문제대책협의회, 태평양전쟁희생자유족회, 민족문제연구소, 역사문제연구소 같이 이미 이 소송에 적극적 관심을 가지고 동참하는 민간기구가 있으나 소송문제에 대해 국민적 관심을 불러일으키려면 정계-학계-시민운동단체-피해자단체를 연결하여 시너지효과를 창출할 수 있는 네트워킹 작업이 절실하다.

1980년대 후반 이래 민주화운동을 전개하는 여러 시민단체들이 활발히 결성되고 인권문제도 심각한 현안으로 인식되고 있음에도 불구하고 일본군'위안부' 문제와 징용 문제처럼 일제강점기에 힘없는 민중이 입었던 피해에 대한 문제의 해결을 위해서는 몇몇 피해자 단체나 정대협 등 특정한 시민운동단체를 중심으로 활동이 전개돼 왔을 뿐이다. 기타 시민운동 단체들은 이번 소송문제를 피부로 느끼지 못하는 것 같다.

사실 이번 소송에 있어서 네트워킹은 한국, 미국, 중국, 일본, 대만, 필리핀 등의 각계를 연결하는 국제적 네트워킹이 중요한다. 이같은 네트워킹이 이번 소송의 승소를 뒷받침하고 동아시아에서 인권문제를 놓고 국경을 초월한 시민혁명이 일어나는 것이라 한다면 지나친 평가일까. 아무튼 정부가 침묵하는 상황에서 한국국민으로서는 태평양 너머에서 벌어지는 소송에 대해 제대로 이해할 수가 없다는 문제는 네트워킹을 더욱 어렵게 하는 요소다.

5) 다른 소송과의 관계

이번 징용 소송에 나서 있는 재미교포 변호사들이 제주 4·3사태, 노근리사태, 고엽제 피해자들의 소송대리인으로서 이미 미국정부를 소송했거나 소송을 검토하고 있다는 얘기가 있는데 이 소송들이 서로 부정적 영향을 주고받을 가능성이 있다는 지적이 있다.

'워싱턴팀'의 윤영일 변호사는 제주 4·3사태가 미군정(1945~48년) 치하에서 발생했으며 미군정의 잘못된 정책 때문에 한국 군경의 과잉진압이 있었다면서 '하겐스 버먼'과 함께 미국정부를 소송할 것이라고 밝힌 바 있다. '필라델피아팀'의 마이클 최 변호사는 1968~69년 한국 비무장지대에 살포된 고엽제로 피해를 입었던 한국인 피해자와 1950년 노근리사태로 인한 한국인 피해자들을 위해 미국정부를 소송하겠다고 말한 것으로 보도됐다. 'LA팀'과 협조체제를 유지하고 있는 한국의 명망 있는 민권변호사 한 분도 4·3사태와 관련하여 미국정부를 소송하는 문제를 심각히 고려중이라는 얘기가 있었다. 이렇게 되면 일본군'위안부' 소송과 징용 소송에 나서 있는 3개 팀이 모두 미국정부를 상대로 하는 소송에 직접적으로 연루되거나 간접적으로 관계를 맺을 가능성이 있게 된다. 실제로 미국 법조계에는 "이러한 상황은 일본군'위안부' 소송과 징용 소송 모두에 바람직하지 않을 것"이라는 우려가 있다. 이유는 다음과 같다.

미국에서의 징용 및 일본군'위안부' 소송은 미국 사법부에 의한 판결을 염두에 두고 진행하는 것임은 분명하지만, 이 소송들이 근본적으로 정치게임이며 미국의 정부, 정치권 및 국민여론이 중요한 변수로 작용할 것이다. 마찬가지로 특히 한국이나 중국정부, 정치권 및 국민여론 역시 중요한 변수로 작용할 것이다. 징용 및 일본군'위안부' 문제의 해결을 위해 일본정부나 회사의 책임을 묻는 소송이 진행되는 동안 이 소송을 한국정부나 미국정부의 책임을 묻는 소송으로 직접 확산시키지 않는 것이 현명하다. 그뿐만 아니라 그 연장선상에서 한국정부나 미국정부를 소송하는 변호사들이 일본정부를 소송하는 변호사들과 직접 연대하는 것은 현명하지 않다. 현재 부산지법에서 미쯔비시를 상대로 징용배상소송이 진행되고 있다는 그 사실 자체도 미국법정의 재판관할권을 약화시키는 요인으로 작용해 결과적으로 미국에서의 징용배상소송에 부정적 영향을 미칠 가능성도 지적되고 있다.

6. 미국에서 벌어지는 일본의 로비

한국이 미국에서 벌어지는 일제 전쟁범죄의 폭로나 단죄 문제에 무관심한 반면 일본은 집요할 정도로 이 문제가 공론화되는 것을 막기 위해 노력하고 있다. 로비란 본질적으로 조용하게 이뤄지는 것이라서 이 부분에 대해 정확한 그림을 그리는 것은 불가능하나 일본군'위안부' 문제가 세인의 관심사로 떠오르는 것을 막기 위해 최근 4년 동안 일본이 미국에서 벌였던 로비를 돌이켜봄으로써 어느 정도는 감을 잡을 수 있을 것으로 본다. 이번 소송에 앞서 징용 문제는 미국에서 문제제기조차 없었기 때문에 징용 문제에 대해서는 이렇다 할 로비도 필요가 없었던 것 같다.

▲ 1996년: 워싱턴 정신대문제대책위원회가 미국 조지타운대학에서 일본군'위안부' 심포지엄을 연다는 소식을 듣고 당시 주미일본대사가 조지타운대학 학장에게 여러 차례 전화를 걸어 반대 로비를 전개했으나 심포지엄은 예정대로 열렸다.

▲ 1996년: 미연방법무부가 일본 전범에게 미국 입국비자를 주지 않겠다고 발표하자 일본자금으로 일본학을 연구하던 미국학자들이 나서 반세기 전에 발생했던 일이라며 로비에 나섰다.

▲ 1997년: 윌리엄 리핀스키 연방하원의원(민·일리노이)이 '혼다 결의안'(AJR27)과 유사한 '리핀스키 결의안'(HCR126)을 연방의회에 제안하자 주미일본대사가 로비에 나섰다. 이 결의안은 연방하원의원 약 80명의 지지를 확보했음에도 본회 표결에 회부되지 못했다.

▲ 1998년: 워싱턴 정대위가 연방의사당에서 일본군‘위안부’의 진상을 폭로하는 사진전을 개최하려 했다. 이 사실은 알게 된 주미일본대사관은 주미일본대사가 직접 나서서 대대적인 반대 로비를 펼쳤고 사진전은 개막 예정일 1주일을 앞두고도 개막이 불투명했으나 역사학 교수 출신인 뉴트 깅그리치 당시 미국 연방하원의장이 결단을 내려 열릴 수 있었다.

▲ 1999년: 마이크 혼다 캘리포니아주 하원의원의 ‘정신대 결의안’이 캘리포니아주 의회에 상정되자 대니얼 이노우에 연방상원의원과 LA다운타운에 있는 일미박물관의 관장까지 동원된 엄청난 반대 로비가 전개됐다. 혼다 의원은 재미일본인 사회에서 영웅으로 추앙받는 재미교포 2세 김영옥 옹에게 도움을 청했고 김 옹은 재미일본인사회의 자존심인 442연대/100대대 출신 일본계 지도자들의 연기명 지지서한을 전달해 반대 로비를 침묵시켰다. 김 옹은 442연대/100대대 작전장교를 역임한 미 육군 예비역 대령으로 미국의 전설적인 전쟁영웅이다. 한국전쟁 참전용사이기도 한 김 옹은 미국 육군성의 노근리사태 진상조사 외부 전문가단에 포함된 유일한 한국계이다.

▲ 2000년: 캘리포니아에 있는 모 대학에서 한인사회의 지원을 바탕으로 일본의 전쟁범죄에 대한 연구 프로젝트가 추진되고 있었다. 성공적으로 추진되던 이 프로젝트는 5월말 연구지원금 신청마감일에 맞춰 불발로 막을 내렸다. 상당히 영향력 있는 일본학자(일본학을 연구하는 미국인 학자)들의 강력한 반대를 넘지 못했기 때문이었다. 이 경우는 일본의 로비라기보다는 엔화의 영향력 때문으로 보는 것이 냉정한 판단일 것이다.

▲ 2000년: 워싱턴 정신대문제대책위원회(당시 위원장 이동우)가 한국·중국·대만·필리핀 일본군‘위안부’ 피해자들을 초청해 9월 17일 미국 홀로코스트박물관에서 증언회를 가지려 했을 때 미국 연방정부 기관인 박물관은 개최를 허가했다가 행사에 임박해 돌연 입장을 뒤집었다. 일본측 로비를 직감한 주최측은 미 연방법무부 고위관리를 동원하고 언론에 폭

로하겠다고 반협박(?)까지 한 끝에 가까스로 증언회를 개최했다.

7. 북한이라는 변수

북한은 미국에서 벌어지는 일본군'위안부' 소송과 징용 소송에 대해 오래 전부터 비상한 관심을 갖고 있었다. 현재까지 이 소송에 관계된 재미교포 변호사와 미국 변호사 다수가 북한의 초청에 의해 북한을 방문했으며 또 조만간 방문할 계획이다. 조일수교 협상을 진행하면서 과거사에 대한 깨끗한 정리를 주장해온 북한의 소송에 대한 진지한 관심과 참여는 1965년 한일기본조약의 문제 등을 비롯해 여러 가지로 소송에 커다란 영향을 미칠 가능성이 있다. 본 보고서에서는 이 정도 선에서 보다 상세한 언급은 삼간다.

8. 맺음말

이미 한국, 미국, 중국 및 양식 있는 일본의 법조계, 학계와 NGO 등이 이 소송을 위해 힘을 합치고 있으며 미국 법정이 재판관할권 문제로 결과적으로 일본측의 손을 들어주지만 않는다면 앞으로 이같은 사람들은 더욱 늘어날 것이다. 이 과정에서 한국, 중국, 대만, 필리핀뿐만 아니라 북한, 러시아, 인도네시아 등 2차 대전 당시 일본에 의해 자행된 전쟁범죄에 희생된 여러 나라의 피해자와 유족들이 적극적으로 동참한다면 이번 소송은 홀로코스트 소송에 필적하는 '세기의 소송'이 될 것이다. 소송의 중요성은 이 소송에서 이길 경우와 질 경우를 비교해보면 쉽게 알 수 있다.

원고측의 바람은 일본정부의 공식적 사과와 정당한 배상이다. 일본기업이 피고인 경우 역시 마찬가지이다. 일본의 전쟁범죄나 반인류범죄와 관련된 과거에 대한 깨끗한 청산이 소송의 당사자들에게, 나아가 동아시아에, 궁극적으로 인류 전체에 주는 선물이 무엇인지는 유사한 전철을 밟았던 독일과 프랑스의 경우를 보면 쉽게 알 수 있다.

독일과 프랑스는 나치 독일이 2차 대전 때 저지른 전쟁범죄에 대한 배상을 놓고 청구권-조약-배상-재조약-재배상이 어우러지는 난제를 지혜롭게 해결함으로써 보다 건설적인 미래로 가는 길을 닦았던 전례가 있다. 독일은 나치 독일의 프랑스 국민 박해 문제를 놓고 1960년 체결한 조약에 입각해 프랑스에 배상금을 지급했다. 약 20년 후 프랑스가 강제징집자 등에 대한 추가배상을 요구하자 독일은 '독불 이해증진 명목으로' 1981년 조약을 다시 맺고 프랑스에 추가배상금을 지급함으로써 과거의 청산에 대해 확실한 의지를 보였다.

이러한 과정을 거친 요즘의 양국 관계에 대한 첸 요융 주LA프랑스총영사관 공보관의 설명이다. "요즘 양국은 외교관을 교환하는데 독일에 파견된 프랑스 외교관은 두 나라 사이에 문제가 있을 경우 독일의 이익을 보호하기 위해 노력한다. 프랑스는 이 외교관이 파견기간이 끝나 본국으로 귀임해도 불이익을 가하지 않는다. 독일도 마찬가지다. 이뿐 아니다. 두 나라는 통합군을 갖기 위한 예비조치로 통합부대를 운영하는데 사령관이 독일군이면, 부사령관은 프랑스군, 작전참모는 독일군 같은 식이다. 두 나라 국민은 이제 양국 사이의 전쟁에 대해서는 상상도 하지 못한다." 중국계인 첸 공보관의 설명은 이어진다. "독일은 과거를 깨끗이 청산하겠다는 의지를 보였고 프랑스는 이러한 독일의 의지를 받아들여 과거를 깨끗이 용서했다. 사과와 용서 위에 오늘날 탄탄한 양국 관계가 있는 것이다." 요컨대 한국과 일본이 과거사를 깨끗이 청산하고 이를 바탕으로 영구적 동반자 관계로 발전하기 위한 모델을 프랑스와 독일이 제공하고 있다는 얘기다.

이번 소송에 참여한 피해자나 변호사가 오로지 정의의 회복만을 목표로 싸운다고 보지는 않는다. 그러나 전체적으로 이번 소송의 목표는 '역사적·사법적·배상적 정의의 회복'이다. 이같은 정의의 회복은 개인의 인권이 진실로 존중되는 평화로운 세계로 가기 위한 필수조건이다. 미국인들이 즐겨 쓰는 말 중에 "용기가 없으면 영광도 없다"는 말이 있다. 이 말은 이번 소송에도 그대로 적용되는 명언이다. 용기 가운데 가장 중요한 것이 피해사실을 밝히고 소송에 동참하는 피해자들의 용기인데, 이는 특히 일본군'위안부' 소송에 있어서 더욱 그렇다. 그러나 피해자들의 용기만으로는 어렵다. 그들이 피해자임을 받아들이고 감싸주는 가족들, 진상을 규명하려는 학계를 포함한 법조계·정계·언론계 등 사회 전반, 대한민국이 주권국가임을 인식하는 정부, 정부를 바르게 인도하는 국민, 이들 모두의 용기가 반드시 있어야 한다.

맺음말을 쓰고 있는데 마침 한국의 고위 외교관 한 분이 소식을 보내왔다. 그는 이번 소송에 지대한 관심을 가지고 있는 분인데 마침 홀로코스트의 대명사인 아우슈비츠를 다녀왔다며 폴란드에 있는 이 수용소의 첫 막사에 쓰여진 조지 산타야나의 경구를 보면서 전율을 느낄 수밖에 없었다는 안부를 전해왔다.

The one who does not remember history is bound to live through it again! (역사를 기억하지 못하는 자는 다시 그 역사를 반복하게 돼 있다).

—George Santayana

일본에서 진행되고 있는 일본군'위안부' 재판의 현황과 과제

최봉태
변호사

1. 서론

현재 일본에서 진행중인 일본군'위안부' 관련 소송은 크게 피해자의 국적에 따라 한국인 피해자 사건, 필리핀 피해자 사건,[1] 그리고 중국인 피해자 사건,[2] 대만인 피해자 사건,[3] 네덜란드 피해자사건[4]이 있다.[5] 그 중에서도 한국인 피해자 사건은 제소 순서에 따라보면 1991년 12월 6일 동경지방재판소에 제소된 '아시아-태평양전쟁 한국인 피해자 보상청구사

---

1) 1993.4.2. 동경지방재판소 제소, 1998.10.9. 제1심 선고, 98.10.23. 항소, 2000.12. 6. 제2심 선고. 2000.12.20. 상고.

2) 1995.8.7. 동경지방재판소 제소, 1996.2.23. (제2차 제소), 2001.5.29. 제1심 선고, 항소 중. 중국 산서성 성폭력피해자사건의 경우 1998.10.30. 동경지방재판소 제소, 중국 해남도 강제위안부의 경우 2001.7.16. 동경지방재판소 제소.

3) 1999.7.14. 동경지방재판소 제소.

4) 1994.1.25. 동경지방재판소 제소, 98.11.30. 제1심 선고, 98.12.2. 항소, 2001.10. 11. 제2심 선고.

5) 지금까지 확인된 강제위안부의 국적은 한국/조선, 중국, 대만, 필리핀, 인도네시아, 말레이시아, 버마, 네덜란드, 일본 등이다.

건', 1992년 12월 25일 야마구치지방재판소 시모노세키지부에 제소된 '부산 강제위안부피해자보상청구사건', 1993년 4월 5일 동경지방재판소에서 제소된 '재일한국인 강제위안부피해자보상청구사건' 등 3종류의 재판이 있다. '재일한국인 강제위안부피해자사건'은 시모노세키지부의 제1심 판결을 제외하고는 모두 패소를 거듭하고 있고, '부산 강제위안부 피해자보상청구사건' 제1심 일부 승소판결마저 항소심에서 역전 패소판결을 받아 결국 모두 패소된 상태에서 불복하여 현재에 이르고 있다.

이번 글에서는 일본에서 진행되고 있는 '재일한국인 강제위안부피해자 소송'을 중심으로 위 소송에서 원고들이 어떠한 법률적 주장을 하고 있고 이에 대해 피고는 어떤 항변을 하고 결국 재판부는 어떤 판단을 하고 있는가를 정리하여 그 법률적 쟁점과 문제점을 규명하고 향후 강제위안부 피해자소송의 과제를 점검하고자 한다.

2. 일본에서 진행중인 재판의 현황

1) 재일한국인 강제위안부피해 사건[6]

(1) 사실의 개요

본건은 원고 송신도 할머니[7](1922년 생)가 제2차 세계대전 중 약 7년간 중국에서 일본군'위안부'로서 일본 군인에 의해 폭행, 강간 등의 피해를 입어 피고인 일본국에 대해 국제법 및 민법에 기초하여, 예비적으로는

---

6) 1993.4.5. 동경지방재판소 제소, 1999.10.1. 제1심 선고, 2000.11.30. 항소심 선고, 상고 중.
7) 송신도 할머니의 삶에 대하여는 김부자 등 『위안부문제』(명석서점, 1995)에 잘 정리가 되어 있고 재일본 거주자라는 점에서 법률적으로는 한일청구권협정의 적용범위와 관련하여 대상범위 외라는 특징이 있다.

일본국회 답변 등에서 일본군'위안부'제도에 대하여 일본군 및 피고가 그 관여사실 및 강제연행사실을 부정하는 취지의 발언을 하여 원고의 명예를 훼손한 것과, 피고가 일본군'위안부'제도에 관여한 책임자를 처벌할 의무에 위반하여 이것을 방치하였기 때문에 원고가 처벌에 의해 얻을 수 있는 내심의 평정을 침해당한 것과 국회에서 법률을 제정하여 보상할 의무를 위반하여 방치함으로써 피해가 증대되었다는 것을 근거로 국가배상법에 기초하여 사죄 및 손해배상을 요구한 사건이다.

(2) 원고의 주장

원고가 주장하는 피해의 법률상의 근거로는 크게 국제법에 의한 경우와 국내법에 의한 경우로 구분을 할 수 있다. 먼저 국제법에 의한 사죄 및 손해배상청구의 논리로서 드는 것은, 국제법상의 의무에 위반하는 행위를 한 국가에게는 국제불법행위로서 국가책임이 발생하며 그 의무위반에 의해 생긴 피해를 회복할 책임을 진다. 특히 의무위반이 중대한 인권침해에 해당하거나 강행적 성격을 가진 국제관습법(유스 고갠스)에 위반하는 경우에는 당해 가해국은 피해자인 개인에 대하여 직접 피해회복을 해야 할 의무를 지고 이 경우 피해자는 권한 있는 국내 재판소에서 효과적인 구제를 받을 권리를 가지고 구체적으로는 피해자가 속한 국가의 외교보호권에 의하지 않고서도 직접 가해국에 대하여 가해책임자의 처벌과 피해자 개인에 대한 사죄 및 손해배상을 청구할 수가 있다고 한 후,

피고의 원고에 대한 불법행위는 '노예상태 또는 예속상태에 있지 않을 자유를 보장한 1926년 성립의 노예조약'과 그 관습법, '강제노동에 관한 조약(ILO 29호 조약)', '인도에 관한 범죄 및 전쟁범죄금지의 국제관습법', '추업을 행하기 위해 부녀매매를 금지하는 국제조약'등에 위반하는 것이다. 그리고 노예제도금지 및 강제노동금지등은 국제법상 강행규범(유스 고갠스)이며 이외

에도 원고는 헤이그 육전조약[8]을 비롯한 국제인도법 위반 및 카이로선언 포
츠담선언 및 평화조약에 기하여 청구를 하였다.

한편 일본국내법에 기초한 청구의 논리는 일본민법 제709조에 따라 불
법행위에 기한 손해배상청구 및 동법 723조에 기해 사죄를 청구하였다.
원고는 일본민법상의 시효 내지 제척기간도 그 적용이 정의, 공평의 이념
에 반하는 특단의 사정이 있는 경우에는 소멸시효 또는 제척기간의 적용
은 제한되어야 한다는 것인데 피고는 제2차 세계대전 종결직후에 일본군
'위안부'제도에 관계되는 공문서를 은닉·파기하고 1992년까지 일본군의
관여를 부정하였고 1965년 한일청구권협정을 들어 원고의 청구를 방해
하여 왔기 때문에 소멸시효 또는 제척기간을 적용하는 것은 정의·형평의
이념에 현저히 반하는 것이라고 주장을 하였다. 아울러 피고에 의한 일본
군'위안부' 피해자의 명예를 훼손하는 발언과 처벌의무위반과 입법부작
위[9]는 원고에 대한 불법행위를 구성하므로 국가배상법에 기초하여 손해
배상을 하라고 청구하였다.

(3) 피고의 주장

이러한 원고의 주장에 대하여 피고는 '국제법은 국가와 국가 사이의
관계를 규율하는 것으로 어느 국가가 국제법을 위반하여 국가책임을 지
는 경우에도 국가책임을 추궁할 수 있는 것은 원칙상 국가이다'고 주장

---

8) 헤이그 육전조약을 근거로 피해자 개인이 가해국을 상대로 직접 청구할 수
있는가는 전후보상소송에서 가장 활발히 논쟁이 되고 있는 부분의 하나이며
이에 대해서는 국제법전문가의 다수의 감정서가 존재한다. 그러나 문제는 일
본과 당시 조선과의 상황을 강점으로 보는가 식민지로 보느냐 및 위 육전규
약의 적용대상이 적국민 뿐만이 아니라 중립국민 및 자국민도 대상으로 하느
냐에 따라 위 조약의 적용여부가 문제되고 있다.
9) 입법부작위를 근거로 하는 불법행위주장은 시모노세키지부 판결에서 인용된
것이므로 위 부분에서 상세히 논의하기로 함.

하며 개인의 국제법상 주체성을 부정한다는 입장을 취하고 항변을 하고 있다. 그리고 이는 국제법위반행위로 인한 직접 피해자가 개인이며 국제법이 개인의 권리보호확보에 관한 규정을 두고 있는 경우에도 동일하며 조약자체가 권리를 침해당한 개인에 대하여 국제법상의 절차에 따라 구제를 도모하는 제도를 두는 경우와 같은, 극히 예외적인 경우를 제외하고는 개인에게는 국제법상 법주체성을 인정할 수 없기 때문에 개인이 가해국을 상대로 손해배상 등을 청구할 수는 없다. 그런데 원고가 주장하는 제 조약은 피해자 개인이 가해국에 대하여 피해회복청구권을 규정하는 아니고 국제관습법 역시 피해자 개인이 가해국에 대하여 피해회복을 청구함을 인정하는 국제관습이 성립하여 있다고 볼 수 없고 원고가 주장하는 헤이그 육전조약이 인도에 대한 죄 위반에 대해 배상책임을 실체화한 것으로 볼 수 없고 카이로·포츠담선언 및 평화조약도 원고 등 개인의 손해회복을 규정한 것이라고는 할 수 없다고 주장을 하였다.

한편 원고의 국내법상의 청구부분에 대하여는,

명치헌법하에서는 국가의 권력적 작용으로서 실시된 행위에 대하여는 국가면책의 원칙이 있었기 때문에 민법의 불법행위 규정은 적용되지 않는다. 원고가 주장하는 형태는 명치헌법 하에서 국가의 권력적 작용으로 실시된 것이기에 피고는 민법상 손해배상책임을 지지 아니한다. 나아가 원고의 주장과 관계되는 가해행위 이후 본소 제기 전에 20년 이상 기간이 경과되었기 때문에 제척기간이 만료되어 청구권은 소멸하였다고 주장하였다. 또한 명예훼손의 경우에도 특정인에 대한 사회적 평가를 저하시키는데 충분한 구체적 행위가 있어야 하는데 그렇지 아니하므로 명예침해는 성립되지 아니하고 명예감정 역시 피고의 행위가 모욕적 비방 중상적이라고는 볼 수 없기에 손해배상청구는 이유가 없고 처벌의무위반의 경우에도 수사 등에 의해 얻는 원고의 이익은 사실상의 이익에 불과하지 법률상 보호되어야 할 이익은 아니다. 입법부작위 역시 입법행위는 국회의 재량사항에 속하는 것이며 그 부작위가 헌법의 일의적 문언에 반하는 예외적 경우에 한정되어 위법의 평가를 받아야 할 것이므로 강제위안부 문제에 관한 국회의원의 입법의무를 긍정할 수는 없다

고 주장하였다.

(4) 재판부의 판단

국제법은 본래 국가와 국가간 권리의무를 정하는 것이기에 국제법이 개인의 권리의무관계 등을 규율의 대상으로 하고 있다하더라도 이는 일방으로는 국가에 대하여 개인의 권리, 이익을 침해해서는 안되다는 의무를 가함과 동시에 타방으로는 그 의무위반행위에 대하여 피해를 입은 국가가 외교보호권을 행사하여 피해를 입힌 국가에 대하여 그 개인의 손해배상을 청구하는 방식에 의해 간접적으로 피해자의 구제를 도모함을 예정하고 있음에 지나지 아니한다. 또한 예외적으로 직접 개인에 대하여 권리를 부여함을 명확히 규정하고 있는 경우에도 그것만으로 족하지 아니하고 개인의 이름으로 국제법상의 권리를 주장하여 가해국의 책임을 추급할 수 있는 특별한 국제법규범이 전재하지 않으면 아니된다. 그런데 원고 주장의 조약이 당연히 개인에게 직접 국제법상의 권리주체성·청구권을 부여하였다고는 할 수 없고 원고가 주장하는 내용의 피해회복의무의 존재 및 그 이행에 관한 일반관행과 법적 확신이 성립하여 있었다고 볼 수 없으므로 국제관습법에 기초한 청구도 이유가 없다. 강제노동조약에 기초한 청구에 대하여도 조약의 특정 규정이 국내법으로서 직접 적용가능하다고 하기 위해서는 그 규정에 관하여 조약의 성립과정상 개인의 권리의무를 정하여 직접 국내재판소에 집행가능한 내용의 것으로 한다는 체약국의 의사가 확인될 수 있다는 주관적 요건과 개인의 권리의무가 명백하고 확정적으로 완전하면서도 상세하게 규정되어 있어 그 내용을 구체화하는 국내입법을 기다릴 것도 없이 집행가능하다는 객관적 요건이

필요한바, 위 조약이 두 요건을 구비한다고 보기 힘들고 특히 동 조약에 기해 직접 손해배상을 실행한 예도 찾아 볼 수 없기에 위 청구도 이유가 없다. 카이로선언·포츠담선언·평화조약도 일본국이 조선인민에 대하여 직접 피해회복의무를 규정한 것이라 해석되지 아니한다.

한편 국내법에 근거한 청구부분에 대하여,

국가배상법 시행 전은 국가의 배상책임을 인정할 법령상의 근거는 없고 원고가 입은 피해는 국가의 권력적 행위에 의한 것으로 사법인 민법은 적용되지 아니하고 따라서 피고가 배상할 근거가 없다. 아울러 원고의 청구 중 행위 당시의 것은 20년 이상이 지난 시점에서 제소된 것으로 제척기간의 도과에 의해 청구권은 소멸하였고 원고 주장의 사실이 전부 증명되었다고 하더라도 제척기간의 적용을 부정할 특단의 사정이라고 할 수가 없다

고 판시하였고 나머지 원고의 명예훼손, 처벌의무위반, 입법부작위위법 부분의 주장에 대하여는 피고의 주장을 그대로 인정하여 결국 원고의 청구를 기각하였다.

(5) 항소심의 판단과의 비교

항소심의 판결도 대체로 원심의 주장을 그대로 답습하였다.

우선 국제법에 기한 청구부분에 대하여, 판시내용으로 우선 일반론을 열거하고 있다. 즉

국가가 외국인의 생명, 신체, 인격, 재산을 조약 등에 위반하여 국제법상 불법으로 침해한 경우에 회복되어야 할 피침해법익은 당해 외국인 개인의 법익이 아니고 그 외국인이 속한 본국인 외국의 피침해법익이 회복되어야 할 것이고 그 외국에 대하여 침해한 법익을 회복할 의무를 지고 이것을 이행함

에 의해 국제법상 국가책임이 해제된다. 위 국제법상 국가책임의 해제방법으로서는 원상회복, 손해배상, 사죄 등이 있고 사죄에는 구두 또는 서면에 의한 사의의 의사표시에 그치지 아니하고 위반행위의 부정적 인정 및 시정처분, 책임자의 처벌 등 재발방지를 위한 장래의 보장 등이 포함되는바 그 해제의 방법은 국제재판에 의한 판결이 명하는바, 혹은 관계당사국의 외교교섭에 의한 합의에 의해 결정하여야 할 것이지 직접 피해자인 외국의 개인에 대하여 가해국이 배상금을 지불한다든지 사죄의 의사표시를 할 것인지 여부는 위 판결 및 당사국의 합의에 의하여 결정되는 경우와 범위에 한정된다. 결국 조약에 의하여 국제법상 국가책임을 진 국가가 그 국가책임의 해제를 위하여 어떤 조치를 취할 것인가 그 해제조치의 태양으로서 개인이 개별적·구체적으로 어떤 형태로 권리 이익을 가지는가는 그 개별 조약 자체의 해석상의 문제임과 동시에 관계당사국의 외교교섭에 의한 합의 및 조약을 수용하는 국가의 권리, 이익의 실현을 꾀하는 국내법질서와의 정합과 법의 집행면 등 국내법적 조치에 의하여 정하는 것이다

라고 언급한 후, 노예의 금지에 관한 노예조약(1927년 발효)과 그 국제관습법 위반주장에 대해, 노예조약의 발효 후 이것과 동일한 내용의 국제관습법이 성립되어 있었고 이는 국제관습법상 강행규범으로 일본을 구속한다고 인정하였으나, 일본군'위안부'가 위 조약상의 노예에 해당된다고 인정되지 아니한다고 하였고 가령 인정된다 해도 개인이 직접 국내법적 절차에 의해 손해배상청구권을 행사할 수 있다는 국제관습법이 성립되어 있다고는 인정되지 아니한다고 하였고, 강제노동조약위반과 관련하여 일본군'위안부'가 강제노동에 해당하여 일본국에 국가책임이 인정될 여지가 있지만[10] 개인이 위 조약에 직접 기초하여 임금이외의 일반적 손해에 관해 배상청구권을 행사할 수 있다고는 해석되지 아니한다고 판시하였다.

---

10) 본건 항소심의 특징으로서 제한된 부분에 한해 국제법위반을 인정(강제노동조약, 추업조약 위반)한 것이 주목된다고 평가되고 있다.

그 외에도 인도에 관한 죄 위반은 위반한 개인을 처벌하는 것이고 개인에게 직접 국가에 대한 손해배상청구권을 취득시키는 것은 아니며 추업을 행하기 위한 부녀매매금지에 관한 조약위반도 일본군'위안부'의 노동은 추업금지조약이 적용되는 추업이라고 인정되지만 추업금지조약은 기본적으로 국가의 처벌의무, 입법의무를 정하는 것이고 개인이 위 조약에 직접 기초하여 일반적 손해배상청구권을 행사할 수 있다고는 해석되지 아니한다고 하였다.

그리고 헤이그 육전조약을 근거로 한 청구에 관하여는 교전국상대방이 교전국에 대하여 배상의무를 정하는 것이고 원고의 피해는 구일본군의 교전의 의해 생긴 것이 아니고 구일본군 내부의 위법행위에 속하는 것이기에 헤이그 육전조약의 각 규정이 미치는 것은 아니다.

아울러 카이로선언·포츠담선언·샌프란시스코 화조약을 근거로 한 청구에 대하여도 원심의 판단대로 이를 일본에 대한 원고의 손해배상청구권의 직접적 근거가 된다고 해석할 수 없다고 하였고, 국제인권위원회의 각 보고서를 근거로 한 주장에 대하여도 원고가 제시하는 국제인권위원회의 각 보고서는 일본국이 국제법상 국가책임이 있음을 지적하고 그 책임의 해제방법으로서 피해자 개인에 대한 일본국의 보상을 권고 내지 제창하는 것으로 이것에 의하여도 원고의 본건 개별적 청구에 적용되어야 할 국제관습법이 성립되어 있다고 인정하기에는 부족하고 한일기본조약, 한일청구권협정 등의 합의에 의해 이루어진 일본의 국제법상의 국가책임 해제의 효력을 부정할 수 있는 우월적 효력을 가지는 것은 아니라고 판시하였다.

한편 항소심의 판단 중 원심과 다른 부분 중 주목할 것은 국내법에 기초한 청구에 대한 판단부분이다. 즉 항소심에서 일본군'위안부'의 설치운영은, 군이 전속적이고 계속적으로 이용하는 전속적 영업이용계약에 상당하는 소위 하청적 계속적 계약관계라고 추인된다. 이러한 사례에서는

일본국은 위안소 영업에 관한 지배적인 계약관계를 가지는 자 혹은 민간
업자와 공동사업자적인 입장에 선 자로서 민법 제715조 2항의 감독자 책
임에 준하는 불법행위 책임이 생길 수 있음을 부정할 수 없다[11]고 하였다.

그리고 한일 청구권협정에 따라 제정된 일본국 법률 제144호는 대한민
국과 그 국민의 재산권리이익을 1965년 6월 22일로 소멸시키는 것이지만
재일한국인의 재산권리이익에 관하여는 법률상 소멸의 대상으로 되어 있
지 않다고 해석되고 일본국의 재일한국인의 재산·권리·이익에 관한 대응
조치는 입법적으로 공백상태이기 때문에 종래의 국내법적 질서에 의해
대응하도록 되었다. 그런데 항소인의 재산·권리·이익에 관하여는 한일
청구권협정 성립시까지는 미확정상황이었고 적어도 1965년 8월 15일까
지는 취득할 가능성이 있는 피고 일본국에 대한 손해배상청구권은 그 제
척기간의 기산일을 한일 청구권협정의 발효일 및 조치법의 시행일인
1965년 12월 18일로 해석되어 결국 1985년 12월 18일의 경과에 의해 제
척기간 만료로 소멸하였다고 판단하였다.

그외 명예훼손부분은 원심의 판단과 같고, 조약상의 처벌의무위반은
국제법상 국가책임이고 피해자 개인에 대한 관계에서 처벌의무위반이 불
법행위로 되는 것은 아니며 피해구제에 관한 보상입법의 미제정에 관하
여도 입법권의 행사는 국회의 재량이고 제척기간내에 민사소송법상 손해
배상청구권을 행사할 수 있었다는 점을 종합하면 국가배상법상의 위법이
라고까지 할 수는 없다고 판시하였다.

____

11) 본건 항소심판결의 또 하나의 특징으로 일본국 민법상 불법행위 책임을 인정
   한 것이 주목된다.

2) 부산 강제위안부피해 사건[12]

(1) 사건의 개요

본건은 대한민국에 사는 한국국적의 여성인 원고들이 피고인 일본국을 상대로, 먼저 중일전쟁 및 제2차 세계대전 중에 ① 원고 박두리 등 3인(일본군'위안부')에 대하여는 일본군에 의한 강제성행위 및 폭행 등의 피해를 받았음을 이유로, ② 원고 유찬이 등 7인(근로정신대원)에 대하여는 강제연행 및 장기간의 중노동에 시달린 것 등을 이유로, 각각 막대한 정신적 피해 등을 입었고, 전후에도 피고 일본국은 한국인 피해자에 대한 배상 및 보상문제는 소위 한일협정에 의해 해결이 끝났다는 견해를 되풀이하여 발표하고 피해실태의 조사에 착수하지 아니하고 국가의 관여 및 가해사실을 적극적으로 계속 부정하여왔던 것이 위법하다고 주장을 하여 그 계속적인 가해행위에 의해 국가배상책임을 근거로 손해배상 및 국회 및 유엔총회에서 공식사죄를 구하고, 1994년 4월 28일 당시 각료인 법무대신이 소위 일본군'위안부'를 공창이라고 부르는 발언을 한 것이 위법이라고 주장하여 위 발언에 의해 국가배상책임이 있다고 하여 손해배상을 구한 사안이다.

(2) 원고들의 주장

원고들 중 일본군'위안부' 피해와 관련한 피해자들을 보면

카이로선언, 포츠담선언, 일본국헌법전문 및 제9조가 피고에 대해 침략전쟁과 식민지지배의 피해자들에 대한 사죄와 배상을 구체적 내용으로 하는 '도의적 국가이어야 할 의무'를 지우고 있기 때문에 국가배상법 제1조 1항,

---

12) 1992.12.25. 야마구치 지방재판소 시모노세키지부 제소, 1998.4.27. 제1심 선고 (일부승소), 2001.3.29. 제2심 선고(원고 전면패소). 최고재판소 상고중

제4조, 일본민법 제723조의 유추적용에 의해 국회 및 유엔총회에서 공식사죄와 손해배상을 해야 할 것이고,

가사 의견을 달리한다 하더라도 명치헌법 제27조 하에서도 일본국헌법 제29조와 같이 생명·신체자유에 대한 손실보상이 있어야 한다고 해석되므로 명치헌법 27조에 기해 손실보상의 지급을 해야 할 것이고,

위 주장 모두가 받아들여지지 아니하더라도 일본국헌법전문 9조, 14조, 17조, 29조1항 및 3항, 40조 및 98조2항의 규정을 종합하면 동헌법은 그 해석상 피고 국회의원들에게 일제의 침략전쟁과 식민지지배에 의해 피해를 입은 개인에 대한 전쟁배상 내지 보상을 하는 입법을 제정하여야 할 의무를 가하고 있기 때문에 피고국회의원들이 전후 50년을 경과한 지금에 이르기까지 입법을 하지 않고 방치하여 온 것은 과실이 있다고 해야 할 것이고 위 입법을 해야 할 합리적 기간이 경과하였기 때문에 이는 입법부작위에 기한 국가배상법 1조1항, 4조, 민법 723조의 적용에 의해 책임이 있다

고 주장을 하였다. 아울러,

피고가 전후 국가책임을 부정하여 온 것은 '도의적 국가이어아 할 의무'에 위반되는 위헌·위법한 것이므로 국가배상법 제1조 1항, 제4조, 민법 제723조상의 책임을 져야 하고 법무대신의 발언은 원고들의 명예를 침해한 것이므로 국가배상법 제1조 1항에 의해 책임을 져야 한다

하였다.

(3) 피고의 주장

피고의 주장은 '재일한국인 강제위안부 피해사건'에서 주장된 논리와

기본적으로 동일하며 단 언급되지 않은 부분중 도의적 국가이어야 할 의무에 기초한 청구에 대하여는 그 의무의 추상성과 다의성을 들어 법적 의무를 부정하고 있다. 그리고 손실보상부분도 명문의 규정이 없음을 들고 입법부작위위법도 입법행위의 재량행위성을 들어 그 부작위의 위법성을 인정할 수 없다고 주장하였다.

(4) 재판부의 판단

제1심 재판부는 원고들의 피해주장사실에 대해 상세하게 판결문에서 사실인정을 한 후 그 피해에 대한 법적 판단을 하고 일부승소의 판결을 내렸다. 따라서 여기에서는 나머지 원고들 청구의 기각근거를 간단히 요약하고 일부 승소의 근거 논리를 중심으로 살펴본다.

우선 재판부는

카이로선언은 전쟁목적의 정당성을 표명한 극히 정치적·군사적 색채가 강한 문서로 위 문서를 가지고 법적 구속력을 인정하거나 일본국 헌법의 근본규범이다고 해석하기 어렵고, 포츠담선언 중 제국일본의 국내개혁을 지향하는 부분은 일본국 헌법의 근본규범을 이루고 있으나 이것이 직접 피해자 개인에게 직접 사죄와 배상을 명하고 있다고 해석되지는 아니한다. 도의적 국가이어야 할 의무 역시 그 내용이 다의적이고 도의적 의무와 법적 의무가 구별이 애매하며 여러 가지 의문이 있으므로 법적 의무로서 피해자 개인에게 직접 사죄와 배상을 의무지우고 있다고 볼 수 없다.

명치헌법을 근거로 한 손실보상청구도 일본국 헌법 시행에 의해 명치헌법은 전면 실효되었고 경과규정에 의한 효력유지 규정도 없다. 아울러 가사 일본국 헌법에 반하지 아니하는 한도내에 명치헌법도 유효하다고 하더라도 명치헌법 하의 손실보상청구권은 법률에 명시적 규정이 있어야 인정이 되는데 당시의 해석이 아니라 현시점에서 해석에 의해 적용하려 하는 것은 일본국 헌법의 소급적용을 인정하는 것과 같으므로 결국 명치헌법 제27조에 기해 직접 손실보상청구권이 발생한다고 해석할 수는 없다.

한편 국회의원의 입법행위는 최고재판소의 기존 판례와 같이 일반적으로 국회가 언제 어떤 입법을 해야 하는가 혹은 입법을 하지 않는가의 판단은 국회가 광범위한 재량을 가지고 그 통제도 선거를 포함한 정치과정에서 이루어져야 하며 국회의원의 입법행위는 입법의 내용이 헌법의 일의적 문언에 위반함에도 불구하고 국회가 당해 입법을 행하지 아니하는 경우와 같이 쉽게 상상할 수 없는 예외적인 경우에 한하여 국가배상법상의 위법으로 평가를 받는다. 그런데 재판부도 위 최고재판소의 의견과 기본적으로 같으나 입법부작위가 일본국헌법질서의 근간이 되는 가치에 관계되는 기본적 인권의 침해를 초래하는 경우에는 예외적으로 국가배상법상의 위법이라 할 것이다. 그리고 일본국헌법하에서 의회제 민주주의에 기초한 입법부도 구속하는 원리가 기본적 인권이므로 적어도 헌법의 근간이 되는 인권침해가 개인에게 생기고 있는 경우에는 그 시정을 꾀하는 것이 국회의원의 헌법상의 의무이고 동시에 재판소의 헌법상 고유권한임과 동시에 의무이며 당해 인권침해의 중대성과 그 구제의 고도의 필요성이 인정되는 경우에는 헌법상 입법의무가 발생하고 국회가 입법의 필요성을 충분히 인식하고 입법가능함에도 불구하고 일정한 합리적 기간이 경과해도 이를 방치하는 상황적 요건 하에서는 입법부작위에 의한 국가배상이 인정될 수 있다. 그런데 강제위안부제도는 나치의 만행에 준하는 중대한 인권침해이라는 사실을 고려하면 내각 관방장관의 조사결과 발표에 관한 담화가 나온 1993년 8월 4일 이후에 시급하게 특별입법을 행할 헌법상의 의무가 있음에도 담화 후 3년이 지난 1996년 8월말까지 입법을 하지 않은 것은 당해 입법부작위가 국가배상법상의 위법이라 인정된다. 따라서 장래 입법에 의한 피해회복이 있을 것을 고려하여 피해자에게 각 30만 엔의 배상을 명하였고 공식사죄부분은 정치부분의 독자재량에 의해 결정할 문제로 사법부가 개입할 수는 없다

고 판단하였다.

결국 1심인 야마구치지방재판소 시모노세키지부는 원고 박두리 등 일

본군'위안부' 피해자 3인에 대해 위 입법부작위에 의한 국가배상책임을 인정하여 각인에 대해 각 30만엔 및 지연손해금의 지불을 구하는 한도내에서 손해배상청구를 인용하고 그 나머지 청구에 관하여는 기각함과 동시에 원고 유찬이 등 근로정신대 피해자 7명에 대하여는 그 청구를 모두 기각하였다. 그리하여 피고 일본국이 위 인용부분의 취소를 구하며 항소를 하였고 원고의 패소부분에 대해 원고 박두리 등 3인이 부대항소를 함과 동시에 원고 유찬이 등 7명이 항소하였다. 항소심에서는 1심 원고들은 위 각 청구가 어느 것이나 인정되지 아니할 경우를 대비하여 예비적 신소로서 입법부작위 위헌 확인의 청구를 부가적으로 제기하였다.

(5) 항소심의 판단

  항소심의 판단 중 원심이 원고들의 청구를 기각한 논리는 대동소이하며, 손실보상에 관한 명문의 규정이 없는 명치헌법 하에서 국가의 행위에 대하여는 개인이 국가를 상대로 직접 명치헌법 27조를 근거로 손실보상청구를 할 수는 없고, 또한 생명·신체에 대한 침해는 일본국 헌법 제29조 3항의 보상대상에는 포함되지 않는 이상 일본국 헌법 제29조 3항에 관한 해석을 이용하여 명치헌법 제27조를 근거로 한 손실보상청구는 이유가 없고 나아가 성문헌법의 제도를 취하고 있는 일본국의 법제상 1심 원고들의 관습헌법 내지 불문헌법에 기한 손실보상청구도 부당하다고 하였다.

  그리고 원심이 인정한 입법부작위에 의한 위법부분에 대하여도 일본국 헌법이 채용하고 있는 의회제 민주주의제도 하에서는 국민의 의견 및 이해의 다양성, 자유로운 토론과 다수결에 의해 이루어지는 입법과정의 성질, 국회의원의 입법행위가 가지는 정치성 등을 고려하면 국회의원의 입법부작위가 국가배상법상 위법하다고 평가되는 것은 특정의 구체적 입법을 하지 않는 것이 헌법의 일의적 문언에 위반하고 있는 경우, 즉 특정의 구체적 내용의 입법을 행하여야 할 입법의무가 헌법의 명문상 정함이 있든가 혹은 헌법의 문언의 해석상 위 입법의무의 존재가 일의적으로 명백함에도 불구하고 국회가 감히 당해 입법을 행하고 있지 않는다고 하는 예외적인 경우에 한정되어야 할 것이라고 종래 최고재판소의 논리를 답습한 뒤, 헌법 전문 및 각 조문의 어디를 개별적으로 보더라도, 또한 이것을 종합적으로 고려하더라도 헌법문언의 해석상 과거 일본군'위안부' 및 과거 근로정신대원에 대하여 사죄 및 보상에 관한 입법의무의 존재가 일의적으로 명백하다고는 말할 수 없고 따라서 국회의원에 의한 위 입법의무의 부작위는 국가배상법 제1조1항 규정의 적용상 위법의 평가를 받는 것은 아니다. 원심은 입법의 부작위가 헌법의 일의적 문언을 위반하고 있는 경우 이외에도 헌법상의 입법의무가 생기는 경우가 있을 수 있다는 견해에 서서 위 입법의 부작위가 국가배상법상 위법이라고 판단하고 있지만 원심의 위 견해는 헌법이 채용하고 있는 의회제민주주의 제도 하에서의국회 입법과정 및 국회의원의 입법행위성질 등을 고려하면 시인할수가 없다. 소위 전쟁손해에 대한 보상의 여부 및 그 방식은 사안의 성질상 재정·경제·사회정책 등 국정 전반에 걸친 종합적인 판단을 기다려 비로소 결정할 수 있는 것이고 이와 관련하여서는 국가재정, 사회경제, 손해의 내용, 정도 등에 관한 충분한 자료를 기초로 하여 입법부의 재량적판단에 맡겨져 있다고 해석함이 상당하고 소위 전후보상문제라고 하여바로 입법부작위가 국가배상법상 위법한 경우의 요건에 관하여 달리 해석되어야 한다고 해석할 수는 없다. 1심 원고들이 과거 일본군'위안부'내지 여자근로정신대원으로서 입은 피해의 중대함, 그 성질 등을 고려해보아도 이들에 대한 보상을 가능케 하는 입법조치가 되어 있지 않는 것에 관해 불만을 품는 1심 원고들의 심정은 이해할 수는 있으나 위 보상문제에 관한 대응방식에 관하여는 위에서 말한 여러 사정을 고려하여 입법부의 재량적 판단에 맡겨져 있다고 할 것이다. 따라서 1심 원고들의 입법부작위에 의한 국가배상책임에 기한 청구는 이유가 없다고 원심파기 원고

전면패소의 판결을 내렸다.[13]

3) 아시아태평양전쟁희생자 보상소송[14]

(1) 사안의 개요

본건은 원고 김학순 등 9명의 일본군'위안부' 피해자를 포함한 전쟁희
생자들이 두 차례에 걸쳐 일본국을 상대로 손해배상을 청구한 것이다.

(2) 원고들의 주장

국제법에 근거한 청구로서 인도에 반하는 죄는 확립된 국제관습법이
며 인도에 반하는 죄에 의해 형사벌이 부과되기 때문에 민사적 보상청구
권은 당연 인정이 되어야 하며 인도에 대한 죄는 확립된 국제관습법으로
그대로 국내법의 효력을 가지므로 국가에 대해 손해배상청구를 할 수가
있다. 또한 포츠담선언 및 평화조약에 의해 피고는 조선인을 노예상태로
부터 원상회복할 의무가 있으므로 그 물적 정신적 피해에 대해 보상할
의무를 진다.

일본군'위안부'의 경우 국가와의 사이에 고용관계는 없지만 피고가 적
극적으로 관여하였다는 사실에 비추어보면 신의칙에 기한 안전배려의무
를 진다. 원고들이 입은 손실은 일본 민족인 일본국민이 수인하여야 할
손실과는 질이 다른 특별한 희생이기 때문에 입법의 흠결을 이유로 배척
하는 것은 정의공평의 원리 및 조리에 반하는 것이다.

이외에도 헤이그 육전조약, 민법상의 불법행위, 입법부작위에 의한 위

---

13) 위 판결이 나온 후 전후보상문제를 사법부가 회피하였다는 언론의 평가가 있
　　었고 이어 입법부의 책임이 무거워졌음이 보도되었으나 그러나 보상을 하여
　　야 한다는 일본 국민의 국민적 합의가 없다는 것이 최대의 벽이 되고 있다.
14) 1991.12.6. 동경지방재판소 제소, 1992.3. 추가제소. 2001.3.26. 제1심 선고. 항
　　소중

법 등을 근거로 주장하였다.

(3) 피고의 주장

피고의 원고들에 대한 주장에 대한 반박의 내용은 국제법에 근거한 청구는 국제법이 국가간의 규범으로 개인이 국제법을 근거로 직접 가해국에 대해 청구를 할 권리주체성이 없다는 이유로 국내법에 기초한 청구에 대해서는 위의 두 사건에서 언급된 논리에 기해 청구기각을 구하였다.

(4) 재판부의 판단

인도에 반하는 죄 위반 및 그 외 국제법 위반에 기한 보상 청구권에 관하여는 헤이그 육전조약은 각국 군대 및 그 구성원에게 헤이그 육전조약을 준수시키기 위해 교전당사자인 국가에게 조약위반으로 생긴 손해를 배상할 책임을 부과한 것으로 인정이 되고 그 이상 피해자 개인에게 가해국에 대한 손해배상청구권을 인정하였다고 할 수 없고 뉘른베르그 국제군사재판소조례 제6조 등의 인도에 관한 죄는 이것에 기속되는 국가에게 위반행위자 개인을 국제재판소의 처벌에 복종시키게 하는 의무를 가함에 불과하고 그 위반행위자 개인이 소속하는 국가의 민사책임을 근거지운다고 할 수 없다. 원고 주장의 그외의 노예조약, 강제노동조약, 추업조약 등 국제법 및 국제관습법도 피해자 개인이 위반한 국가에 대하여 손해배상청구권을 취득하는 것이라고는 해석되지 아니한다.

헌법상의 원상회복청구권으로 헌법 전문, 포츠담선언 수락에 기한 보상청구권이 생기는가에 대해 위 선언에 의해 전쟁 후에 있어서 전전의 일본영토처리에 관한 기본방침을 정한 것이지 이를 가지고 원고에 대한 피고의 손해배상 내지 보상의무가 생기는 근거로 되는 것은 아니고, 일본국 헌법 제29조 3항에 의한 보상청구권도 위 헌법의 소급적용을 인정할 근거가 없으므로 원고에 대한 피고의 보상 의무가 생기는 근거가 되지 못한다. 또한 원고들이 주장하는 하는 손해의 특별성도 전쟁희생 내지 전쟁손해에 다름 아니고 이에 대한 보상의 여부 및 방식에 대하여는 입법부의 재량에 맡겨야 할 것인데 입법을 기다리지 아니하고 당연히 전쟁수행주체인 국가에 대해 국가보상을 청구할 수 있다는 조리 역시 아직 존재한다고 볼 수 없으므로 조리 역시 원고에 대한 피고의 보상 의무가 생기는 근거가 되지 못한다. 아울러 안전배려의무의 구체적 내용은 구체적 상황에 따라 다양한 것인데 위 의무내용을 특정하고 의무위반에 해당하는 사실에 대한 주장입증이 없으므로 위 의무를 이유로 한 주장은 이유가 없다. 아울러 민법상의 불법행위 책임도 원고들 주장의 피고행위는 국가의 권력적 작용에 관한 행위로 해석이 되므로 민법상의 불법행위 책임을 지는 것은 아니다. 또한 원고들이 주장하는 피고의 행위는 태평양전쟁당시 일어난 것으로 전쟁 종결시부터 20년이 경과한 후에 제기된 것으로 제척기간의 경과에 의해 청구권은 소멸되었다.

입법부작위에 기한 국가배상법 제1조 1항에 기한 손해배상청구권에 대하여도 국회의원은 입법에 관해서는 원칙적으로 국민전체에 대한 관계에서 정치적 책임을 지는데 그치고 개개 국민에 대한 관계에서 법적 의무를 지는 것은 아니고, 헌법의 일의적 규정에 의해 입법의 작위의무가 정하여져 있지 아니한다는 이유로 이를 인정하지 아니하였다.

3. 주된 쟁점과 문제점에 대하여

1) 주된 쟁점에 대하여

일본에서 진행중인 사건에서 원고들은 일본군'위안부'로 피해를 입은 것에 대해 일본정부를 상대로 그 사죄와 배상을 구하며 그 근거로 다양한 형태의 주장을 하고 있다. 그 청구의 대상도 과거 피해를 입은 사실에서 시작을 하여 전후 이를 철저히 무시하여왔던 행위와 입법부작위, 각료들의 문제성 발언 등도 불법행위의 내용으로 주장을 하고 있고 그 요구도 금전적인 배상과 아울러 국회 혹은 유엔에서의 공식사죄를 요구하고 있다.

원고들은 주장의 근거에 대하여, 소송마다 약간씩 차이는 있으나 크게 국제법에 기해 청구를 하는 것이 있고 이는 주로 인도에 반하는 죄 위반, 노예조약 위반, 강제노동금지조약 위반, 취업금지에 관한 조약 위반, 헤이그 육전조약 및 카이로선언·포츠담선언·평화조약 위반 등을 내걸고 있다. 이에 대해 피고 일본국은 국제법은 국가와 국가간의 관계를 규율하는 것이며 개인이 국제법을 근거로 상대국에 대해 권리를 주장할 수 있는 경우는 극히 예외적인 경우에 해당되는데 원고들의 경우는 이에 해당되지 않는다는 국제법의 일반 이론에 의해 이를 거부하고 있고 재판부도 이에 동조하여 원고들의 청구를 기각하고 있다.[15] 또한 최근의 국제인권법의 발전 및 유엔 등의 배상권고촉구도 전통적인 국제법상의 개인주체성을 인정한다고 법률상 인정되지 않는다는 이유로 배척하고 있다.

또한 국제관습법을 근거로 개인이 청구를 함에 있어 위에서 언급한 국제법상의 법적 주체성을 인정할 수 없다는 논리와 아울러 국제관습법의 인정요건으로 어느 사실에 대한 관습법이 성립하기 위해서는 어떠한 대응이 다수의 국가에게 확립되어 있다는 일반적 관행의 성립과 아울러 여

---

15) 피고의 주장은 원고들의 피해에 대해 한국이 외교보호권을 행사하여야 한다고 주장을 하며 그 근거로 국제불법행위에 의해 피해를 입은 것은 개인이 아닌 개인이 속한 국가라는 주장을 하나 피해자들이 피해를 입을 당시에는 한국이라는 정부가 수립되지도 않은 것이어서 과연 당시 한국의 피해를 입었다고 할 수 있을지 의문이며 한일합방조약의 무효에 기해 원고들의 피해가 대한제국의 피해라 보아도 대한제국과 한국정부의 외교보호권 관련성에 대해서는 논란의 여지가 있다.

러 국가가 이를 법적 의무로서 인식하고 있다는 법적 확신의 두 요건을
구비하여야 한다는 요건을 들어 대부분의 경우 국제관습법의 성립사실을
부정하여 원고들의 청구를 기각하고 있고 일부 국제법 및 국제관습법 위
반의 경우에도 개인이 상대방 국가를 상대로 직접 청구를 할 수 없다는
이유로 청구를 받아들이지 않고 있다.

또한 국내법에 근거한 청구는 크게 헌법 전문 혹은 헌법 개별 조문에
기초하여 원고들의 청구근거를 찾거나 명치헌법, 국가배상법, 민법상의
불법행위, 조리 등을 근거로 다양하게 주장을 하고 있으나 재판부는 헌법
전문 및 개별 조문에 기해 원고들의 구체적 청구권은 인정되지는 아니하
며 명치헌법에 기초한 손실보상은 그 명문의 규정이 흠결되어 있다는 이
유로, 국가배상법의 적용은 소급규정이 없고 명치헌법당시는 국가면책의
이론에 의해 이를 부인하고 있다. 민법상의 불법행위에 대하여는 주로 권
력적 행위로 보아 국가면책의 이론으로, 송신도 할머니의 경우처럼 일부
비권력적 행위로 보면 제척기간의 만료에 의해 그 청구를 기각하고 있다.

유일하게 원고들이 일부라도 승소한 시모노세키지부의 판결논리는 결
국 입법부작위 위법론인데 항소심에서 입법부작위위법의 범위를 헌법의
일의적 규정에 반하는 극히 예외적인 경우로 다시 한정함으로써 원고들
의 청구를 기각하고 있다.

이와 같은 판결의 논리를 종합하면 결국 일본에서 사법부에 의한 법적
구제는 국제법상 개인의 주체성문제 및 국가면책이론, 제척기간, 입법부
작위의 위법에 관한 종래 판례이론 등의 벽에 막혀 불가능한 것이 아닌
가 생각될 정도이고 결국 시모노세키 판결의 항소심의 판결에서 보듯 이
를 재판이 아닌 입법을 통해 해결하라는 것이 현재까지 일본 사법부의
근본적 태도가 아닌가 생각된다.

2) 문제점에 대하여

(1) 국제법의 개인주체성 문제

전통적인 국제법에서는 국제법은 주로 국가와 국가의 관계를 규율하는 것으로 여겨져 개인의 국제법상 주체성이 인정되지는 아니하였다. 그리하여 종래에는 개인이 국제법상 권리주체가 되기 위해서는 개인보호의 취지가 구체적으로 규정 승인되어 있고 국제기관에 의해 구제절차가 존재하여야 한다는 두 가지 요건이 필요하다고 주장되어 왔다. 그러나 19세기 들어 적십자사국제위원회의 성립과 전시국제법의 잇달은 발전에 의해 전쟁상황이면 모든 것이 허용되는 것이 아니라 전시에도 일정한 룰은 준수되어야 한다는 것이 규범으로 성립되게 되었다. 그리고 이러한 룰이 준수되기 위해서는 국제사법재판소와 같은 국제기관만이 준수해야 하는 것이 아니라 각국의 국내법원도 국가의 비준에 의해 국내법의 일부로서 이를 적용하여야 하는 것이다. 그런데 피고가 주장하고 일본의 재판부가 인용을 하고 있는 이론 즉 국제법이란 국가와 국가간의 법이며 개인이 국제법의 주체가 아니라는 원칙에 근거하여 국제법에 기한 개인의 청구를 기각하는 현실에 대해 최근 이러한 태도는 개인의 국제법주체성을 오인하는 것이라는 비판이 유력하다.[16] 즉 위 비판에 의하면 국내재판소에서 국내법의 일부로 된 국제법을 원용하고 이에 근거하여 국내재판소가 판단을 하는 것은 흔히 있는 일로 이 경우 국내재판소에서 개인의 국제법주체성은 당연히 인정된다는 것이다. 개인이 국제사법재판소와 같은 국제기관에 제소할 수 있는 주체가 될 수 있느냐 하는 문제와 개인이 국내법정에서 국내법화된 국제법의 규범성을 주장한다는 의미에서 국제법의 주체성이 되는가 하는 문제는 엄격히 분리되어야 하는데 일본에서의

---

16) 예를 들어 신혜봉, 「국제법으로 본 국가의 책임」(VAWW-NET Japan, 2000년 공개강좌), p.9.

개인의 국제법상의 주체성은 전자로 좁게 해석을 하여 개인의 국제법상의 주체성을 부정하고 있어 큰 문제점이 있다. 아울러 개인의 청구에 대해서도 전시 인도법의 경우는 개인에게 배상을 하는 것으로 해석을 하여야 그 전시 인도법의 취지에 부합하는 것인데 이를 달리 국가의 권리의 무관계로 해석을 하면 결국 전쟁피해자인 패전국의 국민이 전쟁패전국을 통하여 전시 국제법에 의해 승전국에 대해 구제를 받아야 한다는 것은 사실상의 패전국을 법률상 승전국으로 인정하여 다투라는 논리에 다름 아니어 결국 전시 인도법의 제정취지에 정면으로 반한다 아니할 수 없다. 이 점에서 특히 최근 헤이그 육전조약의 개인주체성에 대한 논란의 발전이 주목된다.[17]

(2) 한일 청구권협정에 의해 개인청구권은 소멸되었는가

국가간에 맺은 조약 등에 의해 개인의 청구권은 소멸되는가에 대하여는 여러 가지 이론이 있어왔다. 특히 1965년 6월 22일 한국과 일본정부간에 맺은 소위 한일 청구권협정에 의해 개인의 권리가 소멸되었는가 여부는 관련소송이 일본국내뿐만 아니라 피해국인 한국, 그리고 미국에서 소송이 제기되는 관계로 일본정부의 태도에 지대한 영향을 미치고 있다. 일본의 판례도 엇갈리고 있으나 일본정부는 최근 외교적 보호권소멸론[18]에서 실체적 권리소멸론으로 입장을 전환한 듯하며 실제 시모노세키지부의 강제위안부 피해자 판결에 대한 항소심에서 일본정부는 본격적으로 개인청구권소멸론을 주장하였고[19] 이어 기타의 소송에서도 외교적 보호권소

---

17) 예를 들어 다카키 요시다카, 「중국전후보상소송에 있어서 국제법의 쟁점」, 『중국연구월보』, 2001년 1월호.

18) 종래 외교적 보호권은 국가의 권리로서 주장되고 있으나 최근 강행규범과 관련되어 국가가 중대한 인권침해의 경우 외교적 보호권을 포기하는 것 자체가 강행규범위반으로 무효로 할 수 없다는 이론이 전개되고 있다.

19) 2000.11. 일본국의 준비서면(3차)참조, 일본국은 종래의 태도에 변화가 없다고

멸론은 후퇴하여 실체적 권리소멸론으로 그 실질이 바뀐 듯하고[20] 이러한 경향은 향후 더 완고해지리라 본다[21]. 그러나 근본적인 문제로 개인을 국가의 일부로서 국내법 하에서만 법주체성을 인정하고 외국 및 외국인간의 관계에서 일체의 독자적 법주체성을 부인하려는 위 이론은 개인이 국가와는 다른 법적 주체라는 근대법의 근본원칙에서 도저히 수긍을할 수 없는 이론이다. 물론 개인이 외국 혹은 외국인을 상대로 권리주장을 직접 하는 것보다 개인이 속한 정부를 매개하여 외교보호권을 통해자신의 권리를 보호받는 것이 과거 및 현재에도 그 효율성이 있는 것은부정할 수는 없으나 개인이 외교보호권을 통하여 자신의 권리를 보호받을 것인지 아니면 개인이 직접 외국 혹은 외국인을 상대로 보호를 청구할 것인지는 개인과 그 개인이 속한 국가와의 관계, 그리고 교섭과정과 그결과에 따라 사안에 따라 규율이 되어야 할 것이지 주권국가 절대론에 빠져 개인의 의사를 무시하고 국가가 개인이 가지는 권리를 마음대로 포기할 수 있다는 전제 자체가 법이론상 근본적인 한계에 부딪히고 있다고 아니할 수 없고 특히 전시 인도법 관련 사건에서 외교보호권을 통한 구제는사실상 구제의 거부에 다름 아니라는 점을 고려하면 더욱 그러하다.

(3) 시효의 문제

일본군'위안부' 피해사건은 모두 제2차 세계대전 중에 일본군에 의해

주장을 하나 원고변호단은 이를 강하게 반박하고 있다.

20) 2001.3.22. 일본 참의원 외교방위위원회에서 있은 텐히데오 의원과 외무부조약국장의 질의응답에서도 그 입장변화의 배경에 대해 의론이 있었다. 또한 2000.11.17. 미국 워싱턴연방지법에 제출된 주미 일본대사관 경유 일본정부의 입장표명서에도 권리소멸론이 주장되고 있다.

21) 2001.10.11.판결이 있은 동경고등재판소의 네덜란드강제위안부피해사건 항소심을 보면 결심단계에서 미국에서 진행중인 소송에서 제출된 실체적 청구권 소멸론에 대한 일본정부의 의견서가 제출되었다.

저질러진 불법행위로 그 행위시로부터 반세기가 넘었다. 그리고 '재일한국인 강제위안부 피해자사건' 항소심에서도 제척기간을 들어 원고의 청구권은 소멸하였다고 보고 있다. 그러나 시효라는 제도는 권리 위에 잠자는 자는 보호할 필요가 없다는 이념 및 시간의 경과에 따른 입증의 곤란 등의 문제를 해결하기 위한 사법적 정의에 봉사하기 위해 만들어진 개념으로 전쟁피해와 관련된 소송에서는 기존의 시효제도의 가치와 다른 가치와 충돌이 되고 있다. 따라서 시효제도라는 가치와 가치비교를 통해 시효제도의 적용을 제한하는 이론이 발전하여왔고 실제 최근 시효와 관련하여 일본국의 하급심에서 최근 중요한 판결이 있었다. 즉 2001년 7월 12일 중국인 전쟁피해자 유연인에 대한 손해배상사건 선고에서 동경지방재판소는 제척기간의 제도취지를 들어 위 사건에서 제척기간을 적용하는 것은 현저히 정의·공평의 이념에 반하고 그 적용을 제한하는 것이 조리에 맞다고 인정을 하는 경우에는 제척기간의 적용을 제한할 수가 있다고 판단을 하였다. 이러한 제척기간의 제한이론 이외에도 개인의 국제법에 근거한 청구권에는 시효제도가 없다는 점, 그리고 전쟁범죄 및 인도에 반하는 죄에는 시효가 없다[22]는 이론을 원용하여 시효제도의 벽을 넘어서려는 이론적 주장이 존재한다. 이외에도 시효제도의 적용을 전제로 하더라도 일본민법에 기초한 시효의 기산점을 피해자의 주관적 인식과 손해배상청구권행사의 객관적 가능성을 종합평가하여 그 시점을 재산정하는 방법도 많이 이용되어왔다. 아울러 시효의 원용을 권리남용으로 보아 허용되지 않는다고 주장되고 있어 향후 일본 법정에서 이러한 다양한 시효극복론이 어떻게 전개될 것인지 주목된다.

---

22) 1968.11.26. 유엔의 '전쟁범죄 및 인도에 대한 죄의 시효부적용조약'.

4. 앞으로의 과제

　재판은 법적 분쟁을 최종적으로 확실히 처리하는 기준이며 한 번 판례로서 정착을 하면 유사 사건의 처리기준이 된다. 따라서 다시 인류역사상에 강제위안부와 같은 반인도적 범죄가 발생하지 않기 위해서라도 재판에서 법적 정의는 세워져야 한다. 그러나 현재 일본에서 벌어지는 재판의 결과만을 놓고 보면 그야말로 정의롭지 못한 상황이 계속되고 있다고 아니할 수 없다. 이것은 일본의 사법부가 가지는 한계로서 인식이 되는 상황이다. 이러한 상황에서 돌파구를 열기 위해 한국의 강제위안부 피해자들은 미국에 제소까지 하였던 것이다.[23] 미국에서 좋은 결론이 나와 정의가 세워지기를 기원한다.[24] 아울러 남은 과제는 한국에서의 제소가능성 문제이다. 일본정부를 상대로 한국에서 피해자들이 제소할 수 있는가 하는 시도는 미국법정에서 소송에 제기된 것에서도 크게 자극을 받고 있다. 가해국도 피해국도 아닌 제3국에서 소송이 가능하다면 피해국에서 소송을 할 수 없다는 것은 일반인의 상식에도 맞지 아니하기 때문이다. 전통적으로 국가는 타국의 사법권에 복종되지 않는다는 국가면제이론으로 인해 큰 벽이 존재함은 사실이나 국가면제이론이 인도에 반하는 범죄를 보호하고자 만들어진 것이 아니라면 국가면제를 주장할 수 있는 한계도 고려되어야 하며 나아가 사적 영역에서 이루어진 법률관계에서 외국도 피고 적격성이 우리 판례에 의해 인정되어가고 있다는 점을 고려하면 강제위안부 피해의 여러 다양성을 검토함에 따라 피고인 일본국이 한국에서 피고로 될 가능성이 전혀 없다고 보기는 어려우리라 생각된다. 따라

---

23) 2000.9.18. 워싱턴연방지방법원제소.

24) 2001.10.4. 위 법원 케네디 판사는 주권면책 및 정치문제임을 들어 원고들의 청구를 물리쳤고 이에 원고들은 상소중이다. 향후 원고들 변호인단에 의하면 강제위안부제도에 관여한 기업을 상대로 제2차 소송을 제기하려고 한다고 한다.

서 국내에서 법적 정의를 세우는 문제도 신중히 고려되어야 할 것이다. 아울러 끝으로 현재 일본에서 벌어지고 있는 강제위안부 피해소송에서 최근 한일 청구권협정에 의해 피해자들이 가지는 청구권이 소멸되었다는 주장이 강해지고 있는 상황에서 한국정부를 통한 중재재판의 가능성 문제가 현안이 되고 있다. 미국에서의 제소와 관련하여서도 한일 청구권협정에 의해 개인의 청구권은 소멸되었는가 여부가 미국에서 소송상 중대한 쟁점이 되고 있고 미국의 변호인단은 국내 국회의원 및 주미대사를 통하여 한국정부의 공식의견을 구하였고 이에 한국정부는 한 일청구권협정이 개인이 제소를 하는 권리에는 영향이 없다는 입장을 밝혀 한일 청구권협정의 해석과 관련하여 서로 다른 해석이 초래된 상황이다. 이러한 상황을 대비하여 위 협정에서는 중재위원회를 통하여 이를 해결하도록 하고 있으므로 한국정부를 통해 중재요청을 하여 보는 것도 강제위안부 피해자들이 우리 정부를 통해 자신의 권리를 주장할 수 있는 방법으로 향후 국내에서 할 수 있는 중요한 과제가 아닌가 생각된다.[25]

---

25) 특히 송신도 할머니와 같은 재일한국인의 경우에는 한일청구권협정의 적용대상에서조차 제외되었다.

영원히 쫓기는 나치범죄자*
― 나치전범 사냥의 역사

박원순
변호사·참여연대

1. 지연된 정의

"이 처단을 중요하게 만드는 것은 이 범죄자들의 몸이 먼지로 변한 이후에도 이 세상에 드리울 사악한 영향 때문이다. 그들은 인종적 증오, 테러리즘과 폭력, 권력의 오만과 잔혹성의 살아 있는 상징이다. 그들은 또한 유럽의 세대와 세대를 이어 인간성을 말살하고 주거를 파괴하고 생활을 궁핍으로 몰아넣은 열렬한 민족주의와 군사주의, 전쟁음모의 상징이다. 우리가 단호하게 처리하지 못하면 다시 등장하게 되고 말 이러한 사회적 세력과 문명은 타협할 수 없는 일이다."

이미 노인이 되었거나 병이 든 나치전범들을 추적하거나 체포된 범죄자를 법정에 세울 때마다 유럽의 각국에서는 왜 50년도 더 지난 일을 이제 와서 이토록 집요하게 다루어야만 하는가는 의문이 일부에서 따랐다. 진실로 이들 범죄자들은 전쟁이 끝난 뒤 곧바로 법정에 세워졌어야 마땅했다. 제2차 세계대전이 끝난 직후 요란하던 전범처단의 구호는 냉전의

---

* 본고는 2000년에 완성된 원고임을 밝힌다.

전개와 더불어 여러 나라에서 잊혀진 주제가 되었다. 나치 관련자들에 대한 탈나치화정책은 곧 수그러들었고 처벌은 완화되거나 다시 원직에 복귀하였다. 수십 년이 지나도록 공산주의자와의 싸움 때문에 그 나라들의 턱밑으로 숨어든 나치전범들에 대해서는 큰 관심을 가지지 않았던 것이다.

이러한 지연된 정의는 정의의 부정에 다름 아니다. 오랜 세월은 범죄자의 유죄를 입증할 증거를 소멸시키며 증인은 죽고 기억은 흐리게 만든다. 그러나 그러한 지연이 면책의 이유는 될 수 없었다. 잔혹한 범죄는 세월의 흐름이 면책의 근거가 될 수 없다는 사실을 인류는 확인해왔다. 공소시효라는 방패막이를 제거하면서 적어도 나치범죄자들에 관한 한 영원히 피난처를 마련해 주지 않겠다는 규범의 정립과 그 구체적인 적용을 유엔과 같은 국제기구 또는 개별국가 차원에서 확보해온 것이다. 이 범죄자들을 지구의 끝까지라도 쫓아가 법정에 세우는 일은 그들로 인하여 학살당하거나 영원히 치유할 수 없는 상처를 입은 희생자들의 정의감을 만족시켜 주는 것에 그치지 않고 지금과 미래의 세대에 대하여 대량학살의 원인과 결과, 그리고 그 범죄자들이 반드시 법의 심판을 받고 만다는 사실을 교육시키는 것이 된다. 나치의 깃발 아래 살인의 범죄를 저질렀던 자들을 처벌하는 것은 신나치의 위험과 싸우는 가장 확실한 방법이다.

이러한 점에서 나치전범의 추적과 처단은 복수(revenge)와는 다르다. 복수란 개인적 감정에서 희생자의 친구와 친척에 의해 선택된 대상에 대해 이루어지는 보복행위이다. 정의란 국가에 의해 공평하게 가해지는 응보이다. 그것은 공정한 재판절차와 불복의 기회를 보장한 상태에서 이루어지는 처벌이다. 따라서 단순히 유태인들만의 문제라고 할 수가 없다. 그것은 근본적 인권의 문제이며 인류 전체의 관심사이다. 사실 수백만 명이 넘는 사람들이 살해당하고 그 가운데 100만 명의 어린이들이 포함되어 있는 상황에서 나치의 범죄는 이미 '지상의 정의'(earthly justice)에 의해서는 처단할 길이 없을 지경이 되고 말았다. 어떤 엄중한 형벌로도 그 죄악을 벌할 길이 없는 것이다. 세월의 흐름이 희생자들이 겪은 참혹한 기억을 지우고 인류의 양심이 지닌 정의감을 빛 바래게 할 수는 없었다. 범죄자를 잊고 용서한다는 것은 곧바로 그 희생자들과 그들의 고통을 망각하는 길이 된다. 범죄자의 처벌은 희생자의 어깨로부터 역사적 기록을 확립해야 한다는 부담을 덜어주는 것이 된다. '합리적 의심'을 넘어서서 법정에서 증명된 사실은 단순한 희생자들의 증언보다 훨씬 중요한 지위를 차지한다.

온 세계에서 일어나는 국제법위반과 인권침해를 다루는 세계법정을 설치하는 것은 제2차 세계대전이 끝난 이후 지금까지 인류의 간절한 소망이 되었다. 그러나 어느 국가도 이러한 법정의 설치에 의해 양보하게 될 주권의 상실을 원치 않음으로써 그 소망은 수포로 돌아갔다. 나치전범을 처벌할 수 있는 국제적 권위를 가진 법정은 뉘른베르크 재판 이후 각국에 내맡겨졌다. 비록 세계법정은 아니더라도 국제여론은 나치범죄자들의 우산을 그대로 내버려두도록 만들지는 않았다. 빗발치는 여론에 따라 여러 나라들은 각국에서 나치처벌법을 만들어 직접 처벌하기도 하고 때로는 관련국에 송환하기도 하였다. 그러나 이러한 나치의 추적과 처단이 가능했던 것은 정의를 추구한 개인과 단체들의 헌신적인 노력 때문이었다. '나치 헌터'(나치 사냥꾼)이라고 불리는 이들의 치밀한 계획과 지속적인 감시, 그리고 행동이야말로 전세계에 흩어져 사는 나치범죄자들의 소재를 파악하고 체포하며, 마침내 법정에 세우는 데 결정적인 공헌을 하였다. 정의는 저절로 세워지는 것이 아니라 구체적이고도 집요한 노력에 의해 이루어진다는 사실은, 이들이 우리들에게 가르쳐 주는 살아 있는 교훈이다.

2. 세계로 스며든 나치전범

　제2차 세계대전이 끝난 후 유럽에는 수백만 명의 피난민이 생겨났다. 대부분은 나치의 희생자, 강제수용소의 생존자, 노예노동자, 전쟁포로, 나치에 의해 이주를 강요당한 자들이었다. 비교적 정치적·사회적 안정을 누리고 있었던 서유럽, 미국과 캐나다, 오스트레일리아 등에 의해 이들을 수용해 낼 수밖에 없었다. 이리하여 유엔의 주도에 의해 설치된 국제난민조직(IRO: International Refugee Organization)에 의하여 지원을 받은 난민들은 거의 100만 명에 이르렀고 이들 가운데 70% 가량은 미국, 오스트레일리아, 캐나다, 영국 등으로 유입되었다.

　그러나 이들 속에는 대량학살과 처단을 시행했던 나치 관리들과 이들을 자발적으로 지원한 자들도 포함되어 있었다. 이들은 자신의 신분과 전쟁 중의 활동을 은폐하여 나치와 공산권으로부터의 피난민임을 가장하였다. 이들은 자신의 나라가 공산화되면서 돌아갈 수 없게 되자 서유럽은 말할 것도 없고 미국, 캐나다, 오스트레일리아 등으로 이주의 길을 가게 되었다. 서방의 여러 국가에 피난민으로 가장하여 피난처를 갖은 사람들 가운데 유고슬라비아, 루마니아, 체코슬로바키아, 우크라이나, 발트3국, 폴란드 등 동구권 국가들의 독일계 주민들이 적지 않았고 이들은 나치 전쟁수행기관들에게 적극적인 지원과 동조를 아끼지 않았던 자들이었다.

　이렇게 하여 세계 각지의 피신처로 숨어든 나치전범과 비인도적 범죄자들은 그 정확한 숫자조차 확인하기 쉽지 않을 정도이다. 나치 헌팅 조직과 서독·미국 정부의 관리들에 따르면 제2차 세계대전 기간과 그 이전에 벌어진 비인도적 범죄행위에 책임이 있는 독일인들이 15만 명에서부터 20만 명에 이른다고 한다. 종전 후 미국 등 연합국에 의해 기소되어 처단된 나치범죄자는 3만 5천여 명에 이르렀으나 이것은 전체 범죄자 가운데 20%에 불과하였고 나머지는 은신처를 찾아 세계로 흩어진 것이다.

당시 일반 난민과 뒤섞인 이들을 분류·배제한다는 것은 사실상 불가능한 일이었다. 유엔의 IRO조차 그 지원을 받는 난민에 대한 신원을 제대로 파악할 수가 없었다. 전쟁의 폐허 위에서 이들의 신원을 제대로 확인할 수 있는 방법이 마땅히 있을 수가 없었다. 이러한 허술한 분류·심사작업을 통해 나치범죄자들은 자신의 과거를 숨기고 무사히 새로운 나라에서 피난처를 구할 수가 있었다. 이들은 전혀 새로운 세상에서 평화스럽게 보통의 이웃으로서의 삶을 살아가게 된다. 그러나 이들이 평안과 자유를 누리기에는 지은 죄가 너무도 컸다. 이들을 쫓는 발걸음이 다가오고 있었던 것이다.

3. 나치전범을 향한 끝없는 추적

1) 추적의 경과

(1) 추적의 개시

영국의 외무장관 안소니 에덴은 나치전범의 추적을 "역사상 가장 위대한 인간사냥"이라고 묘사하였다. 나치전범에 대한 추적은 연합국이 전범재판에 세우기 위해 이루어지거나 그 희생자와 그 가족, 지역주민들에 의하여 자연스럽게 이루어졌다. 1945년 7월 연합국은 7만 명에 이르는 '전범 및 용의자 리스트'를 작성하였다. 이 리스트에 속한 사람들은 연합국 점령지역 안에서 언제나 체포가 가능하였다. 그러나 막상 전후의 혼란과 독일의 분할점령, 다수의 피난민 속에서 그 리스트에 속한 다수의 주요 나치전범들조차 유유히 도주할 수 있었다. 한때 연합국에 의해 구금되었다가도 신원이 제대로 확인되지 않아 다시 풀려나거나 난민들 속에 섞여 제3국으로 안전한 이민을 가기도 하였다.

1947년말이 되면서 거의 모든 연합국이 나치 사냥을 거의 포기해버렸다. 냉전이 시작되면서 관심은 새로운 위협으로 옮아간 것이다. 아이히만, 마틴 보르만, 죠셉 멩겔레, 하인리히 뮐러 등 악명 높은 나치범죄자들에 대한 여론의 지속에도 불구하고 이들의 추적이 각국의 정책적 관심에서 멀어진 것이었다. 심지어 일부 서방 정보기관들은 바르비 사건에서와 같이 SS대원들이 소련과의 경쟁에서 유용한 존재들이라고 믿고 이들을 보호하기까지 한 것이다. 처음부터 나치범죄자들을 추적하기 시작한 것은 각국 정부의 정보기구 요원들이 아니었다. 아이히만의 경우만 하더라도 1946년 팔레스타인에 있는 은밀한 조직이었던 '하가나'(Haganah)에서 그를 체포하기 위하여 오스트리아에 5명을 파견하였다. 이들은 아이히만의 처가 거주하는 집의 하인으로 요원을 들여보내는 데까지 성공하였으나 아이히만의 소재를 파악하는 데는 실패하였다. 1948년 이스라엘의 건국에 따라 이들은 철수하여 다른 작전에 투입되었으나 몇몇 요원들은 계속하여 아이히만의 소재 탐지에 관심을 기울였다. 이것이 아이히만의 체포에 결정적인 역할을 했던 단체였다.

(2) 숨바꼭질

"드디어 연합군이 리용 성문을 통과하였다. '인간백정'을 쫓는 일이 시작되려 하고 있었다. 이 일은 40년이나 걸릴 것이다. 바르비는 여러 번 잡힐 뻔하였다. 그런데 그는 어떻게 해서 '쥐새끼'처럼 체포를 피할 수 있었을까? 그 이유는 간단하다. 그는 '해바라기족'의 변신, '야누스의 두 얼굴'을 가지고 처음에는 미국 첩보기관의 첩자로, 그 이후에는 볼리비아의 '더러운 군사정권'의 협조자로 일하였던 것이다. 그러나 바르비는 리용 시의 주민, 프랑스 국민들에게 영원히 갚지 못할 '빚'을 진 채 숨바꼭질을 시작한 것이다."

추적자와 도망자의 숨바꼭질. 그 기나긴 긴장과 인내의 싸움이 시작되었다. 연합국과 피해자들의 추적 노력과 더불어 나치범죄자들 역시 필사적인 탈출과 잠적, 도피의 길을 찾았다. 이들은 대체로 고국을 등지거나 제3국을 찾아 새로운 생활터전을 닦으면서 자신의 과거를 은폐하였다. 때로는 자신의 고국에서 새로운 이름을 가지고 새로운 인생을 시작하기도 하였다. 이들은 대체로 중산층으로 자리를 잡아 '평범한 시민' 또는 '조용한 이웃'으로 살아가게 되었다. 또한 이들은 거의 경찰 신세를 지지 않도록 조심하였을 뿐만 아니라 대체로 미국의 친나치조직, 반유태인운동, 극우적 정치조직 등에 발을 들여놓지 않았다. 그 가운데 몇 명은 반공조직의 회원이기는 하였으나 정치활동에는 무관심한 것이 명백하였다. 분명한 것은 익명으로 남기를 바랬고 이웃과의 좋은 관계를 맺고자 한다는 사실이었다.

나치전범들과 그 협력자들의 이러한 변신과 은폐 노력은 추적의 단서를 끊어놓곤 하였다. 더구나 정작 추적자들이 가지고 있는 정보는 대단히 부족하거나 불완전한 것이었다. 잘못된 정보들이 추적의 과정에서 허탕을 치거나 더디게 만들었다. 유태인이나 점령지 주민들의 학살을 지휘하거나 조종한 중요 전범들은 게쉬타포 등 정보기관 종사자로서 자신들의 신분 자체가 비밀에 싸여 있었기 때문에 피해자들은 쉽게 알 수가 없는 상태였다. 피해자들의 기억을 더듬어 수집된 정보들은 엄밀성을 결하고 있었다.

세월이 가면서 현상금도 늘어났다. 수배자 리스트 가운데 가장 중요한 사람으로 알려졌던 멩겔레의 목에는 1985년 8월 그의 사망이 확인될 당시 340만 달러의 현상금이 붙어 있었다. 아우스비츠 수용소에서 수천 명의 생체실험을 감행함으로써 '죽음의 천사'라는 별명을 얻은 그는 추적과 피신의 숨바꼭질을 거듭하다가 죽은 시체로 발견되었다. 나치범죄자에 대한 추적은 죽음만이 중단시킬 수 있었던 셈이다.

(3) 동서냉전과 나치범죄자

1945년 4월 25일 나치독일을 해방하고 점령하기 위해 진군하던 미군과 소련군이 엘베강에서 환희의 조우를 할 때까지만 해도 공동의 적을 향해 싸웠던 연합군으로서 다시 서로 적으로 갈라서리라고는 아무도 예상하지 못했다. 그 이후 심각해진 동서간의 냉전은 나치범죄를 둘러싸고도 벌어졌다. 특히 소련을 비롯한 동구권은 서방 국가가 나치범죄자들의 천국이 되고 있다고 비난해왔다. 베를린이 함락된 후 1947년 11월까지 미국측은 1,292명의 전범을 프랑스에 인도하는 것을 비롯하여 다른 연합국들의 재판에 전범인도, 증인 수색 등의 협조를 아끼지 않았다.

그러나 냉전이 시작된 이후에는 점차 이러한 요구에 응하지 않았다. 소련을 비롯한 동구권 국가들은 서방 국가들의 나치전범 처벌 의지에 대한 불신을 가지고 있음이 명백하였다. 서방 국가들은 소련이나 불가리아, 체코, 헝가리 등이 요구하는 전범을 인도한 적이 없었다. 소련은 구데리안, 폰 뢰트비츠, 라이네파르트, 로드, 폰 포르만의 5명의 장군을 인도해 줄 것을 요구하였으나 미국은 그들이 뉘른베르크 재판에서 재판받지 않았을 뿐만 아니라 미국의 국방에 긴요한 인물이라는 이유로 거절하였다. 뿐만 아니라 미국은 소련을 비롯한 공산권과의 대결에 이용하려는 뜻에서 다수 나치전범을 정보요원으로 충원하거나 미국으로 유입시켜왔다. 예컨대, 벨로러시아(Byelorussia)에서의 나치조직이었던 OUN의 지도급 인사들이 대거 미국으로 유입되었으며 이러한 사실들을 근거로 소련은 끊임없이 미국을 향해 나치전범에게 안식처를 제공하고 있다고 비난하였다. 리투아니아도 미국에서 살고 있는 자국 출신의 전범들의 주소까지 제시하며 미국의 나치전범 보호정책을 비판했다. 실제로 나치전범의 추적과 처단에 관한 한 공산권이 서방보다 열성적이었다. 1986년 동독은 720명의 유태인을 학살한 혐의로 드레스덴의 게쉬타포 책임자였던 헨리 슈미트를 체포해 법정에 세워 종신형을 선고하였다.

그러나 이러한 상호 비난과 경쟁에도 불구하고 나치범죄자를 추적·확인·추방·기소·재판하는 데는 상호간의 협력이 필수 불가결하였다. 범행지, 범죄자의 국적, 범죄자의 현재 거주지, 범행에 관한 각종 자료보관소들이 전쟁의 종료와 더불어 각각 달라지게 되어 관련국들의 협조가 필요하게 된 것이었다. 미국과 소련은 특히 상호간의 이러한 필요성을 절감하여 일정한 범위 안에서 협력하고 있었다. 미국의 법무장관이 소련의 대법원장을 만나 나치전범 처벌에 관한 협력을 다할 것을 다짐하였고 실제로 관련 증인과 문서의 제공 등이 이루어져 나치범죄자 송환과 기소에 큰 역할을 다하기도 하였다. 뒤에서 보는 바와 같이 미국과 캐나다 등 서방국가로 이주한 나치범죄자들의 대부분이 동구권 출신이기 때문에 전후 동구권에 지배권을 행사하게 된 소련의 자료가 전범의 확인에 필수 불가결하게 된 것이었다.

그러나 이러한 협력이 상호 냉전상태에서 정치적 공방에 의해 불신받고 훼손되기도 하였다. 여러 사건에서 소련을 비롯한 동구측에서 제공한 증거들이 정치적 의도로 조작된 것이라는 주장이 제기되었다. 예컨대, 크로아티아의 나치괴뢰국의 내무 및 법무장관을 지낸 아투코빅(Artukovic)의 국적박탈 및 추방사건에서 그의 아들은 "유고슬라비아가 정치적 목적으로 조작한 사건"이라고 주장하였다. 그의 담당변호사조차도 "미국 사법사에서 하나의 비극적인 에피소드"로 단정하면서 미국 법무성의 특별수사대(OSI)가 그 존재의 필요성을 입증하기 위해 만든 큰 사건일 뿐이라고 동조하였던 것이다. OSI가 협력을 얻은 소련의 사법당국이라는 것은 실제 KGB이며 소련이 KGB의 통제하에 있기 때문에 기실 미소대결을 국가안보의 문제로 파악하고 있는 KGB에 의해 얼마든지 조작의 가능성이 있었다는 것이다. 또한 소련에서 제공된 증언 등은 결국 미국 사법절차가 보장하고 있는 제반 적법절차규정이 결핍된 상태에서 이루어진 것이기 때문에 그 신빙성을 인정하기 어렵다고 보는 견해도 있었다. 이러한 의문의 제기에 따라 특별수사대의 사건처리의 온당성에 관한 자체내의 조사와 소련에 의한 증거조작 주장은 사실이 아니며 미국의 법률에 의해 검증받고 있다는 내용의 법무성의 반박이 발표되기도 하였다. 동서냉전은 나치범죄자들의 완전한 처단을 불가능하게 한 가장 핵심적인 걸림돌이 되었다.

(4) 50~60년대의 안식, 70년대의 추적

이와 같이 한때 범죄자를 처단하라는 인류 양심의 강한 목소리는 냉전의 시작 및 진전과 더불어 점차 조용해졌다. 그 사이에 유태인 학살과 나치범죄는 이미 과거의 일로 망각의 커튼 뒤로 사라졌다. 70년대 중반에만 하더라도 48건의 나치범죄자에 관한 형사사건이 서독에 계류되어 있었지만 이에 대해 서독의 언론은 아무런 관심을 보이지 않았다. 서독은 "나치의 죄값은 이미 치러졌으며 오래 전에 그 그림자는 극복되었다"는 의식이 팽배하였다.

이러한 망각의 늪으로부터 다시 나치범죄에 대한 기억을 새롭게 하는 상황이 연출되었다. 서독 형법에 따른 공소시효 만료가 임박함에 따라 서독내에서뿐만 아니라 유럽 전체에서 공소시효 제거를 주장하는 여론이 높아졌다. 나치전범에게 면책을 줄 수 없다는 요구가 끊임없이 제기되었고 언론들은 새롭게 전쟁중의 끔찍한 학살에 관한 이야기들을 다루기 시작하였다. 1978년 미국의 NBC는 4일간 대학살(Holocaust)을 시리즈로 방영하여 120만의 시청자들에게 감동을 자아냈다.

1970년대는 다시 인류의 양심이 부활하고 있음을 느낄 수 있게 한 시대였다. 단순히 나치를 경험한 세대뿐만 아니라 전혀 경험하지 않은 젊은 세대들이 함께 나치의 범죄에 몸서리치고 그에 대한 대응이 필요함을 공유할 수 있었다. 대학살에 대한 새로운 자각, 양심의 회복이 이루어지는 소리가 들렸다. 나치전범을 비롯한 전범들에 대한 공소시효를 제거하는 조약이 유엔의 주선에 의해 채택되었고 공소시효를 무기한 연장하는 조치가 서독에서 취해졌다. 1972년에는 미국에서도 브라운스테인(Hermine Braunsteiner)에 대한 추방재판의 공판이 나치전범에 대한 추방조치로서는 최초로 열리기 시작하였다. 대중의 관심이 높아짐에 따라 OSI가 생겨나고 1980년대에 이르기까지 다수의 나치전범들에 대한 스토리가 발굴되고 추방조치가 이루어졌다. 이때는 독일 내에서의 나치전범보다는 독일의 연합국이었던 발틱, 우크라이나, 크로아티아, 프랑스 비쉬정권하에서의 나치전범에 대한 관심과 추적에 집중된 시기였다.

(5) 파일을 닫을 날

나치범죄자에 대한 추적은 기본적으로 이들을 평화스럽게 죽어가도록 내버려둘 수는 없다는 생각에 기초하고 있다. 그 추적을 벌여온 사람들은 범죄자들이 재판에 회부됨이 없이 나이를 먹고 죽어 가는 것을 안타깝게 생각한다. 적어도 자신의 잔혹한 비인도적 행위에 대해 생전에 그 죄값을 치르도록 해야 한다는 것이다. 그러나 언제까지나 나치전범에 대한 추적은 계속될 수는 없다. 대부분의 나치범죄자들은 1990년대에 들어서면서 생존의 가능성이 희박해졌을 뿐만 아니라 생존해 있더라도 이미 80대 내지 90대에 이르러 처단의 의미가 점점 퇴색해지고 있기 때문이다. 희생자들조차도 점점 사라져 더 이상 범죄를 증명해 줄 사람들도 없어져 갔다.

나치전범 추적의 가장 일선에 섰던 '시몬 비센탈 다큐멘테이션센터'는 관리하고 있던 나치범죄자리스트와 파일을 금세기의 경과와 더불어 폐쇄할 예정이라고 한다. 추적작업을 중단하겠다는 의사표시이다. 이제 나치전범을 둘러싸고 벌어졌던 그 추적의 열띤 전쟁, 가쁜 호흡에도 긴 안식이 오게 될 것이다.

2) 세기의 나치 재판들

(1) 아이히만 사건

"나는 의회에 잠시 전 '유태인문제에 관한 최종해결'에 대해 다른 나치 지도자와 함께 책임이 있는 가장 악랄한 나치전범 중의 한 사람인 아돌프 아이히만이 이스라엘의 정보기관에 의해 발견되었다는 사실을 알립니다.…그는 이미 체포되어 이스라엘에 있으며 곧 나치 및 나치부역자 처벌법에 따라 재판에 처해질 것입니다."

1960년 5월 23일 이스라엘의 벤 구리온 수상은 의회(Knesset)에 대하여 가장 악랄한 나치전범 중의 하나인 아돌프 아이히만을 체포했다고 알린 발표문의 일부이다. 이 발표는 즉각 이스라엘과 온 세계를 경악시켰다. 그 당시 아이히만은 리차드 클레멘츠라는 가명을 쓰고 부에노스아이레스 근교에서 가족들과 함께 살고 있었다. 그의 체포는 이스라엘의 자원자 요원들에 의해 이루어졌다고 이스라엘 정부가 주장하였으나 실제로는 정보기관에 의해 수행되었다고 보는 견해가 유력하다. 그는 1960년 5월 11일 납치되어 1주일간 억류되어 심문을 받고 자의에 의해 이송된다는 각서에 날인한 후 아르헨티나에서 이스라엘로 강제로 이송되었다. 아르헨티나는 이에 즉각 항의하여 외교문제로 비화하였으나 이스라엘의 사과로 종결되었다. 명백한 주권침해였으나 600만 명의 동족의 목숨을 잃은 이스라엘의 도덕적 위치를 국제사회가 인정하지 않을 도리가 없었다.

이스라엘 경찰에 의해 조사를 받은 후 아이히만은 이미 뉘른베르크 재판에서 범죄조직으로 판정된 SS, SD, 게쉬타포의 구성원이었으며 나치의 유태인학살정책의 최고결정 및 수행자의 한 사람으로 기소되었다. 원래 오스트리아 린츠에서 자란 아이히만은 독일로 이주하여 나치에 가담한 이후 비교적 일찍부터 유태인 문제 전문가로 자리잡았다. 1934년 베를린의 SD에서 유태인 책임자로 임명된 이래 1937년말에는 장교로 승진하였고 오스트리아의 병합과 함께 그 지역의 유태인 강제이주 책임을 맡았다. 1941년 게쉬타포의 유태인 문제 담당부서인 IV B4의 책임자로 임명되어 전쟁이 끝날 때까지 그 직위를 유지하였다.

재판은 1961년 4월 11일 시작되었다. 예루살렘의 지방법원에는 6대주로부터 몰려든 수백 명의 기자들로부터 북적거렸다. 재판이 진행된 4개월 동안 114회의 공판을 열었고 1,500건의 문서, 120명의 증인 신문이 있었다. 아이히만의 변호인들은 그가 단지 상사의 명령에 복종하면서 어떠한 이니셔티브도 없이 제한된 권력을 행사하였을 뿐이라고 변명하였다. 그가 어떠한 정치적 정책결정에는 무관하며 다른 유럽지역으로부터 강제수용소로 유태인들을 이송하는 책임을 진 2차적 기관에 불과한 IV B4의 책임자였을 뿐이라는 것이었다. 그는 또한 칸트의 인식 특히 '범주적 명령'(categorical imperative)을 따르도록 노력하였다고 답변하였다. 그러나 유태인 문제 전문가로서 유태인학살에 '영혼과 육체를 함께 바친' 그의 역할을 부정할 도리는 없었다. 그외에도 이스라엘 법정의 관할권문제, 납치에 따른 국제법 위반, 공소시효 문제 등 수많은 법률적 쟁점이 떠올라 아이히만 재판은 '법률의 역사에서 가장 위대한 드라마의 하나'로 평가되기도 한다.

아이히만에게 적용된 죄명은 이스라엘의 '나치와 그 부역자 처벌법'(Nazis and Nazi Collaborators Punishment Law 5710 of 1950) 위반이었다. 이 법은 중요한 범죄에 대해서는 공소시효를 배제하고 있을 뿐만 아니라 외국에 의해 처벌된 피고인에 대해서도 이스라엘 법원에 의해 처단될 수 있도록 규정하고 있었다. 아이히만 사건의 판결문을 읽는 데 3일간이나 걸렸다. 당연히 예정된 대로 사형 판결이었다. 이스라엘 대법원에서 이루어진 항소심 판결도 같은 내용이었다. 사면 청원도 기각되었다. 1962년 5월 31일 한밤중 아이히만은 처형되었다. 그의 요구에 따라 화장된 그의 사체는 한줌의 재로 변하여 지중해 연안에 뿌려졌다.

(2) 바르비 사건-돌아온 '리용의 도살자'

1983년 2월 24일 프랑스 리용의 검찰관 쟌 베르티에는 바르비(Barbie)에 대해 8개 항목의 공소사실을 제시하였다. 공소시효가 적용되지 않는 비인도적 범죄사실들이었다. 비인도적 범죄라는 죄목의 '발명'은 우리 시대가 이룬 성취였다. '외과수술'처럼 전쟁이 가져온 결과였다. 이 공소는 29세의 바르비가 리용에서 SD 책임자로 일하면서 온갖 범죄를 저지른 지 40년이 지난 후에서야 이루어졌던 것이다. 그 8개 항목의 공소사실은 다음과 같은 것들이었다.

① 1943년 독일 경찰관 두 명에 대한 공격의 보복으로 22명의 인질 살해, ② 1943년 19명의 체포 및 고문, ③ 리용으로부터 86명의 유태인 송출을 방조, ④ 1943년과 1944년 사이에 리용 주변에서 42명을 총살, ⑤ 1944년 프랑스 철도노동자의 수색과 체포를 벌여 그 가운데 몇 명이 다치고 나머지는 행방불명, ⑥ 1944년 대부분이 유태인인 650명을 아우슈비츠와 라벤스브뤽 수용소에 이송, ⑦ 브론시에서 70명의 유태인, 셍 제니 라발에서 두 목사를 비롯한 유태인 총살, ⑧ 이지우마을에서 대부분이 어린이인 55명의 유태인을 송출.

그러나 바르비의 죄악은 여기에만 그치는 것이 아니었다. 나중에 41개의 공소사실로 늘어났다. 그는 사디스트로서 자신과 살던 스위스 여자를 싫증이 나자 총살해버리고 유태인 어머니 품속에 있는 아기를 뺏어 아우슈비츠행 기차에 던져버리는 인간이었다. 이러한 냉혈적 행동으로 그는 여러 번의 훈장을 나치정부로부터 받는가 하면, 그리고 점령하의 프랑스인들로부터 '리용의 도살자'(Butcher in Lyons)라고 낙인찍히게 된다.

클라우스 바르비라는 이름은 프랑스에서 나치시대의 악과 동의어로 사용되고 있다. 그러나 프랑스인들이 바르비를 그토록 원하였던 이유는 그가 프랑스 레지스탕스의 정신적 지주였던 무렝(Moulin)의 학살자였기 때문이었다. 그동안 바르비가 볼리비아에 거주하고 있다는 사실은 이미

1974년 이후 널리 알려져 프랑스 정부가 송환 요구를 해왔던 상태였다. 특히 나치전문가 클라르스펠트(Klarsfeld) 변호사가 바르비를 법정에 세우기 위해 온갖 노력을 다했으나 볼리비아 정부의 완강한 거부로 뜻을 이루지 못하였다. 이러한 상황에서 갑작스런 바르비의 추방은 양국 정부의 은밀한 거래를 추측하게 하였다. 실제 라파즈에서 리용으로 바르비를 태우고 온 비행기에는 무기와 3천 톤의 밀, 그리고 500만 달러가 실려 되돌아갔다고 전해진다. 그만큼 프랑스는 강렬하게 바르비를 원했던 것이다.

바르비 재판은 1987년 5월 11일부터 7월 4일까지 열렸다. 당시 73세의 바르비는 인정신문에서 볼리비아에서 쓰던 가명 '클라우스 알트만'이라고 밝혔으며 주소는 라파즈라고 대답하였다. 이 재판 동안 리용 시민들은 40년 전 자신들의 투옥과 고문과 처형을 담당했던 책임자를 대면하여 증언할 기회를 가졌다. 그러나 바르비와 그 변호인들은 그 전쟁기간 중에 벌어졌던 모든 일의 책임을 바르비에게 돌리려 하고 있다면서 "다음에는 에펠탑을 훔쳤다고 할 것"이라고 비아냥거렸다. 이 재판은 프랑스의 학생들에게 하나의 좋은 역사교육이 되었고 언론은 이 기간 동안 '고기가 물을 만난 듯' 집중적으로 보도하였다. 바르비에 대한 민사소송을 제기한 39명의 변호사들이 유태인단체, 레지스탕스그룹, 개인적 생존자 등이 재판의 복잡성을 더하고 있었다. 결국 9명의 시민으로 구성된 배심원은 유죄평결을, 3명의 리용 형사법원 판사들은 무기형을 선고하였다.

바르비의 존재는 미국 사회에도 큰 영향을 미쳤다. 바르비가 아직 프랑스로 송환되기 직전 미국의 CIC 요원으로 근무하던 사람이 우연히 볼리비아 라파즈의 뉴스를 보도하던 NBC 방송을 보다가 화면에서 사업상의 문제로 구속되었다는 바르비의 얼굴을 보게 되었다. 너무도 선명히 그의 인상을 확인한 그 요원은 NBC에 접촉하여 자신이 CIC 정보원으로 고용된 바르비 등을 통제하였음을 밝혔다. 이 모든 보도가 NBC에 다시 나가자 미국 사회는 나치전범을 정보요원으로 사용하였다는 폭로에 큰 충격을 받았

다. 그동안 미국이 주장해온 전체주의에 대한 도덕적 우월성이 한순간에
무너졌기 때문이다.

(3) 뎀얀유크 사건

뎀얀유크(Demjanjuk) 사건은 대단히 극적 반전을 보여주는 사건이다.
뎀얀유크에게 가해진 혐의는 소련의 군인이었다가 독일의 포로가 된 후
트레블링카 수용소의 경비병으로 일하면서 수많은 유태인 학살에 가담하
였다는 것이었다. 미국 클리블랜드의 포드회사에서 자동차 노동자로 일
하고 있던 그를 여러 생존자들이 그 수용소 유태인들 사이에 악명을 떨
쳤던 '공포의 이반'(Ivan the Terrible)임을 확인시켜주었다. 결국 1986년
미국에서 이스라엘로 추방되어 살인죄로 재판받게 되었다.

그러나 문제의 그 '이반'인지에 관하여 공방이 계속되었다. 처음에는
이스라엘 법정이 그에게 유죄를 인정하여 1988년 사형을 선고하였다. 그
러나 이스라엘 대법원에서 뎀얀유크의 변호인들은 미국과 이스라엘이 그
가 '이반'이 아니라는 증거를 숨기는 데 공모하였다고 법정에서 주장했
다. 이들은 미국 법무성이 이미 1978년 소련으로부터 그러한 증거를 입
수했었다는 사실을 폭로하고 그 자료들을 제시했다. KGB 신문내용과 나
치로부터의 노획문서들로 구성된 19가지의 자료들이었다. 이 증거들에서
그 '이반'은 뎀얀유크가 아닌 또 다른 우크라이나 경비원 이반 마르첸코
(Ivan Marchenko)라는 증언들이 담겨 있었다. 진짜 문제의 '이반'인 마르
첸코는 9살이나 많으며 3.5인치가 더 크다는 주장도 이루어졌다. 결국 뎀
얀유크는 소련의 자료가 공개된 이후 이스라엘 대법원에서 무죄를 선고
받았다. 오랜 세월의 경과가 만들어낸 역사의 또 다른 '비극적 희극'의
하나였다.

(4) 안드레야 아르트코빅 사건

안드레야 아르트코빅(Andrija Artukovic)은 제2차 세계대전 중 무솔리니
와 히틀러의 지원을 받아 세워진 크로아티아정권의 내무장관을 역임하였
다. 크로아티아 분리독립을 주장하는 극우단체에서 활동하던 중 독일이
유고를 점령하여 크로아티아 괴뢰정권을 세우게 되자 그 정권의 내무장
관으로서 크로아티아의 적대세력이었던 세르비아인, 티토의 유격대원,
집시 등을 무차별 학살하여 '발칸반도의 살인마', '죽음의 내무장관'이라
는 별명을 얻었다.

나치의 패배에 따라 아르트코빅은 오스트리아, 스위스, 아일랜드 등지
에서 머물다가 최종의 목적지를 미국으로 잡았다. 1948년 여름 아니흐
(Anich)라는 가명으로 미국의 로스앤젤레스로 잠입한 그는 시민권을 청구
하였다. 그러나 그 과정에서 유고슬라비아 정부가 그를 전범으로 수배하
고 인도를 요청하고 있음을 안 미국정부가 적절한 조치를 취하지 않자
유고슬라비아정부는 1951년 미국 언론에 공개하고 말았다. 가장 중요한
전범 중의 한 명이 살고 있음을 미국의 신문들이 대서특필하기에 이르렀
다. 이제 그를 추방하기 위한 법적 절차가 시작되고 미국에 안주하려던
그의 계획은 실패로 돌아갔다.

아르트코빅은 냉전의 당사자인 미국과 유고의 갈등과 미국내 사법절
차의 지연으로 30여 년이나 걸리며 우여곡절을 겪었지만 결국 유고로 추
방되는 운명을 맞았다. 41년 만인 1985년 5월 자신의 범죄 현장인 유고에
서 재판이 열려 사형을 선고받았다. 유고 법정은 그에게 총살형을 선고하
면서 '정의의 승리'라고 밝혔다. 유고에서는 80세 이상의 고령에게 사형
을 집행하지 않게 되어 있고 아르트코빅은 86세의 실명상태에 있었지만
크로아티아정권과 나치즘의 죄악을 심판하는 의미에서 극형을 선고한 것
이었다.

(5) 멘텐 사건

멘텐(Pieter Nicolas Menten)은 1941년 SS 부대원으로서 폴란드의 한 마을에서 수십 명의 유태인을 살해한 사람으로 알려졌다. 그는 1949년 나치부역 혐의로 8개월간 감옥생활을 하였다. 1950년대 폴란드는 전쟁범죄 혐의로 네덜란드 암스테르담에서 40개의 방이 있는 맨션에서 호화롭게 살고 있던 그의 송환을 요구하였으나 실패하였다. 멘텐은 과거를 숨기고 미술품 수집상으로 암스테르담에서 가장 성공한 사람 중의 하나가 되었다. 1976년 나치 헌터들은 네덜란드정부에 대한 압력을 가중하여 그에 대한 수사를 시작하였다. 멘텐은 스위스로 도망하였으나 다시 네덜란드로 송환되었다.

그후 멘텐에 대한 지리한 재판이 시작되었다. 네덜란드정부로서도 소송비용이 500만 달러나 들어갈 정도였다. 일부 무죄가 선고되었으나 20명의 폴란드계 유태인의 학살사실이 유죄로 인정되었다. 그러나 네덜란드 대법원은 법무부가 전후 네덜란드에 대한 지원의 공로를 인정하여 1952년 면책을 주었다는 이유로 그 판결을 번복하였다가 다시 정부의 요구로 유죄가 확정되었다. 멘텐은 최종적으로 심신미약을 주장하였으나 받아들여지지 않아 1980년부터 복역을 시작하였다.

(5) 슈밤베르크 사건

슈밤베르크는 독일점령 폴란드 지역의 강제수용소 등지에서 SS 대장으로 근무하면서 숱한 유태인 학살사건에 관계된 자였다. 1987년 아르헨티나에서 체포되어 독일로 송환된 '폴란드의 학살자'로 알려진 그는 1945년 오스트리아에서 잠시 체포되었다가 도주하여 1949년 이래 아르헨티나에 살고 있었다. 1987년 서독정부가 50만 달러의 현상금을 걸어 곧 경찰에 검거되었다. 아르헨티나의 군사독재의 퇴조와 함께 방패를 잃은 그는 알폰신 정부하에서 국적이 박탈되고 독일로 추방되었다. 그는 시몬 비센탈 센터의 10대 나치전범수배자에 포함되었던 사람이었다. 원래 그 자신이 직접 살해한 40명을 포함하여 3천여 명의 유태인학살에 관계하였다는 혐의로 기소되었다. 여러 대륙으로부터 슈트트가르트 법정으로 몰려든 희생자들은 50년 전의 그를 가리켜 '주인', '판사', '살인마', '신이자 악마', 그 사람이 맞다고 확인하였다. '유태인 사격이 취미'였던 그는 불타는 창고 안으로 들어간 15명의 남녀를 뒤쫓아가 불붙은 사람들을 향해 다시 총을 쏠 정도로 잔인했다고 한다. 변호인조차 그의 범행을 부인하지는 않고 다만 '시간이 진실의 적'이라고 주장하면서 증거의 혼란과 모순만을 지적하였다. 이미 80세의 노인이 된 그는 허리가 몹시 구부정해지고 무표정하게 재판을 지켜보았다. 자신의 범행사실을 부인하면서 전쟁기간 중의 기억을 부정하였다. 그러면서도 그 전쟁 전의 일과 SS 입대 사실은 기억하였다. 중요 나치범죄자재판으로서는 마지막이 될 이 사건에서 11개월의 공판 끝에 슈밤베르크는 무기징역형을 선고받았다.

3) 추적을 피한 사람들

(1) 추적과 입증의 곤란

나치 추적이나 송환이 언제나 성공적이었던 것은 아니다. 은밀한 은신처에서 피신에 성공한 나치범죄자도 적지 않았으며 일부는 공공연하게 그 신원이 밝혀졌음에도 해당 거주지 국가들의 노골적인 보호를 받기도 하였다. 더구나 수십 년 전에 일어난 범죄의 범죄자를 확인하고 그것을 입증하는 일이 간단하지는 않았다. 유죄를 입증하기에 충분한 증거를 수집한다는 것은 '부담스럽고, 시간과 돈, 국제적 협력을 요구하는 일'이었다. 피해자들은 전후 세계 각국으로 흩어졌고 범죄자가 나타난다 하더라도 그 범죄를 입증하는 데 필요한 증언을 확보하는 일은 쉽지 않았다.

또한 증인의 편견, 주변적 환경에 쉽게 영향받는 증인의 민감성, 오랜 시간의 경과 등은 증인에 의한 동일인 확인에 가장 큰 장애를 초래하였다. 그 대안으로 사진에 의한 방법이 동원되었다. '미국정부 대 와루스'(United States vs Walus)사건에서 미국정부는 와루스라는 사람이 저지른 전쟁범죄에 관하여 이스라엘 시민들에게 그의 사진을 신문에 광고하면서 증언해 주도록 요청하였다. 범죄가 일어난 한참 후의 사진인 데다가 사진의 질도 문제되는 판에 그 사진에 의한 증언의 유효성이 논란이 되었다. 미국정부 대 코왈추크(United States vs Kowalchuk)사건에서는 미국정부가 제시한 증거가 피고인이 전쟁범죄에 가담하였다는 사실을 명백히 입증하지 못하였다고 판단하였다.

전후의 동서냉전은 나치처단에서도 곤란한 상황을 야기하였다. 특히 동구권지역에서 벌어진 범죄에 대해서는 그곳 피해자들의 진술이 증거로 채택되어야 했다. 그러나 미국을 비롯한 서방 국가에서 나치범죄자들에 대한 국적을 박탈하고 형사재판에서 유죄 판단을 함에 있어서 소련측 증거의 신뢰가 문제되었다. 많은 나치범죄에 있어서 소련 시민의 증언이 유일한 증거가 되었다. 그러나 소련은 미국 시민을 나치범죄자로 판정받는 데 대하여 국가적 이익을 가지고 있었다. 실제로 미국정부 대 쿤기스(United States vs Kungys)사건에서 미국의 뉴저지 지방법원은 소련정부의 협력으로 취득된 증거를 받아들일 수 없다면서 시민권박탈청구를 기각하였다.

그 무엇보다도 나치범죄자 처단에 가장 큰 적은 세월이었다. 수십 년의 세월이 흐르면서 증인들의 기억은 흐려지고 시간과 장소와 사건을 혼동하였다. 수십 년의 세월이 흐른 후 당연히 나타나게 마련인 이러한 혼동은 증언의 신빙성을 삭감시켜 피의자의 무죄로 연결되곤 하였다. 심지어 증인이 사망하는 사례가 늘어났다. 강제수용소에서 몇 년을 지낸 사람들이 정상적인 기대여명대로 있을 수가 없었다. 나치범죄자들이 강제수용소의 생존자들보다 오래 사는 것은 대단히 흔한 일이었다.

먼저 생존했을 가능성이 높으면서도 결코 그 신원을 확인하지 못함으로써 체포나 처벌에 실패한 경우가 많았다. 끝없는 수색과 추적에도 불구하고 필사적인 도주와 은신으로 결국 생전의 체포를 면한 경우는 부지기수였다. 그 가운데 가장 유명한 피신자들의 사례를 보면 다음과 같다.

(2) 죠셉 멩겔레(Joseph Mengele) ─ 죽음이 그대를 자유롭게 할 때까지

아우슈비츠 강제수용소는 무엇보다도 생체실험으로 악명이 높았다. 이 수용소의 수석 의사로서 '아리안족의 특징과 푸른 눈을 가진 아이'를 인공적으로 창조하려 하였던 멩겔레는 그 수용소의 의사들 가운데에서도 가장 유명하였다. 수천 명의 수용자들을 가스실의 죽음으로 몰거나 갖은 생체실험을 했던 그는 수용자들 사이에 '죽음의 천사'로 널리 알려졌다.

"1943년 티푸스가 여성수용소에 크게 번졌다. 2만 명 가운데 7천 명이 앓아 누웠다. 멩겔레는 먼저 600명이 거주하는 블록을 먼저 비워 가스실로 보냈다. 그리고 그 블록을 깨끗이 소독한 다음 옆 블록의 수용자들을 들여보냈다. 이런 식으로 모든 블록이 소독되었다. 그러나 무서운 일은 그 맨처음 블록의 600명은 가스실 외에는 갈 곳이 없었다는 사실이다."

이러한 기발한 발상에 의한 '티푸스 퇴치'로 그는 훈장을 받기도 한다. 1981년 서독 검찰이 발부한 구속영장에 의하면 "1943년 5월 25일 507명의 집시와 528명의 여자 집시를 가스실로 보냈다"고 되어 있다. 막상 그 자신이 집시계 외모와 혈통을 지녔으면서도 그토록 집시를 증오하고 학살한 것은 납득하기 어려운 일이었다. 더구나 뮌헨대학에서 칸트철학을 공부하고 프랑크푸르트대학에서 히포크라테스 선서를 한 뒤 의사자격을 취득한 그가 가장 비인도적인 범죄자로 돌변하였다는 것은 큰 아이러니였다.

연합군의 진주와 함께 그는 미군의 포로가 되었으나 신원을 속여 혼란의 와중에서 무사히 석방된다. 고향인 군즈베리크에 돌아온 그는 아무도 그의 전력을 모르는 상태에서 평온한 5년을 보냈다. 그러나 그의 아우슈비츠에서의 생체실험은 뉘른베르크 재판에서도 증언되었다. 아우슈비츠의 책임자였던 헤스(Hoess)는 뉘른베르크 재판의 피고인 칼텐브룬너(Kaltenbrunner)의 변호인 심문에서 "멩겔레에 의해 쌍둥이에 관한 생체실험이 진행되었다"고 증언하였던 것이다. 1946년 12월 미국이 23명의 SS 소속 의사를 전쟁범죄, 비인도적 범죄 등의 혐의로 재판에 회부하는 것을 보면서 멩겔레는 위협을 느꼈다.

드디어 피난민을 가장하여 1949년 아르헨티나로 도주하였다. 부에노스아이레스에서 그는 본명으로 산부인과 의사로 일하였다. 그에게 서독정부가 영장을 발부한 것은 1959년 7월이었다. 영장이 발부되자 아르헨티나에서 파라과이로, 다시 브라질로 도피행각을 계속하였다. 이러한 상태에서 예루살렘에서는 그에 대한 모의재판이 열려 전세계의 텔레비전이 보도하기도 하였다. 이스라엘은 교황 바오르 2세에게 모든 가톨릭 신도들이 멩겔레의 행방을 찾는 데 협조해달라고 청원서를 보내기도 하였다. 이에 자극받은 각국 정부는 멩겔레의 체포를 위해 다각도로 협의하였다. 1985년 프랑크푸르트에서는 독일, 미국, 이스라엘 세 정부 고위 당국자들이 만나 이 문제에 관해 논의했다. 그러나 바로 그 3주 후 독일의 ≪디벨트≫(*Die Welt*)지는 멩겔레의 시체가 브라질에서 발견되었다고 보도하였다. 논란이 일자 상파울로 경찰은 멩겔레의 시신이라고 여겨지는 것을 묘지에서 파내 법의학자들에 의해 검증되었다. 공식적으로 그의 주검임을 확인하였으나 일부에서는 여전히 의문을 제기하고 있다. 죽음이 비로소 그에 대한 추적으로부터 자유를 가져왔다.

(3) 마틴 보르만(Martin Bormann) ─ 해결되지 않은 최고의 나치 미스테리

1946년 나치독일의 유명한 지도자들이 두 사람을 제외하고는 모두 뉘른베르크에서 처형되었다. 그 예외는 감옥에서 자살로 처형을 피한 괴링과 제3제국의 붕괴와 더불어 사라져버린 보르만 두 사람이었다. 괴링은 뉘른베르크 재판의 과정에서 "총통에게 가장 영향력이 큰 사람은, 특히 헤스가 없어진 이후인 1942년부터는 보르만이었다. 그것은 파멸적으로 강대한 영향력이었다"고 증언하였다. 히틀러의 비서였던 그는 전쟁의 말기에는 거의 절대적인 신임을 받아 제2인자로 군림하고 있었다.

그런 보르만이 흔적도 없이 사라지자 전후 영국과 미국, 그리고 소련의 정보기관들은 조사를 진행하였다. 그러나 보르만의 소재나 심지어 죽은 흔적조차 찾지 못하였다. 뉘른베르크 전범재판에서 그는 궐석으로 사형을 선고받은 상태였다. 그를 찾으려는 노력은 계속되어 1964년 11월 서독정부는 그를 체포하는 데 정보를 주는 사람에 대해 10만 마르크의 현상금을 걸었다. 그 이전인 1961년 서독의 헤세주 검찰총장인 프리츠 바우어는 보르만이 살아 있다고 확신하면서 그에 대한 조사를 재개한다고 선언하였다. 1965년에는 하이파에 있는 나치전범문서보관소 소장 프리드만은 보르만이 아르헨티나에 살고 있다고 발표하였다. 이듬해 아이히만의 아들이 보르만에게 "당신의 자리에 대신 서 있는 아버지를 위해 남미의 은신처에서 나와 줄 것"을 요구하는 공개서한을 신문에 실어 관심을 끌었다. 1967년 독일 법무성은 브라질 대법원에 구금영장 및 추방을 요구하였다. 그러나 보르만이 생존하고 있다는 증거는 그 어디에도 없었다. 1973년 4월 프랑크푸르트 주검찰청은 보르만의 행방에 대한 최종 보고서를 내면서 일단 보르만이 1945년 사망한 것으로 결론짓고 공식적인 추적을 중단한다고 발표하였다. 그러나 여전히 그의 행방불명은 영원히 나치의 미스터리로 남아 있다.

(4) 하인리히 뮐러(Heinrich Muller)

뮐러는 독일 게쉬타포의 책임자였는데 나치 헌터들은 그의 생존을 믿고 있었다. 그는 알바니아로 도주하여 동구에서 은신하고 있는 것으로 알려졌으나 그의 존재와 거주지는 결코 밝혀지지 않았다. 1964년 서독 관리들이 그라고 추정되는 사체를 검시하였으나 뮐러라고 단정할 근거는 발견되지 않았다.

(5) 범죄자를 보호하는 범죄자

한편 그 신원과 존재가 밝혀졌음에도 처단에 실패한 사례들도 있다. 남미를 비롯한 독재국가로 피신한 나치범죄자들은 '안전한 피신처'(safe heaven)를 구할 수 있었다. 나치범죄자는 전체주의 체제의 유지에 전문가들로서 제3세계의 독재자들에게 유용할 수밖에 없었다. 스스로 권력자에게 유용하도록 적응하는 것이야말로 자신의 생존을 보장한다는 점을 이들은 잘 알고 있었다. 전쟁이 끝나고 '제3제국'은 종말을 고했지만 일부 나치범죄자들은 그렇지 않았다. 이들 독재자들은 그들의 빈객(賓客)인 나치범죄자들을 함부로 내주려 하지 않았고 이들의 손안에서 나치범죄자들은 안식처를 구할 수 있었던 것이다.

특히 남미는 이러한 나치범죄자들의 온상이었다. 전통적으로 남미는 정치적 피난처의 강한 관념을 지니고 있었다. 정치적 범죄를 저지른 자들을 추방하지 않는 것이었다. 한 나라의 지도자가 갑자기 다른 남미 국가의 대사관에 피신함으로써 피난처를 구하곤 하였던 것인데 나치범죄자들의 추방에 응하였다가 위험한 선례를 남길 것을 두려워하였다. 남미의 국가들은 살인자까지 거의 추방하지 않았으며 '손님'은 언제나 보호되었다. 남미는 나치 이전의 독일과도 특별한 관계가 있었다. 제1차 세계대전 이후 다수의 독일인이 남미로 이주하였고 이들은 각 곳에 정착하여 공동체를 형성하고 그곳 정부에 영향력을 행사하고 있었다. 파라과이의 경우 대통령이 되었던 스트뢰스너는 독일계였다. 이러한 이유로 나치즘과 인종차별주의는 이 사회에도 큰 영향력을 그대로 지니고 있었고 나치전범들이 쉽고 자유롭게 안식처를 구했던 것이다.

그 가운데 시리아에서 유태인 문제에 대한 고문으로 일해왔던 브룬너
(Brunner)가 그 대표적인 케이스이다. 아이히만의 오른팔이었던 브룬너는
10만 명의 유태인 학살에 책임이 있는 자였다. 그는 시리아 정부의 고문
역할을 하면서 그 신원이 드러났음에도 송환을 거부한 시리아 정부의 보
호를 받으면서 기소를 면하였다. 우편물에 포장되어 있던 폭탄으로 실명
하는 등 끝없는 위험 속에서도 그는 끝내 시리아 다마스커스에서 일생을
보낼 수 있었다.

4. 세계 각국의 나치전범 색출과 처단 노력

나치범죄자를 찾고 이들을 법정에 세우려는 노력은 전세계적으로 이
루어졌다. 어느 국가도 나치범죄자를 공개적으로 변호하거나 이들을 보
호하려고 할 수는 없었다. 제2차 세계대전 중에 벌어졌던 참혹한 역사는
그러한 변호와 보호의 여지를 없애버렸기 때문이다. 여기서 열거하는 나
라들 외에도 적지 않은 나치범죄자 색출과 처단의 노력이 있었음이 분명
하나 여기서는 대표적인 국가들의 예만 들어 설명하기로 한다.

1) 이스라엘과 유태인

(1) 이스라엘 정부

600만 명의 유태인 희생의 대가로 제2차 세계대전 직후 창설된 신생국
가 이스라엘이 나치전범들의 추적에 나선 것은 너무도 당연한 일이었다.
먼저 이스라엘 의회(Knesset)는 1950년 '나치 및 나치협력자처벌법'을 입
법하여 나치 처단의 근거를 마련하였다. 이 법에 따라 이스라엘 법정은
유태인에 대하여 행해진 범죄, 전쟁범죄, 비인도적 범죄에 대하여 사형까

지 선고할 수 있었다.

이 법이 적용된 대표적인 케이스는 역시 아돌프 아이히만 사건이었다. 이스라엘의 정보기관 '모사드'는 정열적으로 아이히만을 찾았고 드디어 아르헨티나에서 그를 납치하여 나치처벌법의 15개 범죄사실로 법정에 세우는 데 성공하였다. 재판이 시작된 지 13개월만에 그는 사형을 선고받고 처형되었다. 아이히만 재판은 납치의 위법성, 이스라엘 법률의 소급입법문제, 이스라엘의 관할권 등 중요한 문제들이 제기되었다. 먼저 납치문제에 관하여 이스라엘 법정은 일단 법정에 선 이상 피고인은 그 법정에 서게된 방법을 탓할 수 없다는 국제법상의 일반 이론을 원용하였다. 아이히만의 변호인들은 소급입법에 의한 처벌임을 주장하였으나 이스라엘 법정은 뉘른베르크에서 나치범죄자들을 처단하는 데 사용한 '정의의 보편적 원칙'을 입법한 것에 불과한 나치처벌법이 문제될 수 없다면 그 주장을 배척하였다. 이 재판에 대해서 보편적 관할권의 적용에 관한 독일정부의 항의 외에는 '인류역사상 가장 위대한 재판'에 대해 문제를 삼는 국가가 없었다.

(2) 유태인 단체와 개인

많은 나라와 정부조직 못지 않게 나치전범들의 추적에 성공을 거둔 민간인과 개인들이 있었다. 나치의 범죄를 목격한 증인들과 피해자들로 전 세계에 네크워크를 구성한 이들 단체들은 비록 재정과 조직은 정부조직보다 못하였지만 불타는 정의감으로 그 난관을 극복하여 나치 추적에 성공을 거둘 수 있었다. 이러한 조직의 구성원들은 대체로 한때 나치에 의해 처형대상에 올랐던 피해자들 자신이었다. 이들은 자신의 가족들이 처형당하거나 고문당하는 것을 직접 목격하고 그것을 기억할 정도의 나이들이었다.

① 세계유태인총회

1936년 제네바에서 구성된 세계유태인총회(The World Jewish Congress)

는 이미 창립 때부터 나치의 위험성을 전세계에 경고하고 있었다. 전쟁 중에는 나치반대와 유태인구제에 총력을 기울이던 이 단체는 종전과 더불어 난민구제, 재산복구, 배상청구 등에 대한 노력과 더불어 나치범죄자에 대한 추적·처단에 대해 관심을 집중하였다. 뉘른베르크 재판 당시 세계유태인총회의 유태인문제위원회 위원장이던 로빈슨은 미국의 주임검사 자문역을 맡았다. 이 재판의 진행과정에서 문서와 증인의 제공 역할을 다하였다.

그후 세계유태인총회는 나치전범 추적의 제일선에 나섰다. 미국에서 나치사냥을 되살린 것은 1972년 이 총회의 카르바흐(Karbach) 박사가 미국에 살고 있는 나치전범 용의자 59명의 명단을 미 이민국에 제출함으로써 가능했다. 1980년대를 통하여 이 총회는 전세계로부터 모여진 정보와 자료들을 제공했다. 일부는 OSI에 직접 전달되었고 또 다른 자료들은 영국, 캐나다 등 다른 나라 정부에도 전달되었다. 이 총회의 직원이었던 베시 풉코(Bessy Pupko)는 가장 헌신적인 나치 헌터의 한 사람이었다. 그녀는 자신이 직접 5개의 파일박스를 관리하면서 전세계의 유태인신문들을 통하여 유태인들에게 나치전범에 관련된 정보를 제공해줄 것을 요청하였다. 하루에도 여러 시간을 여러 언어로 세계 각지와 통화하면서 특정사건의 증인을 쫓고 자료를 확보하는 일에 매달렸다. 이 단체는 또한 유엔 사무총장을 지낸 쿠르트 발트하임의 나치전력을 찾아내는 데 큰 기여를 하였다.

② 시몬 비센탈, 그리고 개인 나치 헌터들

나치의 잔혹한 범죄로 피해를 입었거나 큰 분노를 가진 사람들 가운데 전후에도 나치범죄자 추적에 나선 사람들이 있다. 이른바 나치 헌터들이다. 이 가운데 가장 유명한 사람이 시몬 비센탈이다. 어머니를 비롯한 가족들이 나치의 손에 희생되었을 뿐만 아니라 그 자신이 간신히 강제수용소를 탈출한 적이 있는 그는 나치범죄자 추적과 처단의 상징적인 인물로 알려졌다. 스스로 나치범죄자의 리스트를 확보·유지하면서 이들을 추적하여 1천여 명에 가까운 나치범죄자들을 법정에 세우는 데 성공함으로써 그의 명성은 의심할 여지없이 확고하게 되었다.

종전 직후 미국 CIC 등에 관여하면서 나치범죄자 색출에 노력하다가 1947년 이후 오스트리아의 린츠, 비엔나 등에 다큐멘테이션센터를 설치·운영하였다. 그는 가장 먼저 아직도 희생자들의 기억이 생생할 때 그것을 기록하는 일에 착수하였다. 전쟁이 끝나면서 나치 강제수용소에 약 10만 명의 생존자가 있었고 이들은 독일과 오스트리아 등에 연합국이 세운 피난민 센터에서 임시로 거주하고 있었다. 비센탈은 먼저 이들 피난민 센터에 주재원을 두어 네트워크를 형성하고 이들로 하여금 강제수용소 경비원, 살인과 고문의 경험과 목격담 등에 관한 생존자들의 증언을 채록하게 했다. 이 채록과 사진 등 모든 증거자료는 나치범죄, 그 범죄자, 증인별로 인덱스를 만드는 데 사용되었다. 이것은 뉘른베르크 전범재판, 1947년의 다차우(Dachau)에서의 전범재판 등에서도 이용되었을 정도로 이미 정평이 나 있었다. 비센탈이 확보한 나치범죄자의 목록은 2만 2,500명이 넘어서고 일단 명성이 나자 계속 관련 자료들이 답지하였다. 1961년에는 1만 5천 명의 SS 대원의 계급, 사진, 특기사항 등이 함께 적힌 명단을 입수할 수 있었다. 인쇄된 이 명단은 지극히 소중한 것이어서 여기에 포함된 자는 자신이 SS 대원임을 부정하기가 어려웠다.

그는 자신이 독일정부로부터 받은 보상금의 대부분을 이 사업에 투자하였다. 뿐만 아니라 전세계의 유태인과 그 조직, 평화를 사랑하는 사람들로부터 성금이 모여들었다. 대단히 불규칙한 이 돈을 잘 관리하면서 1달에 1,500달러가 넘는 경상비를 충당해 갔다. 그러나 기본적으로 어느 정부의 돈도 받지 않았다. 그럼에도 불구하고 정열만으로 아이히만, 멩겔레를 비롯하여 악명 높은 나치범죄자의 추적과 확인·체포에 큰 공헌을 하였다. 그의 이름은 이미 전세계로 숨어든 나치범죄자에게는 공포의 대

상이 되어 있었다. 또 그만큼 나치전범들과 신나치조직들로부터 끊임없
는 위협의 대상이 되었다. 비센탈이 지목한 나치전범 1,100명 가운데 4명
은 명예훼손으로 손해배상소송까지 제기하였으나 아무도 이기지 못하였
다. 그러나 이 험한 일을 계속할 그의 후계자를 만들어 내지는 못하였다.

비센탈의 개인적 노력은 1977년 시몬 비센탈 센터가 설립됨으로써 항
구적 운동의 기틀을 마련하였다. 이 센터는 미국의 로스앤젤레스에 위치
하여 대학살에 관한 연구와 인종간의 화해를 위한 운동을 지속적으로 수
행하고 있다. 이러한 연구 결과는 교육과 계몽을 통하여 홀로코스트에 대
한 기억과 교훈을 전세계에 전달함으로써 동일한 죄악이 인류사에 반복
되지 않도록 하는 버팀목이 되고 있다.

그러나 시몬 비센탈 외에도 나치 헌터들이 많이 있었다. 뉴욕의 치과
의사 크레머(Charles Kremer)는 트리파(Valerian Trifa)의 신원을 밝히고 노
출시키는 데 주력한 사람이었다. 트리파는 원래 루마니아 태생이었는데
전쟁 후 미국으로 이주하여 로마정교회의 주교가 되어 권세와 부를 차지
하였다. 그러나 전쟁 중에 그는 이른바 아이언 가드(Iron Guard)의 지도자
로서 나치를 위해 일했으며 4천 명의 루마니아 유태인들의 죽음에 책임
이 있는 자였다. 크레머는 트리파의 과거를 모두 폭로하고 진실이 세상에
알려진 뒤 다시 치과의사로 되돌아갔다.

리안(Hermine Braunsteiner Ryan)의 경우에도 그를 쫓는 나치 헌터가 있
었다. 리안은 폴란드의 Maidanek 강제수용소의 여자 경비원이었는데 천
명이 넘는 여자와 아이들의 사망에 관여하였다. 종전 후 미국인과 결혼하
여 캐나다로 이주한 다음 다시 뉴욕으로 옮겨 미국 시민이 되었다. 안전
하다고 생각하던 그녀에게 재앙이 다가온 것은 바로 이민국에 근무하던
드 비토(Anthony J. De Vito) 때문이었다. 드 비토는 전쟁 중 미군으로 복
무하면서 강제수용소의 참혹함을 목격한 바 있었다. 그는 이민국에 근무
하면서 리안이 미국에 온 사실을 확인하고 이를 폭로하였다. 수년의 노력

끝에 리얀은 폴란드로 강제 송환되어 그곳에서 종신형을 선고받았다.

③반인종주의연맹

인종차별과 반유태인주의와 싸우는 중요한 기구로서 반인종주의연맹(Anti-Defamation League)을 빼놓을 수 없다. 이 기구의 책임자인 웰레스(Welles)와 그의 부인 세일(Ceil)도 나치 강제수용소의 수용 경험을 가지고 있다. 이들은 계속되는 나치 헌팅을 연구하는 그룹이나 상원 위원회에 증언을 위해 나가기도 하고 나치전범 처단의 당위성을 강연하러 다니기도 한다. 제대로 된 사무실조차 갖추고 있지 못하지만 손으로 쓴 수많은 전화번호와 인명 리스트는 적지 않은 위력을 지니고 있다. 이 리스트에서 가장 유명한 나치전범 브룬너 파일을 찾아냈던 것이다.

2) 독일

기본적으로 나치범죄가 대부분 독일 땅에서 독일인에 의해 이루어졌기 때문에 독일정부가 나치범죄자들에 대한 관할권을 가진다는 것은 당연한 일이었다. 다만 1949년까지는 독일인과 무국적자에 대한 범죄행위에 대해서만 관할권을 행사할 수 있었다. 1949년 이후에야 비로소 독일은 연합국과 그 국민에 대해 저질러진 범죄까지 처벌대상으로 확대되었다. 서독정부의 나치전범수사본부는 남부 독일의 루드비그스부르크에 자리잡았고 유능하고 헌신적인 나치 헌터 알프레드 쉬트라임이 책임자로 일하고 있었다.

나치전범의 수사와 처단·추적에 도움을 주고 근거가 된 것은 이들의 기록을 보관하는 자료보관소들이었다. 나치전범 추적의 가장 중요한 자료센터는 국무성 산하의 베를린문서센터(Berlin Document Center)였다. 제2차 대전 전쟁 동안의 대학살과 나치작전에 관한 유일하고도 엄청난 규모의 자료들이 이곳에 보관되어 있다. 1946년 문을 연 이 센터는 노획된 독일문서의 공식적인 창고였으며 전세계로부터 오는 나치당에 대한 정확한 정보 요청에 응하였다. 연합국에 의해 관리되던 이 센터는 1988년 독일정부에 반환되었다.

이리하여 서독정부가 제2차 세계대전이 끝난 뒤 조사한 나치전범 용의자는 9만 1,160명에 이르며 그 가운데 6,482명을 기소한 것으로 알려졌다. 이 가운데 12명이 사형, 160명이 종신형을 선고받았다. 기소된 나치전범들의 평균 선고형량은 8년이었으며 실제 복역연수는 4년이었다. 그러나 기소된 전범 숫자의 75%가 독일이 연합국의 점령하에 있을 당시(1945~49년)에 이루어진 것이었다. 1950년 이전에 기소된 5,228명의 전범 가운데 살인 등 중대한 범죄에 해당하는 것은 단지 100명뿐이었고 그 가운데 강제수용소에서의 살인은 15명이었다.

1970년대 이후에 기소된 유명한 나치전범들 가운데 SS 대위였던 파우루스(Paulus)를 빼놓을 수 없다. 그는 1971년 함부르크에서 161명의 민간인 살인혐의로 기소되었다. 공소시효 만료로 무죄로 풀려났다가 대법원에서 파기되는 바람에 1986년에 다시 재판을 받았다. 그러나 그 선고결과는 징역 4년에 불과하였다. 이에 항소한 파우루스는 20년간에 걸친 재판에서 국제인권규약 위반이며 81세의 나이와 건강으로 보아 재판을 더이상 진행할 수 없다는 이유로 공소기각판결을 받고 말았다. 1988년에는 아우슈비츠 SS 경비병이었던 베이츠(Weise)라는 자가 5건의 살인혐의로 기소되어 종신형 선고를 받았다. 재판장은 베이츠가 "자신의 기분을 만족시키기 위해 희생자들을 장난감처럼 다루었다"고 설명하였다. 종신형을 선고받은 또 다른 나치전범은 역시 SS 상사였던 프렌젤(Karl Frenzel)이었다. 74세의 프렌젤은 소비보 강제수용소의 유태인학살의 책임자로 기소되었던 것이다. 그러나 세월이 갈수록 피고인들 자신이 너무 연로하여 배심원들의 처벌의지를 약화시켜 대부분 경미한 선고를 받게 되었다. 게쉬타포 장교로서 1만 5천 명의 유태인을 강제송출하고 학살하였던 크리

존스(Helmut Krizons)은 재판 당시 68세로서 단지 3년형을 선고받았으며 나치군 중위로서 라투아니아 강제노동자를 살해한 라하우저(Kurt Rahauser)는 3년형에 처해졌다.

그러나 SS를 포함하여 수십만 건의 전범사건이 아예 기소를 면하였다. 헤이스메이어(August Heissmeyer)라는 SS 장군은 처음에는 기소를 면하고 있다가 국내외의 압력으로 기소되었으나 그에게 적용된 죄명은 가명사용일 뿐이었다. 감옥은커녕 그는 나머지 여생을 코카콜라회사의 서독 지사장으로 보냈다. 뒤에서 보는 '페이퍼클립 프로젝트'(Paperclip Project)가 냉전에 협력한 나치과학자들의 면책에 관한 음모라면 나치기업가들에게도 비슷한 종류의 면책이 주어졌다. 나치의 전쟁과 학살의 수단을 제공하고 비인도적 범죄에 직접 가담한 많은 나치기업가들이 종전 후에도 그들의 부와 특권을 누릴 수 있었다. 1964년 3월 서독정부는 전범으로 분류될 수 있는 독일 최대의 화학재벌 부트피쉬(Heinrich Butefisch)에게 최고 훈장(Grosses Bundesverdientkreuz)을 수여하였다.

이와 같이 독일에서 나치전범들이 제대로 충분하게 처벌되었다고 말할 수는 없다. 우선 독일의 법체제가 엄격한 실증주의를 채택하고 있어 새로운 유형의 나치범죄 처벌에 장애가 되었다. 미국 법정에서 민간인을 다수 살해한 혐의로 미국 시민권을 박탈한 우크라이나 경찰관 코지이(Bohdan Koziy)에 대해서 독일정부는 독일법하에서 범죄구성이 어렵다는 이유로 송환요청을 하지 않았다. 이러한 독일정부의 견해에 의하면 미국 법정에서 유죄로 판명된 대부분의 전범들이 면책될 판이었다. 더구나 독일법은 공소시효를 규정하고 있었기 때문에 1980년 1월 1일 이후에는 모든 전쟁범죄들이 처벌될 수 없었다. 그러나 미국, 영국, 프랑스, 이스라엘과 전세계의 유태인단체들의 항의에 따라 1979년 7월 3일 독일연방의회는 살인과 제노사이드 범죄에 관한 공소시효를 제거하였다.

그러나 이 이후에 처벌된 나치범죄자들은 별로 없었음은 위에서 본 바와 같다. 한편 제2차 세계대전이 종료되면서 다수의 나치범죄자들이 세계 도처로 흘러 들어갔고 독일은 이들에 대한 송환 요구를 하지 않을 수 없었다. 그러나 독일이 몇 가지 사건을 예외로 하고 이러한 송환에 적극적인 것은 아니었다. 독일정부는 비록 나치정부의 권위하에서 벌어진 범죄라고 하더라도 그것이 독일 영토 밖에서 벌어진 비독일인의 범죄인 경우에는 관할권이 없다고 주장하였다. 독일정부의 이러한 태도는 클라우스 바르비 사건 등에서 전형적으로 드러났다. 바르비에 대해 관할권을 가지고 있는 독일정부는 볼리비아로부터의 추방을 위해 아무런 노력을 기울이지 않았으며 관할권을 주장하지도 않았다. 프랑스정부가 최종적으로 추방요구와 압력을 가하지 않았다면 바르비는 결코 법정에 설 수 없었을 것이다.

3) 캐나다

캐나다의 전범처리 문제가 관심을 끌기 시작한 것은 1977년 무렵이다. 캐나다유태인총회가 이민 담당 장관을 초청하여 캐나다에 살고 있을 나치전범의 처리에 관한 문제를 제기하였고 캐나다홀로코스트생존자협회 등에서 의회에 대한 나치전범처벌법 제정에 관한 로비를 하고 있었다. 1978년 캐플란 의원은 이러한 로비 끝에 C-215법안(캐나다에서의 전범에 관한 법)을 의회에 제출하여 1949년의 제네바협약을 위반한 사람들에 대한 시민권박탈을 골자로 하는 캐나다국적법의 개정을 권고하였다. 다른 동료 의원의 무관심으로 이 법안은 무용지물이 되었으나 의회는 몇 명의 나치전범 용의자들에 관한 자료를 제출하였다. 나치 헌터 시몬 비센탈이 나치전범으로 알려진 사람들에 대해 캐나다 정부가 아무런 조치도 취하지 않고 있음을 비난하면서 자신은 이들에 대한 결정적인 조치가 취해지기 전에는 캐나다 땅을 밟지 않으리라고 언명했다. 그는 동시에 캐나다 내에 살고 있는 나치전범이 1천여 명에 이르며 미국과 같이 대부분 우크라이나 또는 동구권으로부터 이민온 사람들이라고 밝혔다.

단속적으로 캐나다 의회, 정부, 국민들 사이에 논의되던 이 문제가 추상적인 입법의 문제로서가 아니라 구체적인 사건으로 터져 나온 것은 1982년 봄의 라우카(Albert Helmut Rauca) 사건이었다. 73살의 이 사람은 리투아니아에서 수천 명의 학살에 관련이 있다는 혐의로 독일정부로부터 송환 요청을 받고 있었다. 이해에는 나치 통치기간 유태인들의 캐나다 이민을 극도로 제한한 조치를 비난한 학문적 연구서『거의 모두 다 거부!』(*None is Too Many*)라는 책이 나와 대중적인 관심을 끌었다. 이 책은 나치 전범과 직결된 것은 아니었지만 캐나다가 피난처를 거부한 유태인의 운명과 전후 기꺼이 피난처를 제공한 나치전범에 관한 모순된 캐나다 정부의 정책을 쟁점화한 계기가 되었다. 계속된 압력으로 캐나다정부가 마침내 조사위원회를 구성한 것은 1985년 2월에 이르러서였다. 특히 아우슈비츠의 '죽음의 천사'로서 생체실험을 담당한 나치 의사 멩겔레가 캐나다에 몰래 숨어 살고 있다는 주장은 여론을 극도로 악화시켜 이러한 조사위원회의 구성에 결정적인 영향을 미쳤다.

이리하여 멩겔레를 비롯하여 캐나다내의 전범의 존재를 조사하고, 그리고 이들을 다룰 캐나다 법체제를 연구할 위원회를 설치하고 이 위원회의 위원장으로 퀘벡 최고재판소 판사 데쉬체네즈(Deschenes)가 임명되었다. 그동안 나치전범 처벌을 주장해왔던 유태인 단체들과 의원들은 전범 용의자들에 대한 직접적인 재판절차 대신에 단순한 조사위원회를 구성한 것에 대해 불만을 표시했다. 그해 4월 10일 처음으로 이 위원회가 열려 활동규칙 등이 제정되었고 증인심문과 증거제출에 관한 규정들이 포함되었다. 이 조사위원회가 활동을 개시한 이후 나치범죄자로 추정되는 용의자들에 대한 조사가 진행되었으며 이해관계를 가진 단체들의 의견진술의 기회가 주어졌다. 그러나 이 과정에서 나치 치하에서 유태인과 폴란드인에 대한 악감정 때문에 나치 점령자와 탄압에 앞장선 우크라이나인에 대한 비난과 이에 대한 우크라이나 출신자들의 반박이 계속되어 인종집단 간의 갈등이 빚어졌다. 유태인과 우크라이나인 사이의 구원(久怨)이 이 위원회의 활동을 사이에 두고 폭발하였던 것이다.

많은 증인들의 증언과 증거자료의 검토가 계속되어 데쉬체네즈 위원회의 보고서가 준비되었다. 이 자료 속에는 소련으로부터 보내온 것도 포함되었다. 1986년 6월 30일이 보고서 제출의 데드라인이었다. 그러나 사건의 복잡성 때문에 1987년 3월이 되어서야 이 보고서는 햇빛을 보았다. 두 부분으로 이루어진 이 보고서의 첫번째 부분은 966페이지의 방대한 분량으로 위원회의 조사절차와 이 위원회에 제기된 많은 법률적 문제들, 권고안, 800여 명에 이르는 나치전범 용의자들(익명으로 처리되어 있음)에 대한 위원회의 조사내용이 들어 있었다. 두번째 부분은 비공개자료로서 위 800여 명 가운데 구체적 혐의가 드러난 29명의 용의자들에 대한 혐의와 증거의 요약을 포함하고 있었다. 그후에도 이 위원회에 유력한 정보가 쏟아졌으나 이미 조사할 시간이 더 없는 상태였다. 위원회는 20명의 주요 혐의자들과 218명의 추가조사를 요하는 사람들의 명단을 제출하였다. 이로써 캐나다가 아직도 나치범죄 용의자들의 천국임을 이 보고서는 분명히 하였다. 데쉬체네즈는 체코, 루마니아, 유고슬라비아 등 캐나다가 범죄자인도협정을 맺고 있는 나라와는 나치전범을 송환할 것과 이스라엘에 대해서는 보편적 관할권을 인정해 줄 것을 건의하였다. 이 보고서는 미국의 OSI와 같은 수사대의 창설은 부적절하며 그것은 캐나다의 다인종 사회를 근저에서 뒤흔들 것이라는 이유로 반대하였다. 이 보고서의 권고에 기초하여 캐나다정부는 나치전범뿐만 아니라 모든 전범을 캐나다에서 처벌할 수 있는 형법의 개정 또는 특별법의 제정을 추진하였다. 이리하여 1987년 9월 드디어 캐나다전쟁범죄법(The Canadian War Crimes Act)이 제정되었다. 캐나다가 제2차 세계대전에 참여한 1939년 9월 9일 이후 전쟁범죄 또는 비인도적 범죄를 캐나다 밖에서 저지른 캐나다인에 대해서도 캐나다 법원의 관할을 인정하는 법률이었다. 국제법상의 이른 바 '보편적 관할권'을 입법화한 것이다. 이 법에 의해서 비록 캐나다 외 의 지역에서 범한 나치범죄의 경우에도 그 범죄자가 캐나다내에 살고 있 다면 처벌이 가능하게 되었다. 이것은 나치범죄자임이 확인되면 범죄지 국가로 송환하는 미국과는 달리 캐나다 법원이 직접 재판하여 처단하겠 다는 의지를 표현한 것이다. 이 법은 엄격한 의미에서는 새로운 법을 제 정하여 제2차 세계대전 당시의 나치범죄를 처벌할 수 있도록 하였기 때 문에 소급입법이라고 할 수 있으나 그 범죄가 범해질 당시에 캐나다 법 에 의해 죄가 되지 않는 것은 처벌할 수 없도록 하였기 때문에 소급입법 의 논쟁은 별로 일어나지 않았다. 다만 그 당시 범죄가 이와 같은 보편적 관할권에 해당된다는 사실이 증명되어야 하고 그 범인이 캐나다 국민이거 나 캐나다와 교전 중에 있는 국가의 국민이라는 요건이 추가로 요구되었 다. 역시 이 법률에 의해 1987년 12월 9일 76세가 된 헝가리 태생의 핀타 (Imre Finta)가 구속되었다. 강제구금, 납치, 살인 등에 관계했다는 혐의로 구 속된 핀타에 대한 재판은 미국을 포함한 북미주에서 최초의 직접적인 전범 재판이었다.

이 법률에 의해 캐나다가 문명사회에 의해 비난받는 나치범죄자들을 위한 '천국'이 될 수 없게 되었다. 캐나다 의원 중 한 사람은 "전쟁범죄 또는 비인도적 범죄를 저지른 자를 처벌하는 확고한 정책 없이 캐나다를 정의로운 사회 또는 문명화된 곳이라고 간주할 수는 없다"고 주장하였다. 이 법안을 통과하면서 "캐나다인은 이러한 종류의 행위가 불처벌된 상태 로 남겨둘 수는 없다"는 강한 메시지를 온 세계에 전했던 것이다.

4) 오스트레일리아

(1) 오스트레일리아 행 피난민 속의 나치

인구밀도가 희박한 오스트레일리아는 제2차 세계대전의 종전과 더불어 넘쳐나는 유럽의 인구와 피난민을 흡수할 수 있는 적합한 나라 중의 하나였다. 오스트레일리아 스스로도 산업노동력을 확보할 필요성이 있었고 인도주의적 입장에서 국제적 책임을 다하는 길이기도 하였다. 이렇게 하여 1947년 이후 4년 반에 걸쳐 약 18만 명의 난민이 유럽을 떠나 '멀지만 광대하고 인구밀도가 희박한 나라'로 이민의 길을 들어선 것이다. 그러나 이 가운데도 나치범죄자와 그 동조자들이 끼어 있었는데, 1942년 이미 조직되어 있었던 오스트레일리아에서의 유태인위원회는 오스트레일리아로 들어오는 이민자들의 신분을 제대로 조사하는 일이 불가능했다는 사실을 잘 알고 있었다. 유태인위원회가 그 당시 조사한 바에 따르면 오스트레일리아에 도착한 피난민 가운데 SS 대원의 문신을 가진 사람들, SS 대원으로서 찍은 사진 등을 가진 사람들이 발견되었으나 무시되었으며 도착 후 캠프에서 유태인 난민들이 조직적으로 공격받은 사실도 있다고 하였다. 이들이 오스트레일리아의 곳곳에 정착한 후에도 자신들의 과거를 자랑하거나 무의식중에 나치활동을 한 사실을 자인하는 등으로 나치범죄자임을 드러내 지역 신문에 보도되기조차 하였다.

이러한 사실은 오스트레일리아로 들어온 난민 가운데 상당수의 나치범죄자 또는 그 동조자들이 포함되어 있을 가능성을 알려주고 있으나 그 당시에는 대체로 중시되지 않았다. 더구나 냉전의 격화와 1949년 이후 오스트레일리아의 미국 편향은 반공주의를 최우선과제로 등장시키면서 더 이상 소수이민자의 나치출신 가능성에 대한 관심을 소멸시키고 말았다. 심지어 아우슈비츠 수용소에서 유태인경찰로서 독일인보다 더욱 유태인 수용자들을 학대하였던 본트세크(Bontschek)란 자에 대하여 여러 수용자들의 진술서에도 불구하고 오스트레일리아 정보기관은 증거가 없다면서 조사를 종결하고 네덜란드 정부의 송환 요구를 거절하였다. 비슷한 일이 반복되었다.

더 이상 어떠한 위협도 느끼지 않게 된 나치협력자 출신들이 1957년 초부터 모임을 결성하여 활동을 하기 시작하였다. 반볼셰비키연합(Anti-Bolshevik Bloc of Nations)의 오스트레일리아 지부가 그것이다. 이 조직은 원래 냉전이 격화되면서 서방의 정보기관들이 반공 정보네트워크로 이용하던 것이었다. 그러나 점차 이용가치가 떨어지면서 그에 대한 지원이 중단되었다. 그러나 반소·반공을 기치로 내걸고 이들은 보수 우익의 이념을 실현하는 정치적 활동을 계속하였다.

(2) 새롭게 깨운 나치범죄자에 대한 경각심

나치에 대한 정치인들과 언론의 오랜 무관심을 일깨워준 것은 1986년에 일어난 일련의 사건들이었다. 먼저 이 때 5부작으로 방송된 ABC 라디오 다큐멘터리 <오스트레일리아의 나치(Nazis in Australia)>가 센세이션을 일으켰다. 이 방송은 그 당시까지도 오스트레일리아 보수적 정치계에서 큰 영향력을 행사하고 있던 우반치크(Ljenko Urbancic)가 슬로베니아의 '작은 괴벨스'였다는 사실을 폭로하고 있었다.

우반치크는 독일점령 및 관리하의 슬로베니아 정보부서에서 신문, 방송, 강연등 을 통해 나치즘 선전에 광분하였음이 밝혀졌다. 세계적인 나치 헌터 시몬 비센탈이 ABC 프로그램에 나와 파브레사(Arnoldus Pabresha)라는 사람은 독일간첩이며 리투아니아 극우폭력집단의 회원으로서 1,300명이나 죽였다는 사실을 폭로하고 나아가 100여 명의 나치범죄자가 오스트레일리아에 살고 있다고 주장하였다.

그 당시는 침묵과 무관심의 30년을 지나 전세계적으로 나치범죄자들의 색출과 처단의 바람이 불고 있었다. 미국과 캐나다는 이미 그런 바람의 한가운데 있었다. 이러한 물결이 오스트레일리아로 쳐 왔다. 오스트레일리아 유태인협회가 1986년 초부터 이러한 세계적 움직임에 자극 받아 자국 정부에 압력을 행사하기 시작하였다. 그 협회 회장 캐플란은 당시 호크 수상을 만나 나치전범 조사와 처벌을 권고하였다. 사방의 압력으로 일단 그해 6월 초순 비로소 멘지에즈(Andrew Menzies)가 비공식적인 조사 책임자로 상원에서 임명되었다.

(3) 전범처벌법의 개정

멘지에즈 보고서는 특정인에 대한 나치 단정이나 이민유입과정에서의 오스트레일리아 관리들의 고의적 묵살을 인정하지는 않았다. 그러나 그는 정부에 대하여 "중대한 전쟁범죄를 범한 사람들을 재판에 회부하는 조치를 취할 것"과 전범용의자들을 수사하기 위하여 미국과 같이 법무성 아래 특별수사대를 설치할 것, 그리고 혐의가 분명해진 자들에 대한 시민권박탈, 범죄지로의 추방, 1945년의 전범법개정 등을 건의하였다.

1945년의 전범법(1945 War Crimes Act)은 아시아지역에서 오스트레일리아인에 대하여 행해진 전쟁범죄를 처벌하기 위하여 제정된 것이었다. 만약 나치전범, 그것도 30년이 지난 후 이들을 처벌하기 위해서는 그 법의 개정이 불가피하였다. 특히 전범용의자를 추방하기보다는 오스트레일리아 내에서 통상적인 절차에 따라 재판할 수 있도록 위 전범법을 개정하는 방식이 채택되었다. 법무성 내에 특별수사대(Special Investigation Unit)를 설치하고 그 책임자로 검찰차장까지 지낸 그린우드(Robert Greenwood)를 임명하였다.

1987년 10월 법무장관 보웬(Lionel Bowen)은 전범법 개정안을 하원에 제출하였고 야당조차도 동구권으로부터의 정보를 증거로 쓸 것인가에 대한 논란 외에는 별 반대 없이 동조하였다. 12월에는 이미 상원에서 이 법안에 대한 토론이 시작되었고 1988년에 이르기까지 350건의 건의서 제출, 17명의 증언이 이루어졌다. 드디어 전범법 개정안이 상하양원에 의해 통과되어 나치전범자에 대한 안식처가 이 지구상에서 또 하나 사라졌다.

5) 미국—은신처와 추적자의 두 얼굴

(1) 나치범죄자의 이주와 추방에 관한 미국의 법제

유럽의 피난민을 가장 많이 받아들인 미국에 피난민을 가장한 나치범 죄자들이 숨어 있을 가능성은 처음부터 존재하였다. 미군의 보호하에 독 일에 설치된 난민수용소에는 나치협력자들이었고 특히 발트인들의 3분 의 1은 게쉬타포나 SS 대원이라는 사실이 보도되기도 하였다. 그럼에도 불구하고 전후질서를 주도하게 된 미국은 일단 난민을 가능한 대로 받아 들이지 않을 수 없는 입장이 되었다. 미국은 당초 할당제를 도입하여 소 련에 의하여 병합된 발트 3국이나 동구권에 우선적으로 비자를 발급해 주었다. 미국의회는 1948년(DP법)과 1953년(RR법)의 특별이민법을 개정 하여 종래의 이민 할당제도를 제거하고 보다 많은 이민의 유입을 가능하 게 하였다. 이러한 이민 관련 법률들은 물론 민간인들의 학대와 처단에 조력한 어떠한 나치범죄자도 제외하도록 규정하고 있었다.

이러한 규정에도 불구하고 자신의 신원과 활동을 숨긴 채 나치범죄자 들은 쉽게 미국에 이주할 수 있었다. 특별이민법에 의해 난민위원회(Dis-placed Persons Commission)가 설치되고 CIC의 도움을 받아 선별작업에 나 섰으나 한꺼번에 밀어닥치는 유럽 전지역으로부터의 난민의 신분을 제대 로 확인하기란 불가능한 일이었다. 특히 할당제에 의해 많은 비중을 차지 하게 된 독일계 동구권 난민들에 대한 기록은 거의 알아볼 수가 없는 상 태였기 때문에 이들의 신원에 대한 실질적 심사가 불가능하였다. DP법이 만료된 1952년까지 40여만 명의 유럽 난민이 미국으로 유입되었고 그 가 운데 1만 명 가량은 나치전범으로 추산되었다. 미국은 완전히 나치전범들의 '안전한 천국'이었던 셈이다.

그러나 1970년대 이후 국내외 여론으로 나치전범들의 신변에 위협이 닥쳐왔다. 유태인조직과 미국 내 인권단체들의 나치추방 여론형성과 나치범죄자 색출운동이 벌어진 이후 미국내에 거주하고 있는 많은 나치범죄자들이 차례로 확인되었고 대부분이 시민권이 박탈되거나 국외로 추방(deportation)되었다. 이민법(INA)이 이러한 절차의 근거가 되었다. 1978년 의회는 이민법을 개정하여 종래 있던 추방 규정에 나치범죄자의 추방에 관한 규정을 추가하였다.

"1933년 3월 23일부터 1945년 5월 8일에 이르기까지 독일의 나치정부, 나치정부의 군대에 의해 점령된 지역의 정부, 나치정부의 지원과 협력에 의해 설치된 정부, 나치정부의 동맹국이었던 나라의 정부의 지시 또는 그 연계하에 인종, 종교, 출신국가, 정치적 견해를 이유로 하여 어떠한 사람을 학대하는 일을 지시하거나 선동하거나 지원하거나 참여한 외국인." 이러한 요건에 해당되는 나치전범에 대해서 먼저 시민권이 박탈당하고 이어 국외로 추방되는 절차가 진행되었다. 특정국가의 요청에 따라 이루어지는 송환(extradition)도 취해졌다. 송환은 송환협정이 체결되어 있을 경우에 한하여 가능한 것인데 미국에서 송환된 케이스는 리얀, 아투코빅, 뎀얀유크 3건에 불과하였다. 1950년대와 60년대에 걸쳐 소련은 미국에 대하여 메이코프스키(Maikovskis), 린나스(Linnas) 등에 대한 송환을 요구하였으나 송환협정이 체결되어 있지 않다는 이유로 거부되었다. 시민권박탈(denaturalization) 절차와 추방(deportation) 절차는 미국법상 엄격히 분리되어 있었다. 시민권박탈 절차는 연방지방재판소의 재판과 순회재판소의 항소 및 대법원 상고로, 추방 절차는 이민담당판사 앞의 청문, 이민항소위원회(Board of Immigration Appeals), 순회항소재판소와 대법원을 각각 거치게 되어 있었다. 이 두 절차는 각각 진행되게 마련이었고 그 재판의 내용도 중복되는 경우가 많았다. 이 7번의 심급의 모든 절차를 밟는 데는

7년여의 세월이 걸리게 되어 있었다. 이러한 지연 때문에 절차가 진행되는 동안 해당 나치전범이 사망하는 경우조차 생겨났다.

한편 나치범죄자들에 대한 기소나 처벌절차가 미국내에서 개시되지는 않았다. 나치범죄가 미국내에서 벌어진 것은 아니기 때문에 이들에 대한 관할권을 가지고 있지 않았기 때문이다. 전통적으로 미국은 형사재판권의 관할 결정에 있어서 국적주의, 영토주의, 범행지주의의 원칙을 지켜왔다. 나치범죄는 미국인이 미국에서 미국인에 대하여 범행을 한 것은 아니었다. 그러나 미국은 나치전범을 처단하기로 하는 모스크바선언과 런던협약에 서명하였고 1946년 유엔 총회는 모든 국가로 하여금 전범을 체포하고 이들을 범죄지 국가에 송환할 것을 결의하였기 때문에 법률적 송환의무를 지고 있었다. 더 나아가 미국이 그러한 의무를 제대로 수행하기 위해서 또한 현재 발전하고 있는 국제법상의 '보편적 관할권이론'에 의해 미국이 직접 나치 처벌에 나서야 한다는 견해도 있었다. 미국은 이미 테러리즘에 대항해야 할 필요성에서 테러리스트에 대한 보편적 관할권을 인정하는 입법을 한 바 있다.

(2) 나치범죄자 색출운동의 시작

미국 내에 나치전범들이 유입되어 있다는 것을 알면서도 미국행정부가 이들의 소재를 탐지하거나 기소하려는 노력을 30여년간 거의 한 적이 없었다. 1945년 이후 1970년대에 이르기까지 이민국(INS)을 통하여 나치관련자를 확인하고 추방하려는 시도는 대단히 형식적이거나 비효율적이었다. 이 기간 동안에 이민국이 나치협력자에 대해 조사를 벌인 것은 10건이 채 되지 않았고 그 가운데 단 1명만이 추방되었다. 이와 같은 무관심과 비효율의 배경에는 당시 냉전의 격화와 더불어 나치즘보다는 공산주의에 대한 경계심이 더 강화되었을 뿐만 아니라 이민국의 취급이 중앙이 아닌 지방단위로 이루어지고 있었다는 점이 지적되고 있다. 나치범죄자에 대한 이민국의 조사는 다른 범죄와 달리 특별한 취급을 받지 못하였고 따라서 성실한 조사가 따르지 않았다.

이런 상황에서 리얀 사건은 미국 국민의 나치전범에 대한 관심을 불러일으켰다. 1942년 폴란드 루블린에 설치된 수용소의 악명 높은 여성경비병이었던 리얀이 뉴욕에서 남편과 함께 가명으로 살고 있음이 발견되었다. 그녀에 대해 1973년 서독정부는 송환을 정식으로 요구하기에 이르렀고 미국 법원도 그 요구에 따랐다. 서독에서 6년 동안 재판을 받은 끝에 1981년 서독 법원은 그녀에게 다수 살인죄를 적용하여 종신형을 선고하였다.

여성 하원의원이던 에일버그(Joshua Eilberg)와 그를 뒤이은 홀즈만(Holzman)이 미국내에서의 나치전범 수색과 추방을 위한 캠페인에 불을 당기고 운동을 이끌었다. 1973년 세계유태인협회의 카르바흐 박사는 이민국에 59명의 미국 내 나치전범용의자명단을 제출하였고 이민국은 즉각 조사팀을 설치하였다. 뉘른베르크 전범재판 이후 나치범죄자를 조사한 최초의 기구이기는 하였으나 1명으로 구성된 이 조사팀이 그 방대한 조사업무를 수행하기에는 역부족이었다. 1974년에 이르러 하원 법사위원장 에엘버그가 국무성의 관심을 촉구하는 서한을 키신저 국무장관에게 보냄으로써 국무성은 1975년 서독 등 관련 국가에 카르바흐 리스트에 관한 정보를 제공해 줄 것을 공식적으로 요청하였다. 이들 국가로부터의 정보제공과 이민국의 용의자에 대한 국적박탈소송이 시작되었으나 이민국의 불성실한 증거자료준비, 생존한 증언자들의 희소성 등으로 별다른 성과를 거두지 못하였다.

(3) OSI와 나치범죄자

1977년 이민국내에 다시 멘델존(Martin Mendelsohn) 변호사를 책임자로 하는 특별소송팀(Special Litigation Unit)을 설치하였다. 그러나 나치 관련자들에 대한 수색과 소송 등에 큰 진전을 보지 못하자 불만이 의회내에 고조되었다. 나치범죄자들에 대한 본격적인 공세가 이루어진 것은 의회의 압력으로 1979년 법무성 산하에 특별수사대(Office of Special Investigation)가 설치되면서부터였다. 이때부터 나치전범의 수사와 추방에 관련된 모든 업무가 본격적으로 그리고 단일한 체계에서 취급되었다. 280만 달러의 예산도 책정되었고 수사인력도 대폭 증가되었다.

초대 책임자는 뉘른베르크 검사 출신의 로클러(Walter Rockler)였고 1980년에는 부책임자였던 리안(Allan A. Ryan)이 그뒤를 이었다. 18명의 변호사, 6명의 역사학자 등을 포함하여 직원이 47명에 이르렀다. 1981년에는 하원의 100명이 넘는 의원들이 OSI에 대한 강력한 지원을 다하도록 레이건 대통령에게 탄원하였다. 같은 해 크리스토퍼 도드 상원의원 등 11명의 상원의원이 OSI 예산감축을 반대하는 취지의 공문을 보냈다.

1982년 CBS 텔레비전의 <60분>이라는 프로에 '나치 커넥션'이 나가자 언론인과 의회, 일반대중의 관심과 여론이 폭발하였다. OSI의 수사관이었던 존 로프트스는 어느 언론과의 인터뷰에서 미국정보기관이 나치범죄자들을 그들의 요원으로 몰래 채용하여 활용하였다고 폭로하였다. 그는 지난 35년간 아무도 이 진실을 말하려 하지 않았다고 덧붙였으나 실제로 그동안 크고 작은 단체들이 그러한 사실을 고발하였으나 아무도 관심을 기울이지 않은 것뿐이었다. 수없이 미국 시내를 활보하고 있을 나치전범들의 존재를 알리려 하였으나 관심을 끌지 못하자 실톤(Paul Silton)이라는 랍비는 나치의 SS 복장을 한 채로 1979년 11월 콩코드호텔에 나타나 시위를 벌이기도 하였다.

(4) 미국의 음모, 나치전범의 은폐와 활용

그러나 좀더 구체적으로 미국이 나치전범자들을 정보원 등으로 고용하였다는 충격적인 사실이 온 세상에 드러난 것은 클라우스 바르비 사건 때문이었다. '리용의 도살자'로 널리 알려진 바르비는 1983년 볼리비아에서 프랑스로 송환되어 재판을 받았다. 이 과정에서 그가 1947년부터 1951년까지 미국에서 거주하는 동안 미군첩보대인 CIC에 의해 그가 나치전범임을 알면서도 정보원으로 고용하였던 사실이 밝혀져 미국정부가 프랑스 정부에 공식적으로 정중한 사과까지 하였다. 미국군형법(UCMJ)상의 이적행위 등에 해당되는 이러한 행위는 공소시효경과 등의 이유로 CIC 관계자들은 처벌되지 않았다.

미국의 CIC는 전쟁 종료 직전 나치의 SS, SD, 게쉬타포 등에 소속된 일부 나치 정보장교들을 독일과 점령당국으로부터 분리하여 보호하였다. 이른바 'rat-line'이라는 것을 만들어 수배된 나치전범을 유럽에서 도주하는 것을 돕기까지 한 사실이 드러났다. 일부는 미국 정보기관의 도움으로 미국시민권을 얻는 데 성공하였다. 한편으로 뉘른베르크에서 재판을 벌이면서 나치처단과 인류 정의를 외치면서 미국은 뒷구멍으로 자신의 국익을 위해 전범들을 빼돌리고 있었던 셈이었다.

그후에도 미국은 냉전의 격화와 더불어 나치추적과 처단의 의지보다 반공의 결의를 더욱 다지게 되었고 과거 공산주의자 탄압에 경험이 있던 나치의 정보장교들을 반공전선의 정보원 등으로 활용하게 되었다. 더구나 독일점령을 위해 배치되었던 각국 사이뿐만 아니라 미군부대 사이에도 상호간의 정보경쟁이 치열하여 전쟁 중의 경력을 불문하고 현재의 정보요원으로서의 가치를 따졌다. 바르비의 경우는 과거 전력을 무시하고 정보요원으로 채용된 하나의 예일 뿐이었다. 이들은 현지 물정을 전혀 모르는 미군에게는 대단히 소중한 존재였고 특히 독일의 정보장교들 가운데 일부는 소련의 영향하에 든 동구 여러 나라의 공산당과 그 당원, 그 활동 등에 정통하고 있었기 때문에 그만큼 활용가치가 있었던 것이다. 미국의 정보기관이 지난 수십 년 동안 활용한 나치관련자들이 최소한 156명이라는 주장도 있다.

뿐만 아니라 1,558명에 이르는 독일 및 오스트리아의 과학자들이 국방성 및 국무성의 'Project Paperclip'이라고 불리는 작전을 통하여 미국으로 이주하였다. 이들은 대부분 나치당원이거나 SS 대원이었다. Wernher von Braun, Theodor Zobe, Herbert Axter 등 유명한 과학자들이 이 그룹 속에 속해 있었다. 이들은 탈나치화정책과 전범처벌의 원칙에서 벗어나 미국으로 건너와 미국을 위해 각종 기관에서 종사하고 있었다. 흔히 달로켓, 제트비행기, 그외 상당수의 과학적 성과들이 바로 Paperclip의 유산이라고 말해지지만 동시에 그 유산은 미군을 실험대상으로 하여 발전시킨 가공할 만한 신경가스 등 신경화학무기도 포함하고 있음을 주목해야 한다. OSI가 다루고 있던 사건 가운데서 적어도 20건 이상은 미국정부가 활용한 나치전범들이었다.

유럽 여러 나라에서 미국에 거주하고 있는 나치 전범용의자들의 송환요구에도 몇 차례 미국은 거절하였다. 아직 미국이 그 국가를 승인하지 않았다거나 그 재판의 공정성을 믿을 수 없다는 등의 이유에서였다. 유고슬라비아의 경우 700건 가량의 송환요구를 하였으나 미국은 단지 20여 건에 대하여만 유고슬라비아에 송환하였다. 미국의 이와 같은 나치범죄자의 보호와 이용은 소련이 "서방국가들이 나치전범들을 품안에 넣고 추방을 거절하고 있다"는 비난한 내용과 일치하고 있음을 드러내 주었다.

(5) 추방되는 나치전범들

미국으로 들어와 자리잡은 나치범죄자들은 대체로 나치 강제수용소의 경비병, 경찰 또는 나치 정부관리들이었다. 강제수용소 경비병이었다가 미국으로 이주한 자로서는 Feodor Fedorenko, Karl Linnas, Ivan Demjanjuk 등이 유명하다. Fedorenko는 80만 명의 유태인 가스실에서 학살당한 트레블링카 수용소의 경비병이었다. 그의 비자에 농부라고 기재했다가 사실이 밝혀져 1981년 미국 대법원 판결에 의하여 시민권이 박탈되고 소련으로 추방되어 그곳에서 처형되었다. Linnas는 에스토니아의 타르투 수용소 책임자로 있던 자로서 역시 소련으로 추방되었다. 위에서 설명한 Demjanjuk 사건 외에도 아우슈비츠-비르케나우 수용소의 상사였던 Hans Lipschis는 1983년 서독으로 추방되었다.

경찰로서는 전쟁 중 라트비아 경찰책임자였던 Boleslaves Maikovskis가 유명하다. 자신이 라트비아 철도청 서점주인이었다고 속여 미국으로 이주하였으나 거짓임이 밝혀져 서독으로 추방되어 재판을 받았다. Serge Kowalchuk는 우크라이나 민병대에서 일했던 사람임이 밝혀져 시민권을 박탈당했다. 크로아티아의 내무장관으로 일했던 Artukovic은 자신이 수천 명의 세르비아인·유태인들이 수감된 강제수용소에 책임이 있는 것으로 밝혀져 1984년 유고슬라비아로 추방되어 그곳에서 살인죄로 기소되었다.

그러나 미국의 나치범죄자 추방절차는 너무도 지리한 것이었으며 1980년 OSI 창설 이후 본격적으로 조사가 이루어져 이미 때늦은 것이었다. 추적의 단서를 찾기 쉽지 않았으며 대상자들의 나이는 너무 들어 있었다. 더구나 그것은 상대 국가가 열심히 받아들여 법정에 세우기를 바랄 때 미국은 적극적일 수 있었다. 왜냐하면 미국은 스스로의 법정에 이들을 세우려 하지 않았기 때문이었다. 이러한 이유로 추방당한 전범보다는 안전한 피난처를 미국에서 구한 전범이 더 많으리라는 추정은 합리적인 것이다.

5. 정의는 구하고 기억하는 자만이 누릴 자격이 있다

"죽은 사람들 때문에, 살아남은 사람들 때문에, 그보다는 그들의 아이들 그리고 당신의 아이들 때문에 이 재판은 중요합니다. 이 재판은 미래에 영향을 미치게 될 것입니다. 정의의 이름으로 말입니다. 이 재판은 기억의 이름으로 미래에 영향을 주게 될 것입니다. 기억되지 않는 정의란 불완전하고 거짓되며 정의롭지 않은 정의입니다. 망각이란 아우슈비츠가 절대적 범죄였던 것과 마찬가지로 절대적 부정의입니다. 망각이란 나치의 결정적인 승리로 이어질 것입니다.… 물론 어느 것도 죽은 사람들을 살려낼 수는 없습니다. 그러나 본 법정에서의 만남과 증언 때문에 피고인은 죽은 사람들을 다시금 죽이지는 못할 것입니다. 그가 죽은 사람들을 다시 한 번 죽이게 된다면 그것은 그의 죄가 아니라 우리의 죄입니다. 정의의 이름으로 진행되는 본 재판은 기억에 그 영광을 돌려야 할 것입니다.”

자신이 유태인으로서 나치수용소에서 어린 시절을 보냈던 엘리 위젤, 그 처절한 경험을 문학으로 형상화한 공헌으로 노벨문학상을 받았던 엘리 위젤. 그는 기억이야말로 정의라고 단언하고 있다. 망각은 불의이며 기억은 정의라고 외치는 그는 나치의 범죄를 집단의 기억 속에, 그리고 역사의 기억 속에 남기는 것으로써 정의를 이룰 수 있다고 믿는다. “과거를 기억하지 못하는 사람들은 그것을 되풀이하고 만다”는 것은 역사가 가르쳐주고 있는 교훈이다.

나치범죄자들이 전쟁이 끝난 뒤 반세기에 이르도록 끝없이 추적당하고 처단당하면서 안전한 휴식처·피난처를 구하지 못했던 것은 이들을 뒤쫓은 집요한 나치사냥꾼들의 존재, 이들을 뒷받침한 전세계의 양심과 여론 때문이었다. 그리고 그뒤에는 바로 그 범죄에 대한 분노, 희생자들에 대한 추모, 같은 사건의 반복에 대한 우려와 재발방지의 염원이 자리하고 있었다. 이것은 모두 수십 년 전에 있었던 비극에 대한 인류 공동의 망각에 대한 단호한 거부, 끈질긴 기억의 산물이었다.

이 속에서 나치범죄자가 언제 체포될지 모르는 상태에서 불안해하면서 남은 인생을 살아가거나 결국 체포당하여 범행지로 압송당해야 했다. 체포의 가능성과 공포 속에서의 불안한 생활, 또는 자신이 저질렀던 범행의 현장에서 그 피해자와 그 유족들의 조롱과 손가락질 속에서의 재판이 바로 나치범죄자들이 전쟁의 종료 후 직면해야 했던 운명이었다.

이것은 바로 정의의 실현이었다. 범죄자로 하여금 죄값을 치르게 하는 일이었다. 그러나 나치범죄의 극악함을 드러내는 일은 물론이고 범죄자는 결코 용서받는 일이 없다는 사실을 각인시켜준 이러한 과정의 뒤에는 고단한 나치범죄 추적자들의 추적이 자리하고 있었다. 이들의 노력으로 말미암아 나치범죄자들과 이들의 공모자들이 더 이상 어둠 속에 남을 수 없게 되었다. 범죄자들의 손에 희생된 사람들과 그 가족, 나아가 전세계인들이 정의감을 맛볼 수 있게 된 것도 바로 이들의 노고 때문이었다. 정의는 결국 구하는 자에게만 주어진다는 진실을 인류에게 교훈으로 남겨주었던 것이다.

이제 그 끔찍한 세계대전이 끝난 지 반세기를 막 넘어 섰다. 그 반세기 동안에도 지구상의 곳곳에서 전쟁의 포성이 멎지 않았다. 대량의 학살도 멈추어지지 않았다. 그러나 지금까지도 전세계에서 지속되고 있는 나치전범의 추적과 처단의 소식은 이러한 학살의 범죄자에게는 경종이 되었으며 인류에게는 전쟁과 학살에 대한 경각심을 끊임없이 일깨워주었다. 최근 보스니아에서의 인종말살정책의 책임자들이 유엔 안보리 결의에 의해 설치된 전범재판소에서 기소됨으로써 비인도적 범죄는 전쟁중의 행위라 하더라도 반드시 처벌받는다는 또 하나의 선례가 되고 있다. 이제 나치범죄자들의 거의 대부분은 사망하였고 더 이상 추적의 필요성도 사라졌다. 그러나 인류의 정의를 향한 투쟁과 추적은 사라지지 않을 것이다.

2000년 일본군성노예전범 여성국제법정의 법률적 고찰*

크리스틴 친킨 Christine M. Chinkin
2000년 일본군성노예전범 여성국제법정 판사. 런던대학 국제법 교수

2000년 12월 7일에서 12까지 6일 동안, 민간법정(a peoples' tribunal)인 일본군성노예전범 여성국제법정(Woman's International War Crimes. 이하 2000년 법정)이 일본 동경에서 열렸다. 이 법정은, 1930년대에서 1940년대 아시아-태평양지역의 일본군의 행동으로 인해 야기된 인도에 반하는 범죄(crimes against humanity)로서 강간과 성적 노예(rape and sexual slavery)에 대한 일본군 고위직 지도자의 형사책임과 일본의 독립적인 책임을 묻기 위하여 설립되었다.

이 법정 설립의 직접적인 배경은, 1988년부터 시작된 윤정옥 교수의 연구를 통해서였다. 윤 교수는 오랫동안, 제2차 세계대전 이전부터 전쟁 중에 위안소(comforts stations)로 불리던 곳에서 일본군에 의하여 야만적이고 무자비하게 다루어졌던 여성들을 연구하였다. 한국정신대문제대책협의회(이하 정대협)는 일본군'위안부' 문제에 대한 구체적인 내용을 조사

---

* 이 글은 미국의 법률지인 *America Journal of International Law*, 4/2001, vol.95를 장복희(서울대 BK21 법학연구단 계약조교수)가 번역한 것이다.

했고, 이후 그 내용은 속속들이 표출되기 시작하였다. 아시아의 고령의 피해자들은, 대부분 그동안 소외되어 수치심을 느끼면서 빈곤한 삶을 살았고, 당시 그들이 입었던 피해로 인하여 신체적으로나 정신적으로 건강하지 못한 삶을 살고 있었다. 그러나 그들이 침묵의 50년을 깨고 세상을 향해 입을 열기 시작한 것이다. 일본군'위안부'의 피해와 그에 대한 배상에 대한 소송은 1991년 일본에 처음으로 제기되었다. 일본군'위안부' 문제는 1992년 유엔인권위원회에 처음으로 제기되었고, 이후 다른 유엔기구에 제기되었다. 이에 대한 공개심문이 동경에서 열렸고, 1993년 인권에 관한 비엔나세계인권회의(Vienna World Conference on Human Rights)에서 또다시 공개심문이 이루어졌다. 국제법률가위원회(International Commission of Jurists)는 이들 사건의 진상을 밝히는 연구보고서를 제출하여,[1] 자료증거를 검토하고 생존자의 증거를 수집하며 법적 분석을 제시하였다.

피해자들의 생생한 설명은, '위안소를 설치하고 운영하는 데 있어서 일본의 공식적인 연루성에 대해 부인'하며 '위안소 설치와 운영은 개인기업의 책임'이라고 주장하는 일본정부의 발언에 부딪혔다. 점점 더 많은 피해여성들이 나타났고, 일본은 이를 점차 제한적으로 인정하고 양심의 가책을 표현하는 태도로 변화해 나갔다. 그러나 일본은 계속해서 법적 책임을 부인했다. 특히 이들 여성들은 동원령에 동의한 매춘부였고, 연합국과의 샌프란시스코조약을 포함한 평화조약으로 이 문제는 1950년대에 이미 종결되었으며, 한국(남한), 인도네시아, 네덜란드와의 양자조약도 모든 청구가 종결되었다고 주장하였다. 그리고 어떠한 경우이든 배상청구와 관련한 국제법에 의하면, 개인은 어떠한 권리도 가지고 있지 않다고 하였다. 이에 대해 생존자들은 일본법정에서 소송을 제기하였으며, 지금

---

1) USTINIA DOLCOPOL & SNEHAL PARANJAPE, COMFORT WOMEN: AN UNFINISHED ORDEAL—REPORT OF A MISSION 11-14(International Commission of Jurists, 1993).

까지 승소하지 못한 상태이다.2) 제2차 세계대전이 끝나고 50주년이 되는 1995년, 일본정부에 의하여 설립된 ‘여성을 위한 아시아평화국민기금 (Asian Women’s Fund)’은 일차적으로 민간기금으로 피해자들에게 지원금을 건네려고 하였으나,3) 그것은 법적으로 책임을 물을 수 없게 되기 때문에 피해생존자들 사이의 불화가 일으키게 되어 비난을 받게 되었다.4)

피해자들은, 효과적인 대응이 힘들어지고 시간이 얼마 남아 있지 않음을 인식하면서, 구제를 위한 다른 수단을 찾았다. 2000년 법정은 전 아시아를 거쳐 다양한 여성민간기구(NGOs)의 활동으로 인해 시작되었다. 그 활동을 주동한 NGO는 ‘일본의 전시 여성에 대한 폭력 네트워크’(Violence Against Women in War Network: 바우넷 재팬)이었고, 바우넷 재팬은 1997년 동경에서 개최된 ‘전쟁과 무력 충돌시 여성에 대한 폭력에 관한 국제회의’(International Conference on Violence Against Women in War and Armed Conflict Situations)로부터 1년 뒤인 1998년에 설립되었다. 바우넷 재팬은 1998년 서울에서 있었던 아시아여성연대회의(Asian Women’s Solidarity Conference)에서 ‘2000년 법정’(the Women’s International War Crimes Tribunal)을 제안하였고, 다른 대표단도 이에 동의하였다. 이때부터 2000년 법정의 준비는 국제적인 과정이 되긴 하였으나, 대상은 아시아지역에 한정되었다. 1998년 12월 동경과 1999년 2월 서울에서 열린 두 차례의 준비회의에서는, 법정설립을 위한 국제실행위원회(International Organizing Committee for the

---

2) *Japan Overturns Sex Slave Ruling*, BBC News, Mar. 29, 2001(Hiroshima High Court overturning only successful claims for compensation in Japan courts). <http://news. bbc.co.uk/hi/english/world/asia-pacific/newsid_1249000/1249236.sem> 참조.

3) Radhika Coomaraswamy, Alternative Approaches and Ways and Means Within the United Nations System for Improving the Effective Enjoyment of Human Rights and Fundamental Freedoms, UN Doc.E/C.N.4/1998/54, at 12(report of the special rapporteur on violence against women).

4) YAYORI MATSUT, WOMEN IN THE NEW ASIA, 168(Noriko Toyokawa & Carolyn Francis trans., 1999)(1996).

tribunal)가 세 그룹으로 구성되었다. 정대협의 윤정옥이 대표하는 피해국 기구(중국, 대만, 필리핀, 인도네시아 및 남한과 북한), 가해국 기구로서 마쯔이 야요리(Yayori Matsui)가 대표하는 바우넷 재팬(일본), 그리고 인다이 사호르(Indai Lourdes Sajor)가 대표하는 국제자문위원회는 필리핀에 근거를 둔 여성인권아시아센터(Asian Center for Women's Human Rights)가 담당하였다. 국제자문위원회(International Advisory Council)는 북미와 남미, 호주, 아프리카, 유럽과 아시아에서 온 구성원을 포함하고 있다.

국제실행위원회는 연구와 조사 책임을 맡았고, '2000년 법정' 헌장의 초안을 작성하였으며, '2000년 법정'을 준비하였다. 조직기구는 다음과 같은 확신을 가지고 준비과정에 착수하게 되었다.

이와 같은 실패는 생존자들의 목소리와 그와 같은 인도에 반하는 범죄(crimes against humanity)에 대해 모호한 책임으로 침묵해서는 안 된다. 2000년 법정은 여성에 대한 범죄, 특히 성적 범죄를 하찮게 생각하게 하고, 변명하게 하며, 주변화시키고 판단을 흐리게 하는 역사적 경향을 바로잡기 위하여 설립되었으며, 특히 이들 범죄가 유색인종여성에 대하여 저질러진 경우에는 더욱 그러하여야 한다.[5]

국제실행위원회는 이러한 목표를 이행하는 데 있어서 극적인 비전(dramatic vision)을 제시하였다. 식민지와 냉전역사의 경험을 안고 있는 10개 국가(남한과 북한, 중국, 일본, 필리핀, 인도네시아, 대만, 말레이시아, 대만, 동티모르와 네덜란드)에서 온 각국 검사단은 기소를 하였다.[6] 일본

---

5) (Prosecutors and Peoples of Asia Pacific Region v. Hirohito,. Prosecutors and Peoples of Asia Pacific Region v. Japan. Summary of Finding and Preliminary Judgment, para. 5(Woman's Int'l War Crimes Trib. 2000, Dec. 12, 2000).<http://www1.jca.apc.org/vaww-net-japan/en/Dec2000/tribunal.html>.

6) '국가'(country)는 권고적으로 사용되었다. 동티모르는 독립국이 아니며, 대만

식민지를 겪은 공통의 경험이 있는 남한과 북한의 검사들은 공동기소를 하였고, 이는 정부 차원에서 생각할 수 없었던 남북 공동의 목적을 달성하였으며 표현한 것이었다. 남한과 북한, 대만과 (오키나와에 관한) 일본인 검사들에 의한 기소에서는, 이들 지역의 여성들은 일본정부에 의해 좌우되는 대상에 불과했으며, 일본군에 의하여 점령된 모든 영역에 이송되었음이 입증되었다. 다른 지역에서는, 성노예로 여성을 잡아가는 것은 군사적인 공격과 점령이 이루어지는 것을 뜻했다. 이번 법정에서 동티모르는 독립된 국가 실체로 드러났고, 티모르인 일본군'위안부'의 역사는 동티모르에 유엔 임시행정부가 도착한 이후에야 드러나기 시작되었다는 것이 밝혀졌다. 자바에서 일어났던 네덜란드 민간인의 (네덜란드 동인도제도) 억류에 따른 기소와, 위안소에서의 자행되었던 일부 나이 어린 소녀들의 납치(removal)는 과거 유럽식 식민시대를 상기시켰다. 두 명의 국제검사(Patricia Viseur Sellers[7])와 Ustinia Dolgopol[8])는 각국 검사단과 구별된 공동기소를 하였다.

전면적인 기소전략은 간단하면서도 날카로웠다. 검사들은, 극동아시아의 국제군사재판소의 절차를 포함한 제2차 세계대전 말기 일본의 전쟁행위와 관련한 법정에 대해 논하면서, 강간과 성적 노예문제에 대한 적절치 못한 고려가 있었고, 성적 서비스를 위하여 여성을 감금한 것으로 인한 일본정부의 책임을 묻지 못한 점에서 불완전한 것임을 주장하였다. 따라서 2000년 법정은 이전의 초기 법정절차에서 이어지는 추가적인 재판이며, 이번 재판에서 거론된 피기소자는 이미 기소되었던 사람들이었다. 한가지 중요한 점은 이 법정에서 피고인으로서 히로히토(Hirohito) 전 일본

의 국제법적 지위는 논란의 대상이 되고 있다.

7) 전 유고 국제형사재판소, 기소국, 법률자문관(Legal Adviser, Office of the Prosecutor, International Criminal Tribunal for the Former Yugoslavia).

8) Senior Lecturer, Flinders Law School, South Australia.

국왕을 명명하였다는 것이다.

2000년 법정이 시작되어 3일 동안은, 구두 및 문서증거에 의한 기소진술에 대한 심문이 있었다. 위안소에서 지냈던 75명의 생존자가 참석하였고, 많은 이가 일본정부의 유죄에 대한 증거를 제시하였다. 검사는 다른 많은 생존자와 면담한 비디오와 증거진술서(affidavits in evidence)를 법정에 제출하였다. 이러한 증거들은 무력, 납치, 강제와 속임수로 여성을 모으는 상황을 보여주었다. 여성들은 일본의 육·해군의 수송수단을 통하여 일본당국이 명하는 지역으로 이송되었다. 여성들이 위안소로 옮겨지면 무서운 비극과 잔인한 공포의 삶의 굴레 속으로 떨어져 버렸다. 모국에서 부터 멀리 떨어지게 함으로써 일본군'위안부' 여성들을 소외시켰고 도망가는 것을 불가능하게 만들었다. 여성들의 이름은 일본이름으로 바뀌었고, 더 나아가 신원(identity)을 없애버렸다. 일본이 전쟁에서 패하자 전쟁터에 있던 여성들은 버려졌고 일본인이나 동맹국 폭탄에 의하여 죽임을 당했다. 그렇게 버려진 여성들 중 일부는 죽었고, 일부는 여러 수단을 통하여 자신의 고향으로 돌아갈 수 있었으나 그렇지 못한 이들도 있었다. 또한 이번 법정에서는 일본군'위안부' 피해자로서 입은 신체적·정신적 결과가, 생존자의 전 생애에 걸쳐 어떻게 지속되는지에 대한 증거와, 이에 대한 일본정부의 부적절한 대응에 대한 증거가 제시되었다. 이러한 증거와 피해자들의 진술은, 일본군의 '위안부' 피해자들에게 어떤 일을 행했고 평생 동안 이들이 받은 고통간의 인과관계를 명백히 하였다.

나는 처녀 귀신으로 죽고 싶지는 않다. I don't want to die as the ghost of a virgin—문필기, 한국(Mun Pil-gi, Korea)

우리는 집으로 돌아가서 내내 울었다. 우리는 그 누구에게도 말할 수 없었고 벌을 받고 있는 것 같았다. 너무도 창피해서 쥐구멍이라도 들어가 숨고 싶었다.—맥시마 레갈라 델라 크루츠, 필리핀(Maxima Regala Dela Cruz, Philippines)

나는 내 삶을 잃었다. 나는 더러운 여자로 생각되었다. 내 자신을 부양할 그 어떠한 방법도 없었고, 직장을 가질 수 있는 기회도 극히 한정되어 있었다. 나는 너무나도 고통스러웠다.—탱-카오 파오-츄, 대만(Teng-Kao Pao-Chu, Taiwan)[9]

이들이 겪었던 극악무도한 상황에 대한 생존자들의 진술에 이어서 검사측은, 이러한 잔인함이 일본당국과 히로히토 전 일본국왕과 관련이 있다는 문서증거와 전문가들의 증거를 제시하였다. 전쟁이 끝날 무렵, 일본은 전쟁수행과 관련한 많은 문서를 없애버렸다. 그럼에도 불구하고 연구자들은 이전의 군대요원와 민간요원에 의한 회고록(memoirs)과 일기(diaries) 등을 포함한 관련 공식문서를 찾아냈고 이를 법정에 제출하였다.[10] 이들 문서에서 나타나는 피해자와 일본정부의 관련성은, 일본군·헌법역사·일본인의 관료제도에 관한 전문가에 의하여 설명되었다. 전문가들의 증언은 일본군대의 구조, 국제법, 심리적인 충격(trauma)에 대해 보다 많은 증거를 제시하였다. 증인으로 출두한 두 명의 일본군인은 자신들이 이 문제에 연루되어 있고 위안소 시설을 이용했다는 증거를 내놓았다. 일본 법정에서 소송과정을 설명하는 법정참고인 변론서(Amicus Briefs)가 제출되

---

9) Preliminary Judgment, supra note 5, para. 2.
10) 1992년 일본의 역사학자인 Yoshimi Yoshiaki는, 위안소에서의 일본의 역할을 보여준 역사문서에 대한 연구결과를 처음으로 출간하였다. DOLCOPOL & PARANJAPE, supra note 1, p. 13. 그의 완전한 연구결과물은 현재 영어로 쓰여 있다. YOSHIMI YOSHIAKI, *COMFORT WOMEN: SEXUAL SLAVERY IN HE JAPANESE MILITARY DURING WORLD WAR II*(Suzanne O"Brien trans, 2000).

있는데, 그 개요는 '전시강제성행위피해자를 위한 보상법'(Law for Compensation for Victims of Wartime Forced Sex)이었다. 일본법률가협회는 일본군'위안부' 이슈를 변화시킬 수 있는 정치적 의지를 표명하는, 배상을 위한 법적인 틀을 준비하였다.

이번 법정에서 모두의 관심사는 공정성과 신뢰성의 문제였다. 예컨대 판사와 검사를 분리하고, 기록을 통한 모든 증거의 제출과 기록과 같은 절차적 제한을 고려한 것이다. 일본정부는 2000년 11월 9일 법정의 개최를 통지받고 초청되었으나 아무런 반응을 보이지 않았다. 이에 2000년 법정에서는 국제사법재판소(International Court of Justice)의 규정 제53조에 따라, 책임을 부인하며 법정에 불참석한 일본정부의 주장을 살펴보았다. 한편으로는, 일본기업이 법정참고인(Amicus Curiae)으로 선정한 이소미 스즈끼(Isomi Suzuki)와 그 협력자, 그리고 이들 주장을 변론하는 변호사 이마무라 츠쿠오(Imamura Tsuguo)로부터 변론서와 증거를 받아들였다. 또한 필리핀 일본군'위안부'에 대한 책임을 부인한 동경지방법원의 판결과 같은 다른 유용한 자료도 고려하였다.[11]

증거제시와 진술이 끝난 후, 판사단은 하루 동안 심사숙고를 하였고 법률고문단의 도움을 받아 예비판결(preliminary judgment)을 준비하였다.[12] 판사단은 다른 공식적인 국제법정보다도 광범위한 기준에 의하여 균형있게 구성되었다. 판사단은 구 유고 국제형사재판소의 전직 수속판사였던 가브리엘 맥도날드(Gabrielle Kirk McDonald) 판사, 아르헨티나 형사법

---

11) Ken Hijino, *Court Rejects 'Comfort Women' Claim: Tokyo Reparations Rejection Likely to Fuel Criticism of Government Handling of Wartime Brutality*, FIN. TIMES(London), Dec. 7, 2000, p.10. *High Court Says Ex-Sex Slaves Not Entitled to Compensation*, MAINCHI DAILY NEWS, Dec. 7, 2000, p.1.

12) *Supra* note 5.

판사이자 국제여성법률가협회의(International Association of Women Jurists) 회장인 카르멘 아비아이(Carmen Maria Argibay), 케냐의 인권변호사인 윌리 무퉁가(Wiily Mutunga) 박사를 포함하고 있었다. 유감스럽게도, 인도 대법원의 전직 판사인 바구와티(P. N. Bhagwati)는 재판이 시작 바로 전에 질병을 이유로 참석하지 못했다. 종합적으로, 판사단의 구성은 광범위한 지리적 안배와, 국내법과 국제법의 다양한 관련 영역의 전문가·실무가, 법조계 및 학계 전문가로 이루어졌다. 비록 바그와티 판사가 빠졌지만, 동등한 성별균형도 이루어진 셈이다. 예비판결은 법정에 대한 진술, 판결(findings)의 개요, 히로히토 전 일본국왕의 법적 책임과 일본의 책임에 대한 판결을 포함하였으며, 법정 폐회 때 2000년 법정이 열렸던 구단회관에서, 수천명이 그 자리를 매운 가운데 판정이 내려졌다.

예비판결에서 판사단은, 히로히토 전 일본국왕은 이러한 범죄를 알고 있었거나 알았어야 함에도 불구하고 그러하지 못한 점을 들어 명령책임에 근거하여 유죄라는 판결을 내렸다. 이에 대한 증거로서, 위안소는 조직적으로 구성되어 군사정책의 하나로 운영되었으며, 이는 당시 준거법에 의하면 인도에 반하는 범죄(crimes against humanity)를 구성하는 것임을 입증하였다. 또한 판사단은 일본에 대해 인도에 반하는 범죄를 구성하는 요소인 노예·인신매매(trafficking)·강제노역·강간에 관련된 조약의무와 국제관습법원칙의 위반에 대한 당시 적용되는 국제법에 의하여 책임이 있다고 판시하였다. 최종적으로 판사단은 배상과 권고를 하였다. 특별히 유죄 혹은 다른 피기소자를 고려하고 상세한 법적 분석을 제시하는, 최종 판결은 2001년도에 내려질 것이다.

이번 법정행위의 의미는 무엇인가? 이 민간법정이 법적 권한이 없으며, 국제변호사에게는 관심사가 되지 않는, 단지 모의재판에 불과한 것인가? 나는 다음과 같은 여러 가지 이유에서 그렇지 않다고 생각한다. 이는 국제적 행위자로서의 시민사회의 발전적인 역할의 괄목할 만한 예라고 생각한다. 물론 이 법정이 민간법정으로서의 첫 번째 사례는 아니다. 1960년대 러셀(Bertrand Russell)이 구성한 베트남전범재판소와.[13] 1970년대 일부 국가에서 온 '높은 도덕적 권위를 지닌 개인 시민'(private citizens of high moral authority)에 의하여 설립된 이태리의 상설인민재판소(Permanent Peoples' Tribunal)[14]와 같은 초기 사례에 따라서 설립된 것이다. 후자의 법정은 수년간 지속되었고, 아프가니스탄에 대한 소련의 군사적 개입, 동티모르의 인도네시아의 개입과 아르메니아인의 집단살해를 포함하여 부적절한 공식적 대응이 있는 곳에 대해 일련의 국제법 위반 사안을 조사하였다. 법정판결과 판결에 대한 국제법의 적용에 근거한 보고서가 발간되었으며[15] 이들 보고서는 가치 있는 대안적인 증거자료와, 국제법의 경쟁적인 준거법을 제공하고 있다. 다른 특별법정이 특별사안을 고려하기 위하여 일정 국가에서 구성되었다.

민간법정은 단독 영역이든 혹은 제도적 영역에서 행동하든, "법은 정부에 속하지 않는 시민사회의 도구"임을 이해하는 데서 전제한 것이다.[16] 따라서 국가가 정의를 보장하는 의무를 이행하지 못하는 경우, 시민사회가 개입을 할 수 있고 또 그렇게 하여야 한다. 여태까지의 사회는, 법을 위반하는 행위를 무시하고 그 행위를 반복하게 하고 형벌에서 면제되는 문화가 지배적인 문화로 자리했었다. 민간법정이 도덕적인 권위를 가질 수 있는 것은, 국가가 공식적인 국제법제도내에서는 계속해서 자유

---

13) *AGAINST THE CRIME OF SILENCE: PROCEEDING OF THE INTERNATIONAL WAR CRIMES TRIBUNAL*(John Duffet ed., 1970). 이 법정은 베트남에서의 전쟁범죄와 집단살해에 대한 미국의 책임을 묻기 위하여 1966년에서 1967년 사이에 3회 회합이 있었다.

14) Richard Falk, *The Rights of Peoples (In Particular Indigenous Peoples)*, THE RIGHTS OF PEOPLES 17, 28(James Crawford ed., 1998).

15) *Id.*, pp.28-29.

16) *Id.*, p.29.

로울 수 없는 점에서 비롯된 것이다. 이러한 법정기구는 예컨대 법정참고인의 인정을 통하여 소송권을 제한하는 일부 예로서, 일차적으로는 강제취득영역에서 비국가행위자(개인)에 대해 재판을 개시한다. 잔인한 행위에 대한 법적 대응은, 전쟁범죄법정과 진실과 화해를 위한 다양한 모델을 포함하여, 과거 10년 동안 혁신적인 국제적 및 국내적 절차를 마련해 냈다. 민간법정에서는 국가가 운영하는 국내법원 혹은 국제법원의 적법절차를 제공할 수는 없으나, 이러한 한계로 민간법정의 효용성이 감소되어서는 안될 것이다. 공식법정에서 제기된 문제보다 국제사회에 대한 선언으로 제시된 증거의 진실성을 문제삼는 것은 합당하지 않다. 민간법정은 형벌을 내리거나 보상을 명할 수는 없으나, 법적인 판결의 가치와 도덕적인 강제성에 의한 권고는 할 수 있다. 불법행위에 대한 보편적인 비난은, 유엔회원국의 후원이나 '유엔의 인민'(peoples of the United Nations)의 후원 하에서 이루어진 것이든 관계없이 인정되어야 한다. 이전에 침묵과 책임회피만이 있었던 경우, 이러한 민간법정은 중대한 범죄가 저질러진 피해생존자에 대한 공식적인 인정형태를 이루는 것이다. 이러한 인정은, 수치심과 죄책감을 보상하고 치유와 종결을 제시하는 데 필수적인 것으로 인정되어야 한다. 민간법정은 전쟁범죄법정과 진실위원회(truth commissions)를 단일과정요소로서 결합할 수 있다. 이는 잔혹함이 저질러지는 상황의 다양성과 복잡성으로 인하여, 단일의 단정적인 대응도 이루어질 수 있음을 의미하는 것이다. 다만 절차는 각기 특별한 상황에서 정의실현을 가능하게 하고 이에 기여할 수 있도록 마련되어야 한다.17) 민간법정은 이러한 접근범위내에서 자신의 입장을 취할 수 있다.

---

17) Naomi Robt-Arriaza, *The Need for Moral Reconstruction in the Wake of Past Human Rights Violations: An Interview with Jose Zalaqueti*, HUMAN RIGHTS IN POLITICAL TRANSITIONS: GETTYBURS TO BOSNIA 195, 197(Carla Hesse & Robert Post eds., 1999).

민간법정인 2000년 법정은, 국제평화협정과 분쟁 후 공식적인 전쟁종
결방법과 관련하여 이와 같은 신념에 근거하여 설립되었다. 2000년 법정
은 국가들이 정치적 합의와 해결을 통하여 개인에게 저질러진 인도에 반
하는 범죄를 간과하거나 용서할 수 없다는 신념을 표현한 것이었다. 한편
이번 법정은 다음 세 가지 점에서 이전의 민간법정과 구별된다. 첫째 가
해국인 일본에서 법정이 개최되었다는 점, 둘째 여성법정인 점, 그리고
셋째 외부가 아닌 피해국내 민간조직에 의하여 설립되었다는 점이다.
2000년 법정은 성폭력과 성노예 범죄에 초점을 맞추고 있고, 이 문제는
이전의 평화적인 해결에서는 일반적으로 고려되지 않았고 공식적인 기록
에서도 삭제되었다. 동시에 이전의 시민사회에서의 제안(initiatives)은 성
적 침해에 초점을 맞추고 있지 않았다. 이전 민간법정에서 "문화적, 법적
및 종교적 생활"18)로 저명한 사람들에 대한 판결이나, 그 법정에 여성의
목소리를 포함하는 것을 보장되지 않았다. 버트란드 러셀(Bertrand Russell)
법정에서 재판관이었던 시몬느 드 보봐르(Simone de Beauvoir)의 참여에도
불구하고 말이다.19)

1990년대에 들어서면서부터 여성의 권한강화와 인권의 증진과 보호에
대한 사회운동이 동시에 이루어졌고, 제안(initiatives)범위를 통하여 국내
및 국제법적 체제내에서 일정한 변화를 촉진시켰다.20) 한 가지 예를 들
자면, 비엔나세계인권회의와 북경여성회의에서 있었던 무력 충돌시 이루
어졌던 여성에 대한 억압과 폭력범죄에 대한 공개심문이었다. 이는 성별
에 근거한 폭력의 내용과 가혹함을 인식하기 시작하는 것이었다.21) 더

---

18) Falk, *supra note* 14, p.28.

19) HIRARY CHARLESWORTH & CHRISTINE CHINKIN, THE BOUNDARIES OF
INTERNATIONAL LAW: A FEMINIST ANALYSIS, pp.90-98, 2000.

20) Christine Chinkin, *Human Rights and the Politics of Representation: Is There a Role for
International Law?*, THE ROLE OF LAW IN INTERNATIONAL POLITICS 131
(Michael Byers ed., 2000).

나아가 이번 법정은 책임분배에서 생기는 양심을 화합하는 것이었다. 이러한 방법은, 이미 시민사회에서 합법성(legitimacy)을 얻은, 전통적인 여성네트워크 조직과 양심의 유발 및 절차적인 발의로 구축된 연대관계를 합하는 전략의 가치를 보여주고 있다.

이번 2000년 법정에는 다른 민간법정보다 중요한 점이 있다. 첫째, 국제재판만을 취급하는 국가제도의 제한으로 설립된 본 법정은, 국제법상 불법행위에 대한 개인의 형사적 비난과 국가책임을 지우고, 불법행위에 대한 배상의무를 이행하게 하는 이중목표를 이룰 수 있었다. 피해자의 권리와 전쟁시 저질러진 잔혹성에 대한 보상문제는 구 유고 및 르완다 국제형사재판소와 국제형사재판소의 협상과 관련한 선례가 있었다. 국제형사재판소규칙 제106규칙에 의한 보상명령은 이루어지지 않았으나, 어느 경우이든 개인적인 구제에 제한되었다. 권리와 보상문제는 국내교육을 보장하고 기념비의 건립과 같은 형태의 보상만을 말하는 것은 아니다. 국가가 이러한 잔인한 행위에 책임이 있는 경우, 개인적인 형사적 비난이 어떻게 결정되든, 적절한 형태로 보상의무를 충족시켜야 한다.

둘째, 역사적 기록의 수집과 편집의 중요성이다. 지난 10년 동안 국가에 의하여 제시된 사안의 견해를 부인할 수 있는 인권침해에 대한 자료를 수집하는 형태가 폭발적으로 증가하는 추세에 있었다. 일본군 성노예에 관한 기록은, 전 국가를 통해 다양한 형태—개인의 증언,[22] 권위 있는 NGO 보고서[23]와 유엔 특별보고관과 유엔기구의 보고서[24]—로 나타나기 시작하였다. 본 법정은 역사적인 자료와 전문가증언의 기록을 추가하였

---

21) 이전의 사례는 *CRIMES AGAINST WOMEN: THE PROCEEDINGS OF THE INTERNATIONAL TRIBUNAL*(Diana Russell ed., reprint 1984) (1976) 참조.
22) JAN RUFF, 50 YEARS OF SILENCE(Sydney 1994).
23) DOLGOPOL & FARANJAPE, *supra note* 1.
24) Gay J. McDougall, Report of the Special Rapporteur on Systematic Rape, Sexual Slavery and Slavery-like Practices, UN Doc E/CN.4/Sub 2/1998/13.

다. 예컨대, 자신의 광범위한 연구를 통하여 요시미(Yoshimi) 교수는 여러 일본행정부처로부터 이전에 알려지지 않았던 많은 자료를 제시하였다. 아시아와 다른 곳에 있는 연구자들 역시 보다 많은 자료를 찾았고, 이들 자료는 국가기소자에게 유용하게 쓰여졌다. 이러한 자료—여성을 군대수비대에 보낸 명령, 일본군'위안부'의 군표제도와 시간표와 같은 선편 이송, 수송에 대한 명령과, 의료검사와 같은 운영적 자료—로부터 범죄자의 행위가 보이기 시작했고, 이러한 자료는 일본의 군체제에 나타난 일본군 '위안부'제도의 내용과 제도에 중요한 증거가 되었다. 이들 자료는 위안소에서 있었던 강간이 전쟁의 불가피한 결과도 아니고, 전쟁의 도구도 아니며, 여성의 성적노예가 군사적 목표를 달성하는 데 필요한 것으로 간주된 전쟁의 주요 동기의 일부이었음을 입증한 셈이다. 2000년 법정은, 이전의 조사로 수집된 증거를 능가하는 특별한 증거배열을 선택하였고, 이전에 적용 가능했던 역사적으로 관련한 준거법의 보다 철저한 조사를 통하여 결론을 내렸다. 비록 중요하지는 않더라도, 이러한 철저한 조사를 통해 비공식적인 법정의 '행위'(exercise)들을 보다 본격적으로 고발의 인정된 형태를 가져올 것이다.

셋째, 두 번째 지적에서 비롯되는 것으로 이번 법정은 성별 관련성에 대한 군사주의와 군사적 목표의 효과를 고려하였다. 이러한 분석은, 일본 군사제도에 대한 완전한 복종과 충성심에 대한 개인적인 (남성)군인의 의지와 인격의 복종정신의 효과를 보여주는 것이었다. 이러한 문화는 군인들 스스로 자신의 인권을 박탈하고 자신의 정체성을 부인하며, 개인성을 억누르고 또한 여성의 신체가 남성의 성적 필요성에 제공되도록, 여성에 대한 완전한 복종을 요구하는 것이었다. 일본군 성노예제도의 독특한 상황과 배경에서 우리는 여전히 군사주의와 성적 침해에 기여하는 성적 여성차별적인 태도(sexist attitudes)간의 계속적인 연관성에 관한 중요한 교훈을 배울 수 있었다. 예컨대 군대기지와 관련된 강간과 성적 학대(sexual harassment), 그리고 직접적인 분쟁 이후 사회에서 보다 강화된 차원의 국내 폭력을 들 수 있겠다.

넷째, 재판절차는 성적 침해에 대한 명백한 언급이 적었던[25] 1945년 당시의 법으로 돌아가 고찰하였고, 여성 자신이 어떠한 역할도 하지 않았던 정책에 의하여 지배당하고 침해당했던 방식은 초기의 인권탄압에 속한다고 이해하는 법적 분석을 제시하였다. 이와 같은 노예·강제노역과 인신매매(trafficking) 등은 이들 사건이 있었을 당시 국제법에 의하여 금지되었다. 이는 분명 강간이었다.[26] 군요원의 명령으로 성적 노역의 목적으로만 여성을 감금한 것은 이들의 신체의 소유권을 박탈하는 것으로서 노예상태(slavery)를 말하는 것이다. 더욱이 어느 누구도 노예상태에 동의할 수 없기 때문에, 동의의 문제나 성적 행동은 아무런 관련이 없다.

마지막으로, 성폭력의 희생자로서 생존한 여성들이 고통을 안고 자신의 고향으로 돌아가는 경우, 이들 여성들은 고향에서마저 쫓겨남으로써 그 상황이 더욱 악화되었다는 증거가 재판과정에서 입증되었다. 이들은 일본군'위안부' 피해를 대해 자신의 책임으로 보는 지배적인 여성차별적 태도로 인하여 수치심과 침묵으로 고통받아야만 했다. 이번 법정이 일본 정부의 책임에 대한 적절한 추궁에 기여하고, 오늘날 계속해서 전 세계적

---

25) 제2차 세계대전 이후 법정 중, Judge-Advocate ratione officii v. Twelve Unnamed Defendants 사건에서, 인도네시아 발타비아(Baltavia)의 임시군사법정은 매춘의 목적으로 군사매춘지역으로 옮겨진 네덜란드 여성을 강제적으로 납치한 것에 대하여 논의한다. No.72/1047, 8 UNITED NATIONS WAR CRIMES COMMISSION, LAW REPORTS OF TRIALS OF WAR CRIMINAL 122 (1949). 이 법정이 유럽여성들의 운명을 고려한 사실은 당시 만연해 있던 근본적인 인종주의, 여성차별을 조명한 것이다.

26) Patricia Viseur Sellers, *The Context of Sexual Violence as Violations of International Humanitarian Law*, SUBSTANTIVE AND PROCEDURAL ASPECTS OF INTERNATIONAL CRIMINAL LAW: THE EXPERIENCE OF INTERNATIONAL AND NATIONAL COURTS: COMMENTARY 263(Gabrielle Kirk McDonald & Olivia Swaak-Goldman eds., 2000).

으로 만연되어 있는 성적 고정관념(sexual stereotyping)의 형태를 변화시키
는 데 도움이 되기를 희망한다.

민사재판에서 본 2000년 일본군성노예전범 여성국제법정*

요꼬다 유우이찌(橫田雄一)
2000년 일본군성노예전범 여성국제법정 일본측 검사. 변호사

1. 공감공고(共感共苦, compassion)에서 나온 판결

2000년 일본군성노예전범 여성국제법정(이하 2000년 법정)에서 내려진 판결, 즉 '사실인정(認定)의 개요'(Summary of Finding)는 생존해 있는 일본군'위안부' 피해자들의 보상청구사건을 심리했던 일본 재판관의 한계를 선명하게 드러냈다.

저명한 국제법 전문가로 구성된 판사단이 판결 전반부에서 '침묵의 역사를 깨고…'를 포함한 두 항목에서 피해자들의 비통한 삶의 호소를 연이어 언급했던 것은 신선한 놀라움과 감동을 주었다.

2000년 법정의 판사단은 '인간이 어떻게 이렇게도 비인간적으로 될 수 있을까'하는 의문을 가지고, 상상을 초월하는 가장 잔혹한 행위에 대한 증언을 들으며, 생존자 여성들의 심신의 아픔에 공감공고(共感共苦, compassion)하면서 그 진실성을 인정했다('사실인정의 개요' 14항).

---

* 이 글은 일본에서 출판된 『裁かれた戰時性暴力』(VAWW-NET Japan, 2001) 중 9장을 김윤옥(정대협 상임대표)이 번역한 것이다.

또한 이들은 2차 세계대전 후 일본군이 패망한 후에, 피해자들은 각 나라의 성차별의식이 내면화된 사회 속에서 스스로를 드러내지 않고 치욕스럽게 느끼면서 50년간이나 침묵하며 고통당했던, 그리고 현재에도 고통받는 것에 대해서는 강한 조명을 비추고 있다.

판사단은 '사실인정의 개요'에서, 일본정부가 전후 생존자 여성들을 방치해왔을 뿐만 아니라 피해여성이 침묵을 깨고 일본군'위안부' 문제가 국제사회 전체에 이슈로 부각되었던 90년대를 통하여, 일본정부가 전적으로 그 법적 책임을 인정하지 않음으로 해서 이것으로 인하여 피해자들에게 말할 수 없는 고통을 강요해온 것에 대해 냉엄한 비판을 되풀이했고, 피해자들에게 보상을 해야 한다는 것을 강조하고 있다. '사실인정의 개요'에서는 피해자들의 심신의 고통에 대해 민감하게 공감공고할 수 있도록 하고, 우수한 능력을 가진 국제적 법률가들은 정의의 회복과 여성의 존엄회복에 대한 숭고한 열정을 담았다.

사실 이러한 열정, 이러한 정의감과 여기에 기초한 법률가로서의 법원칙의 적용이야말로 유감스럽게도 시모노세키판결(下關判決) 등 극히 일부를 제외하고는 일본의 전후보상 재판의 판결들에서는 전적으로 결여되어 있는 것이었다.

성노예화한 3명을 포함하는 한국여자근로정신대 생존자 여성들이 제기했던 보상청구사건의 시모노세키판결은 피해자들에게 위자료지불의무를 인정한 유일한 예외적인 예이다. 이 판결에서는 일본군성노예제는 "철저한 여성차별·민족차별 사상의 결과이며 여성의 인격을 밑바닥부터 침해하고 민족의 긍지를 짓밟는 것으로서, 더욱이 결코 과거의 문제가 아니라 현재에도 극복해야 할 근원적 인권문제인 것도 또한 명백하다"라고 인정하며, 제1차적 피해에 대해서는 입법에 의한 구제가 행해질 것을 전제로 하고 전후에 아무런 구제조치를 취하지 않고 방치해온 것은 일본국 헌법의 근간적 가치에 위배되는 중대한 인권침해로 규정하고 있다. 또한 그 구제의 고도의 필요성이 인정된다 하여, 적어도 고노(河野) 관방장관 담화로부터 3년 후에 있었던 국회의원의 입법부작위에 대해, 이것을 '국가배상법상 위법'이라고 인정하여 국가에서 피해자들에게 위자료를 지불할 의무가 있음을 인정했지만 상기 판시 부분에 한하여 말하자면 바로 '사실인정의 개요'의 스탠스와 공명하는 질(質)에 도달하고 있었던 것이다. 그러나 유감스럽게도 2001년 3월 29일 히로시마 고등재판소 제2부의 항소심 판결은 겨우 열렸던 구제의 길을 닫아버렸다.

이상은 피해자들의 필사적으로 제기했던 청구에 대한 일본 재판소의 대응의 현상이다. 그러므로 2000년 법정을 통하여 일본사회가 판사단의 공감공고할 수 있는 우수한 감성에 직접 접촉할 수 있는 기회를 가질 수 있었던 것은 중대한 역사적 의의가 있었다고 하겠다(파스칼『팡세』에서 인간의 정신적 작용들 중에서 감성이 가장 중요시되어 있었음이 상기된다).

2. 일본의 전후보상운동의 한계

그러나 한계가 제시된 것은 일본의 재판관에 대해서만은 아니다. '사실인정의 개요'는, 구일본군의 최고사령관이었던 쇼와 천황을 일본군성노예제와 전시성폭력에 대해 유죄라고 인정했는데, 판사단은 나아가서 다른 책임자들의 형사책임에 대해서도 심사를 하고 있다.

그런데 일본에서는 2000년 법정이 있기 전까지, 일본의 전쟁과 전후책임의 추급은 책임자처벌의 관점이 빠져 있었다. 물론 그 자체가 중요하긴 하지만 전체의 일환을 구성하는 데 지나지 않는 보상책임, 즉 민사책임(때로는 사죄를 포함) 추궁에만 국한해왔다. 유감스럽게도 2000년 법정의 '사실인정의 개요' 후에도 일본의 전후보상운동(재판·입법)은 여전히 책임자처벌은 염두에 두지 않았다. 필자를 포함하여 지금까지 전후보상 재판에 관계해왔던 이들은 일본군성노예제와 전시성폭력에 대하여 천황의 형사책임을 정면으로 인정한 '사실인정의 개요'가 문제제기한 것을 냉엄하게 받아서 이러한 고도의 質에 대응할 수 있는 방식으로 민사책임을 추궁해갈 책임이 있다고 하겠다.

3. 개인에게 국제법적 청구권이 있음을 전제

2000년 법정에서 판사단은 "일본정부가 '법정헌장' 제4조가 기술한 의미에서 위안소제도의 설치와 운영에 대해 국가가 책임을 진다"는 판정을 내린 바 있다.

다른 한편, 일본에서의 전후보상 재판에서는 상기 국가책임은 '누구에 대해 지는지', 즉 '피해자 개인에 대해 지는지'(변호단의 견해), '피해자가 속한 본국에 대해 지는지'(국가·재판소의 견해)의 문제를 둘러싸고 언쟁을 해왔다고 해도 과언은 아니었다. 2000년 법정은 이 문제에 대해 네덜란드의 저명한 국제법 국제인도법학자인 칼스호벤 박사에게 감정증인으로서 출두해줄 것을 요청했다. 칼스호벤 박사는 1991년경 국제법 잡지에 발표한 논문에서 1907년 헤이그에서 개최되었던 제2회 세계평화회의에서의 헤이그조약 제3조의 기초과정에 따라 "피해자 개인은 가해 군대가 속하는 국가에 대해 동조항에 기초하여 손해배상을 청구할 수 있다"는 것을 논증했다.

필자가 상기 논문의 존재를 알게 되었던 것은 마침 패전 50주년인 1995년 8월 15일 도쿄에서였다(나중에 알게 된 사실은 위의 논문을 일본의 우리들에게 처음으로 가져왔던 사람은 2000년 법정에서 국제검사를 맡았던 우스티니아 돌고폴 씨였다). 다음해인 1996년 여름과 가을에 암스텔담에서 칼스호벤 박사를 만났고 1997년 여름 도쿄지방재판소 법정에서는 칼스호벤 박사의 증언이 실현되었던 것이다.

일본군 점령지의 피해주민들이 호소한 보상청구재판을 담당했던 우리는 칼스호벤 박사의 논문과 증언을 주축으로 해서 법이론을 연마하며 국가나 재판소의 논리와 투쟁해왔다. 그러나 주지하다시피 적의 성은 아직 함몰시키지 못하고 있다. 이러한 상황에서 2000년 법정에서는 당연히 개인에게 국제법적 청구권이 있음을 전제로 하고, 일본정부를 냉엄하게 비판한 것은 원고들의 청구의 정당함을 국제적 그리고 전문적으로 지원하는 것으로서 아주 큰 의의를 가지는 것이다.

'인정의 개요'는 그 입론의 근거에 대해서는 지금은 직접 다루지 않고 있다. 물론 한편으로는 본래 '침해의 구제'는 피해자 자신(내지는 그 승계인)에 대해 행해져야 한다는 법원칙이 있다(피해자 이외의 자. '국가'에게라는 것은 주장하는 측에 특별한 주장입증책임이 있다). 다른 한편에서는 '사실인정의 개요'도 '국가책임' 25·26항에서 언급하고 있는 대로 국제법상 일반적으로 인정되고 있는 국가불법행위책임의 원칙이 있다.[1] 2000년 법정의 판사단으로서는 개인에게 청구권이 있다는 명제는 거의 자명한 이치가 아니겠는가.

'사실인정의 개요'가 민사재판인 2000년 법정에 대해 가지는 의의는 거의 이상의 것이라고 할 수 있겠다. 그러나 재판상의 다른 쟁점에 대해서도 '사실인정의 개요'는 원고측의 법적 견해와 같은 생각을 명백히 말하고 있다.

---

1) 나아가서 '인정의 개요'의 보상 35항에서는 단적으로 "국제법 아래서의 손해보상은 정부가 행하지 않으면 안된다"고 표현하고 있다.

4. 원고측을 지원하는 '사실인정의 개요'에서의 법적 견해

1) 입법부작위의 위법에 기초하는 청구권

앞에서 기술한 대로 히로시마고등재판소는 입법부작위의 위법에 기초한 청구를 인정한 야마구찌(山口)지방재판소 시모노세키 지부의 판결부분을 취소했다. 시모노세키의 배상이 지연된 판결에서는 여성들에게 치욕과 분노와 슬픔과 고립과 경제적 곤궁, 건강문제, 평안을 얻을 수 없었던 일 등의 고통을 다시금 지속적으로 강요해왔다. 이러한 심각한 피해도 또한 손해배상의 대상이다('보상' 36항). 최근 도쿄지방재판소는 중국인 강제연행자에 대해 이 법리를 인정했다.

2) 일본의 노예조약 위반

중국 무한에서 수년간 성노예였던 생존자 재일한국인 송신도 할머니의 사건에 대해 도쿄고등재판소는 일본군 성노예제가 '여성매매금지조약' 위반이며 '강제노동금지조약' 위반이라는 점에 대해서는 원고측 주장을 인정했으나 1926년 노예조약 위반이라는 주장은 각하했다.
'사실인정의 개요'에서 일본은 또한 국제관습법의 규범에도 위반하고 있으며, 1907년 헤이그조약이나 1926년의 노예조약에서 표현된 국제관습법의 규범에 대한 위반이 포함된다고 하고 있다('국가책임' 27항).

3) 아시아여성기금에 대한 거부

시모노세키판결에서 피고국은 입법부작위의 주장에 대해 여성을 위한 아시아평화국민기금(아시아여성기금) 설립의 사실을 가지고 방어방법으로 삼았다(거꾸로 아시아태평양전쟁한국인희생자 보상청구권에서는 변호인측이 아시아여성기금으로 피해국이 스스로 법적 책임을 인정한 증거라고 주장했다).

2000년 법정의 사실인정에서 아시아여성기금은 '현재 증언한 피해자 모두에 의하여 격렬하게 거절당하고 있으며, 이러한 기준(물질적인 피해, 빼앗긴 기회, 피해자 본인이나 가족 친지들이 입은 고통 등에 적절하게 응당되는 것이어야 한다)을 채우는 것이 아니라고 하고 있다('보상' 35항).

4) 조약 협정에 의한 청구권 소멸은 없다

시모노세키재판에서 "국가는 공소심의 최종단계에서 한국과 일본 사이는 1965년의 한일청구권 협정으로 개인의 청구권이 소멸했다"는 주장을 했다

'사실인정의 개요'는 전후 일본이 서명해왔던 많은 평화조약이나 협정 등에 대해서 이 '법정'은 이들 평화조약은 일본군'위안부' 문제에는 적용되지 않는다고 인정한다. 조약에 의해서도 개개의 국가가 인도에 대한 죄에 대한 다른 국가의 책임을 면제할 수는 없기 때문이라고 하고 있다('국가책임' 29항).

'법정'의 상기 판단은 다음 항에서 성찰되는 소위 젠더 정의(正義)의 관점에서도 행해지고 있다.

5. 젠더 편향에 대한 단죄

2000년 법정에서, '평화조약은 본질적인 젠더 편향이 존재한다'는 수석검사의 주장은 납득할 수 있다고 인정한다. 그러나 2000년 법정은 개

인이든 집단이든 평화조약체결시의 여성이 남성과 평등한 발언권도 지위도 가지지 않았다는 점에 유의하였다. 바로 이 때문에 평화조약 체결시, 군의 성노예제와 강간의 문제는 아무런 대응도 없이 방치되었고 조약의 교섭이나 최종적 합의의 아무런 역할도 다하지 않았던 것이다. 2000년 법정은 국제적인 평화교섭과정이 이렇게 젠더 인식을 결여한 채 행해지는 것은 무력분쟁하에서 여성에 대해 범해지는 범죄가 처벌되지 않는다는, 지금도 지속되는 불처벌의 문화를 조장하는 것이라고 인식한다.

6. 국제인도법의 발전과 재확인

'사실인정의 개요'는 '국가책임' 28항에서 일본국가가 제2차 대전 종결시 일본군'위안부'를 각 국가에 귀환시키는 것을 게을리 했던 것은 헤이그규칙의 직접적 위반에 해당한다(was in direct violation of the Hague Regulations)고 했다.

일본군의 전후보상 재판에서, 피해자가 점령지 주민인 경우인 중국사건과 필리핀사건에서 헤이그조약 3조를 법적 근거로 삼아 '식민지' 출신자의 사건의 경우에는 그밖의 국제조약이나 국제관습법을 법적 근거로 삼는 할당을 행해왔다. 헤이그조약이 조문상으로는 점령지 주민의 보호규정이기 때문이다. 2000년 법정이 '식민지' 출신자의 귀환문제를 주로 염두에 두고 있는 것은 분명하다. 점령지 주민의 보호뿐만 아니라 점령지에 연행된 '식민지' 출신자에게도 법적 보호를 끼치며 제2차 대전 시기의 헤이그조약의 '전쟁희생자 일반에 대한 보편적 적용'(관습국제법화)을 행하고 있는 것은 국제인도법의 흐름에 따라 이것을 재확인하는 것이다.

7. 성차별사회 국가와의 철저한 대결

2000년 법정 이후의 민사책임을 추궁하는 장면에서도 자각적으로 젠더 인식이 관철되는 것이 기대된다. 그것은 구조적인 성차별사회와 국가의 철저한 대결의 일익을 담보해가는 것이 될 것이다. 또 한 가지 기성사회와 국가와의 철저한 대결을 요청하는 것은 앞에서 기술한 대로 '사실인정의 개요'가 천황의 유죄를 인정한 일이다.

실제로 '위안소'를 이용한 병사들에게 죄책감은 없다.[2] 바로 '천황의 군대'가 운영했기 때문이다. 다른 한편 적지 않은 피해여성들은 '천황폐하'의 이름 아래서 지옥을 견디는 것을 강요당한 것이다. 중요한 것은 쌍방에게 있어서 '위안소를 궁극적으로 지탱한 것은 천황 내지는 천황제였다'는 것이다. 또한 그 천황을 유죄로 한 '사실인정의 개요'에는 천황 면책장치로서 출발한 상징천황제를 불가결한 지배장치로 하는 전후국가에 대한 철저한 대결에로의 요청이 포함되어 있다는 것이다. 보상재판 관계자로서는 천황유죄판결을 납득하고, 국민기금 수령거부를 했던 피해자들의 새로운 투쟁을 향한 출발에 고무되면서, 재판소를 포함하여 국가기관과의 대결을 강화하고 그 고도의 긴장감 안에서 국제법, 헌법 등의 구제법규 해석의 발전을 꾀하여야 할 것이다.

다른 한편 성폭력 피해자의 보상청구재판은 '자유주의사관'적 역류를 불러올 정도로 전후보상문제를 사회적으로 과제를 삼을 수 있었던 반면, 일본정부에게는 '사법의 장에서의 승리'를 주었고 생존자에게는 제2, 제3의 타격을 주어왔던 것을 부인할 수 없다.

---

2) 예를 들면 曺根一夫, 『元下級兵士가 체험·견문한 종군위안부』(白石書店, 1993)에는 "전후에 알게 된 종군위안부였었다는 일본 여성은 '그 당시에는 정말 천황폐하를 위한 일이라고 생각하고 있었어요'라고 말했다"라고 쓰여 있다. 이를 보아도 그 사실을 알 수 있다.

일본정부에게 법적 책임을 인정시킬 수단은 원래 재판에 한정된 것은 아
니다. 가능하고 유리한 국내적·국제적 무대를 자유로이 선정·활용하고 말
그대로 성역 없는 책임추궁을 해야 할 단계에 이르고 있는 것 같다.

2000년 일본군성노예전범 여성국제법정의 국제형사재판소에 대한 기여*

히가시자와 야스시(東澤 靖)
2000년 일본군성노예전범 여성국제법정 일본측 검사, 변호사

1. 일본군'위안부' 문제가 국제형사재판소에 기여한 점

1) 'ICC'와 성폭력의 처벌

1998년 7월, 유엔의 아난 사무총장이 '미래 세대에의 희망의 선물, 그리고 보편적 인권과 법의 지배의 전진을 위한 거대한 일보'라고 그 감동을 말했던 국제형사재판소(이하 ICC)를 위한 로마규정(이하 ICC로마규정)은 로마전권외교회의에서 압도적인 지지로 채택되었다. 대량학살, 인도에 대한 죄, 전쟁범죄 그리고 침략의 죄를 심판하는 상설 국제형사재판소는 60개국의 비준으로 네덜란드 헤이그에 설립된다. 2001년 7월 시점에서 비준국은 37개국이 되었고 이미 139개국의 서명국가가 비준을 준비중에 있는 상황이다.

---

* 이 글은 일본에서 출판된 『裁かれた戰時性暴力』(VAWW-NET Japan, 2001) 중 11장을 김윤옥(정대협 상임대표)이 번역한 것이다.

ICC 로마규정의 중요한 특징 중의 하나는 무력분쟁하의 성폭력이 정식범죄로 정의되고 또한 성폭력에 대한 소송을 확실한 것으로 하기 위한 피해자나 증인에 대한 충분한 보호조치가 포함되었다는 데 있다. ICC로마규정의 기초가 되었던 생각은 무력분쟁에서 잔학행위의 피해자가 되는 대상은 어린이와 여성이라는 사실과, 재판에서 피해자나 증인의 참석 없이 정의가 실현될 수 없다는 것이다(전문).

예를 들면 '강간, 성노예, 강제매춘, 강제임신, 강제피임조치 또는 동등한 중대성을 가지는 다른 형태의 성폭력'은 ICC가 재판할 권한을 가지는 전쟁범죄와 인도에 대한 죄의 쌍방의 유형에 부가되었다(8조 2항 b22, d6, 7조 1항 g). 또한 재판 수속과정에서도 피해자의 의견표명의 기회가 주어졌고 재판소는 형사판결과 아울러 피고인에게 피해자에 대한 배상을 명할 수가 있다. 또는 ICC에는 피해자 증인부가 설치되어 피해자나 증인의 보호나 안전조치를 취하는 것 이외에도 성폭력 등에 의한 트라우마에 대한 전문가를 두고 상담 등 도움을 주는 형식으로 피해자의 참가나 피해자나 증인의 보호조치를 강구하고 있다.

그러나 두 번의 세계대전을 경험한 20세기 역사에서 무력분쟁하의 성폭력이 국제범죄로서 명확하게 인식되어왔다고는 할 수 없었다. 1907년 '헤이그조약'이나 1949년의 '제네바문민보호조약'에서 논의되었던 무력분쟁하 성폭력의 문제는 '가문의 명예'나 '명예'라는 애매한 추상어로 표현된 데 지나지 않았다. 1971년 제네바 제1추가의정서에 이르러서야 "여성은 특별한 존중의 대상으로 삼고 또한 특히 강간, 강제매음 등 기타 모든 종류의 외설행위 대해 보호하는 것으로 한다"라고 성폭력에 직접 언급한 규정이 나왔으나 그것이 국가에 처벌의무를 부여하는 전쟁범죄의 유형에는 포함되어 있지 않았다. 그런 의미에서 무력분쟁하 다양한 형태의 성폭력이 국제범죄인 것을 확인한 ICC로마규정은 혁명적인 것이었으며, 이것은 냉전 후 1990년대에 진행되었던 두 개의 중요한 요인을 빼고는 생각할 수 없다.

2) 성폭력을 국제범죄로 인정하게 한 원동력

　무력분쟁하 성폭력을 국제범죄로서 확인시켰던 하나의 중요한 원동력은 말할 것도 없이 90년대에 연이어 발생했던 구유고분쟁과 르완다분쟁이다. 민족정화 등 전쟁의 목적을 수행하기 위한 수단으로서 사용되었던 성폭력과 비인도적 행위의 실태는 전세계에 충격을 주었고 안전보장이사회 산하에 구유고국제형사법정(이하 ICTY)과 르완다국제형사법정(이하 ICTR)을 설립하게 되었다. 특히 가까이에서 이들 분쟁을 체험한 유럽이나 아프리카제국은 ICC의 강력한 추진세력이 되었다. ICC는 ‘다짓지사건판결’(ICTY, 1997년 5월 7일)이나 ‘아카이에스사건판결’(ICTR, 1996년 2월 13일)을 비롯하여 이들 분쟁시 성폭력의 실태를 명백히 하고 거기에 적용시켜야 할 전쟁범죄, 인도에 대한 죄, 제노사이드 등의 법을 발견해냈다. 한편 피해자나 증인의 증언을 얻기 위한 여러 가지 어려움에 직면했을 때에는, 피해자나 증인 보호를 확대하기 위해서 규칙개정을 되풀이하여 보호의 수단을 확립해왔다.

　다른 한편으로 구유고분쟁과 르완다분쟁과 나란히 무력분쟁하 성폭력에 대한 처벌의 필요성을 확신시켰던 것은 구일본군에 의한 일본군‘위안부’ 문제였다. 1991년 반세기에 걸친 침묵의 역사를 깨고 피해자가 자기의 피해를 공적으로 드러냈을 때, 이것을 받아들인 일본의 여론, 특히 사법부는 일본군‘위안부’ 문제에 대해 ‘처벌되어야 할 범죄’로 인정하지 않았다. 각국 피해자들에 의한 민사소송의 제기가 연이었고 1993년 일본정부가 일본군의 관여를 인정하고 ‘사죄와 반성의 마음’을 표명한 후에도 사실관계를 확정하여 책임자를 처벌하는 일은 행해지지 않았다. 1994년 한국정신대문제대책협의회(이하 정대협)가 도쿄지방검찰청에 고발장을 제출했으나 수리되지 않았을 때에도, 책임자처벌에 대한 여론은 물론 일본군‘위안부’ 문제에 관여했던 사람들도 회의적인 대응밖에는 보이지 않았다. 특히 '법률'을 잘 알고있는 사람들이, 증거수집의 어려움이나 시효 등의 법적 곤란성을 이유로 고발에 대해서는 그것이 가지는 중요한 의미를 발견하지 않았다.

그러나 책임자의 처벌은 국제적인 장에서는 전혀 다른 양상을 보였다. 1995년 베이징세계여성대회에서 채택되었던 베이징행동강령은 무력분쟁 하 성폭력이나 성노예제도 피해에 대해서 국가에 진상규명과 책임자의 처벌을 요구했다(145항 e). 나아가서 다음해 1996년 유엔인권위원회에 제출되었던 '여성에 대한 폭력에 관한 쿠와라스와미보고'(E/CN.4/1996/53/Add.1)는 일본정부에 대해 "제2차 세계대전 중에 위안소를 위한 모집 및 수용에 관여한 범행자를 가능한 한 특정하여 처벌할 것"(137항 f)을 권고했다. 그리고 성노예제 및 성폭력에 대해 국제법 아래서 소송을 하기 위한 법적 틀, 특히 일본군 성노예제에 대한 형사책임의 분석을 상세히 행했던 것이 1998년 6월 유엔 '차별방지 소수자보호 소위원회'에 제출되었던 맥두걸 보고서였다((E/CN,4/Sub.2/1998/13). 이 보고는 일본군'위안부' 문제에 적용되었어야 할 노예제의 금지, 전쟁범죄로서의 강간, 그리고 인도에 대한 죄 등 당시 설립되어 있던 국제관습법의 내용을 명백히 했다. 이에 더하여 이 보고서는 지휘명령자 책임의 법이론이나 국제관습법 아래서의 시효 부적용의 법이론 등을 명백히 하고 1994년 정대협의 고발에 응하여 즉시 행동을 취하도록 일본정부에 권고했다. 이 보고서가 이 문제에 대해 자세한 보고를 했던 것은 "슬프게도 제2차 세계대전 중에 범해진 대규모적인 성적 범죄에 대처할 수 없기 때문에 유사한 범죄가 처벌이 없는 대로 오늘날까지 반복되었다"(69항)는, 불처벌과 반복에 대한 중요한 염려에 의한 것이었다. 이렇게 국제여론은 극동군사재판에서 소송하지 않고 방치했던 일본군'위안부' 문제 책임자의 형사책임에 대해서 무력분쟁하 성폭력에 대한 불처벌과 반복의 나쁜 선례로 단정하였다. 그리고 전후 반세기에 걸쳐 침묵에로 내쫓겼던 일본군'위안부' 문제에 대한 불처벌과, 끊임없이 되풀이되는 악순환을 끊는 일에 대한 결심이야말로 ICC로마규정을 채택시킨 또 하나의 원동력이 되었던 것이다.

2. 2000년 일본군성노예전범 여성국제법정
(이하 2000년 법정)을 지탱했던 ICC의 규정과 사상

1) 2000년 법정 '헌장'의 작성

ICC로마규정이 참가국들의 압도적인 찬성 아래 채택되었던 사실, 그리고 ICC가 소송해야 할 국제범죄로서 무력분쟁하 성폭력이 상세하게 정의되었던 사실은 "일본군'위안부' 문제에 대해서도 형사책임이 추궁되어야 한다"는 생각을 확신으로 바꾸는 기회가 되었다. 나아가서 ICC는 ICTY나 ICTR과 함께 국제사회가 무력분쟁하 성폭력을 어떻게 재판할지에 대한 시스템과 모델을 제공하는 기회가 되었다.

그러나 ICC는 그 규정이 발효한 후의 범죄행위에 대해서만 재판관할건을 가지기 때문에 과거의 범죄행위를 재판할 수는 없다. 그리고 과거에 그 재판관할권을 행사했어야 했던 극동군사재판소는 구일본군에 의한 성폭력과 그 책임의 소재를 지적하는 일은 하지 않았다. 그래서 ICC로마규정의 성립을 전후하여 1998년, 아시아의 여성들을 중심으로 2000년 법정의 준비가 본격화된 것이다.

2000년 법정의 사상을 체현하는 것으로서 1999년 4월 2000년 법정'헌장'의 작성이 일본의 VAWW-NET JAPAN에 의하여 제기되었다. 뉘른베르그 군사법정이나 극동군사법정의 헌장(Charter), ICTY나 ICTR의 규정(Statute), 그리고 ICC로마규정을 토대로 준비된 '헌장' 초안은 이 법정이 무엇을 목표로 하는지를 명백히 하는 것이었다. 이 '헌장'을 확정하기 위한 각국 대표회의는 서울, 도교, 상해, 마닐라, 대만, 그리고 헤이그에서 개최되었다. 이러한 토론이 이어지면서 2000년 법정의 윤곽이 차츰 분명히 떠올랐다.

첫째로, 이 법정은 책임자 처벌을 회피하는 일본정부에 대한 비판이나 고발을 넘어서, 증거에 의한 사실의 규명과 형사책임에 대한 법을 직용하는 형사재판을 하려는 것이며, 둘째로 그 형사재판을 지원하는 것은 국가기관이 아니라 양심과 국제법을 기본으로 하는 전세계의 시민이라는 것이다. 그리고 셋째로, 그러한 형사재판을 추구하는 한, 사실규명이나 법의 적용 그리고 법정의 수속에서 전세계의 신뢰를 얻을 수 있는 질이 높은 법정으로 만든다는 것이었다.

2) 2000년 법정을 지탱하는 국제법 이론

반세기도 지난 구일본군의 범죄에 대해 국제사회가 신뢰할 수 있는 소송과 판결을 행하기 위해서 넘어야 할 국제법상의 어려움은 많았다. 그러나 이미 채택된 ICC로마규정이나 ICTY와 ICTR의 실무가 그러한 문제의 극복에 큰 역할을 했다. 특히 ICC로마규정은 미래에 적용될 것이었으나 그 내용은 지금까지의 국제법 이론을 집대성한 것으로서 2000년 법정이 의지하고 설 수 있는 국제법을 만들어주었던 것이다.

형사법에는 '범죄를 행한 당시, 범죄로 성립되어 있지 않았으면 처벌되지 않는다'는 사후법금지의 원칙이 있으며, 그것은 형사법의 근본을 이루는 죄형법정주의에서 나오는 것이다. 최근 성노예나 강간 등 전시 성폭력이 범죄라는 것은 분명해졌으나 범죄가 실제로 행해졌던 제2차 세계대전 중에 그것은 국제법적 범죄였는지에 대해 2000년 법정의 '헌장'에서는,

'2000년 법정'은 여성에 대해 행해진 범죄를 전쟁범죄, 인도에 대한 죄, 대

량학살의 죄로서 재판한다. 강간, 성노예제, 강제매춘, 살인, 고문, 신체절단, 기타의 모든 형태의 성폭력을 포함하지만 거기에 한정되지 않는다(헌장 2조 1항)

라는 범죄를 재판하기로 했으나 그것은 어디까지나 '당시 국제법의 결여할 수 없는 부분이며 극동군사법정에서 적용되었어야 하는' 당시 법의 원칙들에 비추어 재판한다는 것이 전제로 되어 있었다(헌장 전문 12항). 결과적으로 2000년 법정의 판사들은,

나아가서 우리의 사실인정에서는 강간과 성노예제는 광범위 조직적 또는 대규모로 행해지는 경우에는 인도에 대한 죄를 구성한다. 1945년까지 강간과 노예화의 양편이 국제법 아래서 극악한 범죄로서 오랫동안 인정되어 있었다 (사실인정의 개요' 23항)

라는 사실인정에 도달했으나 이러한 사실인정은 ICC로마규정에 성폭력 범죄를 포함하기 위해서 행해진 준비, 혹은 ICTY나 ICTR가 성폭력범죄에 적용되어야 할 국제법을 발견하고 적용해온 실무의 축적에 의해 뒷받침된 것이었다.

그밖에도 2000년 법정의 '헌장'은 전쟁범죄나 인도에 대한 죄의 시효 부적용의 원칙이나 상관이나 지휘명령자의 책임에 관한 법이론 등, 뉘른베르그 재판이나 극동군사재판에서 이미 확인되어 있던 법리에 의거하는 것이다. 그리고 이들 법원칙이나 법이론의 내용에 대해서는 ICC로마규정에 대응하는 규정이 있어서(27, 28, 29조), 2000년 법정에서의 법의 적용을 쉽게 해주었다.

나아가서 2000년 법정에서 ICTY의 가브리엘 커크 맥도널드 재판장이 판사를, 패트리샤 셀러즈 법률고문이 수석검사를 맡았던 것은 고소나 판

결이 ICTY, ICTR 국제형사법정의 이론과 실무에 따라서 행해지는 것을 가능하게 했다. 또한 론다 카프론 교수를 비롯한 'ICC를 위한 Women's Caucus'의 주된 사람들의 참여는 ICC로마규정에 성폭력의 처벌을 명기시키는 일을 가능하게 한 운동과 이론적 축적을 2000년 법정에 옮기게 된 것이었다. 그녀들의 실무적인 지지나 조언 아래 국제법을 적용하는 전제가 되는 사실, 그것은 피해사실만이 아니라 그 피해를 가져오게 한 혹은 허용한 쇼와 천황을 비롯한 당시 일본정부나 일본군의 책임자의 관여를 사실이나 자료의 축적으로 명백히 제시하는 일이 가능하게 되었다.

3) 국제시민법정의 권한과 성격

물론 2000년 법정과 ICC와, 지금까지 존재했던 수많은 국제형사법정 사이에는 아주 결정적인 차이가 있다. 말할 것도 없이 후자는 국가들의 연합이나 국제기관을 배경으로 하여 소송과 처벌에 실제적 권력을 행사할 수 있는 법정이지만, 2000년 법정은 국가권력이나 국제기관의 힘을 빌리지 않고, 피고인에게 고소나 처벌을 강요할 수 없는 '국제시민법정'이라는 점이다. 그 물리적 능력이나 시간적 제약에서 일반 국제형사법정이 요구하는 또 하나의 원칙인 '피고인의 권리보장을 위한 수속'이 2000년 법정에서 불가결한 요소가 되지는 않았다. 그러나 그러한 한정된 물리적 능력이나 시간적 제약 아래서도 객관적인 역사자료를 기초로 하여 지휘명령계통의 사실을 특정해 갔던 작업이나, 그러한 사실에 대해 적용되어야 할 당시의 국제법의 구성은 책임자와 책임의 내용을 특정하는 데 충분한 것이었다.

2000년 법정은 무력분쟁하 성폭력에 의한 불처벌의 악순환을 끊고 그 재발을 방지하기 위해서 극동군사법정이 했어야 한 소송을 국제시민법정이 행하는 것이었다(헌장 전문 9, 12항). 불처벌의 순환을 끊고 범죄를 방

지하는 것은 또한 ICC로마규정을 지탱하는 사상이다(규정 전문 5항). ICC
는 국제사회 전체의 관심사인 범죄의 소송을 기본적으로는 국가들의 의
무로 삼으면서도 국가가 그러한 의무를 실행할 능력이나 의사가 없는 경
우, ICC 자신이 소송을 행할 권한을 행사하고 불처벌의 순환을 끊으려고
한다. 그러나 2000년 법정은 같은 사상을 공유하면서 국가나 국제기관이
그 소송의 의무를 게을리 하는 경우, 그 소송은 '지구적 시민사회를 구성
하는 한 사람 한 사람의 도의적 책임'(헌장 8항)을 근거로 시민에 의한 법
정을 요청하는 점에서 ICC를 초극하는 법정인 것이다.

3. 2000년 법정의 판결을 국제법의 일부로 만들어 가는 시도

일본군'위안부' 문제는 ICC의 설립을 촉진했고 ICC가 무력분쟁하 성폭
력에 대해 그 역할을 분명히 했다. 그리고 ICC로마규정의 채택을 가능하
게 한 운동과 국제법 이론은 여성국제전범법정을 개최하는 원동력이 되
어왔다. 그리고 2000년 법정의 판결과 운동은 일본군'위안부' 문제의 해
결이라는 중요한 목적과 함께 미래를 향하여 성노예제를 방지하고 소송
을 일으키기 위한 큰 전례가 될 가능성을 가지고 있다.

권력을 가지지 못한 시민의 힘으로 반세기가 지난 사실을 발굴해내고
형사소송에 견딜 수 있는 진실을 명백히 하는 작업은 바로 침묵의 역사
를 깨기 위한 획기적인 운동이었다. 동시에 그러한 사실관계에 법을 적용
하여 책임자를 명백히 하는 2000년 법정의 판결은 미래의 무력분쟁하 성
폭력에 적용되어야 할 전례로서 큰 가치를 가져야 한다. 그러나 2000년
법정의 판결이 이루어진 데서 머물러버리면 2000년 법정은 단순한 이벤
트로서 끝나버릴 위험성을 가진다. 그렇게 되지 않기 위해서 2000년 법
정을 지탱했던 사상과 거기서 행해진 판결은 국내외에서 그 내용이 음미

되고 확인될 필요가 있다. 그래서 비로소 힘없는 시민에 의한 '법정'운동
과 판결은 정당성과 공감이라는 참된 힘을 얻을 수 있다.

이미 2001년 유엔인권위원회에 대한 쿠마라스와미 최종보고(E/CN,4/
2001/73 23 January 2001)에서는 '법정'의 시도가 다음과 같이 보고되었다
(96항).

2000년 12월, 여성들의 그룹이 '2000년 법정'을 개최하여 일본정부가 일본
의 '위안부'제도의 피해자에게 배상을 거부해오고 있는 것, 그리고 그 실행자
에 대해 지속되고 있는 불처벌을 강조했다. 남·북한, 필리핀, 인도네시아, 동
티모르, 중국, 네덜란드에 살고 있는 일본군'위안부'에 관한 증거는 상세히 수
집되었고, 현재 최종적인 기록으로서 이용될 수 있게 만들어졌다. 증거는 국
제적 검사와 저명한 국제적 재판관단에 제출되었다. 이 법정의 재판관의 판
단은 일본정부의 법적 책임 및 범죄의 실행자를 처벌하는 수단을 설치할 필
요성을 되풀이하여 강조했다. 그러나 일본정부는 이 법정에 대표를 파송하지
않았다.

이렇게 유엔이나 다른 다양한 기관에서 '법정'운동과 판결을 소개하고
확인시켜가는 세력이 필요하다. 앞으로 21세기 무력분쟁하 성폭력의 방
지와 처벌을 위한 노력은 ICC라는 상설 국제형사재판소가 수렴하게 되었
다. 이러한 ICC, 그리고 현재 이미 작동하고 있는 ICTY·ICTR에서 2000년
법정의 판결이 전례로서 인용되고 확인되는 것은 중요하다. 그러한 확인
을 경유하여 제2차 세계대전 중의 구일본군에 의한 성노예제는 당시 국
제법 아래서 국제범죄였다는 것, 그러므로 현재에도 그 책임자가 재판을
받아야 한다는 것이 국제법의 일부를 만들어갈 것이다.

그때야말로 권력에 지원받지 않는 시민의 양심으로 법이 만들어지는
위대한 시도가 성취될 것이다.

2000년 일본군성노예전범 여성국제법정에서 남북공동기소장이 갖는 의의

장완익

2000년 일본군성노예전범 여성국제법정 남북공동검사. 민주사회를 위한 변호사모임

1. 공동기소장 작성 경위

1) 상해 회의

'2000년 일본군성노예전범 여성국제법정'(이하 2000년 법정)에서는 피해국가별로 기소장을 작성하였다. 그런데 남과 북이 국제법정에 함께 참여하게 되어 과연 남과 북도 별도로 기소장을 작성하여야 하는지 아니면 공동으로 기소장을 작성하여야 하는지가 문제가 되었다. 남의 검사단으로서는 남과 북이 분단된 이후의 문제가 아니라 남북이 분단되기 이전의 문제에 관하여 남과 북이 따로 기소장을 작성하여 제출한다는 것이 감정적으로도 논리적으로도 용납할 수 없는 것이었다. 그러나 우리가 바란다고 하여 모두 다 성사되는 일은 아니었다. 특히 남과 북의 문제는 열정만으로 풀리는 것이 아니었다. 그래서 2000년 3월의 상해 국제검사단 및 국제실행위원회에서 남과 북은 서로 상견례 정도만 하였지 본격적으로 이 문제를 논의할 수 없었다.

2) 마닐라 회의

남과 북이 공동으로 기소장을 작성하는 문제는 2000년 7월의 마닐라 국제검사단 및 국제실행위원회에서 논의되었다. 그런데 어렵게 꺼낸 우리의 제안에 대하여 북은 공동기소장을 작성하는 데 너무나도 순순히 동의하였다. 오히려 북의 검사단은 당연히 공동기소를 하여야 한다고 하였다. 일단 공동기소장을 작성한다는 원칙에 쉽게 접근하였기 때문에 나머지 문제도 일사천리로 합의하였다. 시간이 촉박하므로 우선 남측이 기소장을 작성하여 2000년 8월 15일 까지 북측에 보내면 북측이 이를 검토하여 다음 대만회의에서 공동기소장을 완성하기로 하였다.

3) 대만 회의

남으로 돌아온 남측 검사단은 기소장 작성에 최선을 다하였으나 이를 북측에 전달하는 일이 쉽지 않았다. 어쨌든 2000년 9월의 대만 국제검사단 및 국제실행위원회에서 남과 북은 다시 만나 공동기소장 문제를 계속하여 논의하였다. 북측은 남측이 작성한 기소장 초안의 기본적인 체계에 있어서 동의를 표명하면서 역할 분담을 제안하였다. 그래서 공식적으로 국제실행위원회에 남과 북이 공동기소장을 작성하기로 합의하였으며 그 내용을 협의중임을 밝히기로 하였다. 아래는 남과 북이 공동으로 발표한 공동기소장 작성과 관련한 내용이다.

남과 북의 검사들은 2000년 9월 14일에 대만에서 서로 만나 마닐라 회의시에 합의한 데 따라 공동기소장을 작성하는 문제를 협의하였다. 쌍방은 서로의 기소장 초안을 놓고 검토한 결과 기소장의 기본적인 구성체계와 내용이 서로 일치한다는 것을 확인하였다. 특히 쌍방은 일제의 조선 지배가 철저한 군사적 강점이며 따라서 이 시기에 감행된 일본군성노예 행위는 인도에 관한 죄일 뿐 아니라 전쟁범죄라는 점, 일본정부가 전후 반세기가 훨씬 지난 오늘까지도 이에 대한 국가 책임을 부인하고 이행하지 않고 있는 것으로 하여 피해자들의 고통이 지속되고 가중되고 있는 점, 이러한 범죄행위의 최고 책임자인 일본 천황 히로히또와 기타 전범자 처벌과 일본의 국가적 책임 추궁 문제 등에 대해 의견일치를 보았다. 이에 따라 쌍방을 이번 회의에서 공동 기소장 설명과 관련한 역할을 분담하였다. 그에 의하면 남측이 '개인의 형사적 책임 부분'을, 북측이 '일본의 국가적 책임'과 관련한 자기측 초안을 발표하되 여기에 쌍방의 의견을 최대한 반영하기로 하였다.

4) 2000년 법정

대만에서 합의한 바에 따라 남측 검사단은 2000년 법정 준비에 박차를 가하였다. 그러나 원천적으로 남과 북이 서로 연락체계를 갖추지 못한 상태에서 '공동'기소장을 작성한다는 것은 생각하기보다 훨씬 어려웠다. 대강의 체제와 내용에 대하여 남과 북이 대만에서 합의하였지만 구체적인 내용이나 표현에 있어서 전혀 의사소통이 안되는 상태에서 남과 북이 각기 맡은 역할에 따라 작성한 기소장을 하나로 합쳐 공동기소장을 작성한다는 것은 실제로는 불가능한 일이었다. 그래서 남측이 작성한 기소장을 기초로 하여 이를 영어로 번역하여 판사단에 미리 기소장을 제출하고, 구체적인 내용은 동경에 도착하여 조정할 수밖에 없었다.

그러나 동경에 도착하여서도 피해국가들 중 제일 먼저 하게 되어 있는 기소와 관련된 프리젠테이션 문제가 더 급하여, 우선 프리젠테이션과 관련된 내용에 관하여만 논의를 하고 실제 기소장 최종본은 프리젠테이션이 끝난 후 따로 만나서 상당한 시간의 협의를 거치는 진통을 겪고서야 완성될 수 있었다.

2. 공동기소장의 작성과정의 논의사항

1) 일제 침략기의 성격 문제: 군사 강점

역사적 배경에 있어서 일제 침략기를 어떻게 평가하여야 하는 문제가 있다. 그 기간을 1910년 한일병합부터 1945년 해방되기까지 36년간의 식민지 기간으로 볼 수도 있으나 이는 한일병합조약의 유효를 전제로 한 것이다.

남과 북은 일제 침략시기를 군사적인 강점으로 보아야 한다는 점과, 그 기간도 1905년 대한제국의 외교권 박탈시기부터 1945년까지 41년으로 보아야 한다는 데 동의하였다. 1904년 러일전쟁 시기에 이미 일본 군대는 우리 땅에 주둔하였고, 1905년 외교권 박탈, 1907년 군대 해산 등 일련의 과정이 군사적 강점으로 볼 수 있고, 결국 1910년의 한일병합은 이러한 과정의 완성이라 할 것이다. 그러므로 대한제국이 일본 군대에 의하여 실제로 주권을 빼앗긴 것은 1905년부터라 할 것이고 한일병합조약은 무력하에 강압에 의하여 체결되어 무효라 할 것이다(공동기소장 1.6항 내지 1.9항, 4.1항, 4.2항).

'대한민국과 일본국간의 기본관계에 관한 조약' 제2조의 '1910년 8월 22일 및 그 이전에 대한제국과 대일본제국간에 체결된 모든 조약 및 협정이 이미 무효임을 확인한다'라는 조항이 한일병합이 원천 무효라는 것인지 아니면 1945년 해방 이후 효력이 없어졌음을 재차 확인하는 것인지에 대하여 현재까지는 논란이 있는 사실에 비추어 이번 기소장에서 이와 관련된 문제를 명확하게 할 필요성이 있었던 것이다.

2) 전쟁범죄로 기소

남북 검사단은 히로히토 등 피고인을 전쟁범죄 및 인도에 반한 죄로
기소하였다. 일제 침략기를 군사 강점으로 본다면 당연히 당시 우리와 일
제는 군사 대치상태 즉 전쟁상태에 있은 것이어서 일본군'위안부'에 대
한 범행은 전쟁범죄인 것이다. 만약 일제 침략기를 식민지상태로 본다면
우리는 일제의 피식민지이므로 전쟁범죄가 성립할 여지가 없어진다. 이
러한 문제는 대만도 마찬가지였으나 대만은 피고인들을 전쟁범죄로 기소
하지는 않았다.

19세기나 20세기초 상당수 식민지들은 대개 초기에 군사 강점상태였
다가 식민지화되었을 것이기 때문에 식민지상태냐 아니면 군사 강점상태
냐가 중요한 문제가 아닐 수 있다. 그러나 이런 문제가 중요하냐 아니냐
를 따지는 기준 자체가 19세기나 20세기의 제국주의 국가들에 의하여 만
들어진 국제법이어서, 당시의 국제법으로 따진다는 것은 곧 제국주의 국
가 혹은 강대국의 논리나 이해를 반영하는 것일 뿐 피해국가의 입장을
전혀 고려하지 못하게 된다. 실제로 식민지냐 강점이냐에 상관없이 국제
법적으로 동일한 취급을 받는다면 아무 문제될 것이 없다. 그러나 제국주
의 국가들은 이를 굳이 분리하여 취급하여 식민지 국가에는 아예 국제법
적용을 회피하였던 것이다. 그래서 우리 검사단은 강대국 위주로 만들어
진 기존의 국제법의 맹점을 지적하고 이를 바로잡기 위하여서라도 피고
인들을 전쟁범죄로 기소할 필요성이 있다고 판단하였다.

그러나 유감스럽게도 국제검사단은 피고인들을 인도에 반한 범죄로만
기소하였다. 국제검사단도 고심하였겠지만 일단 현행 국제법으로는 논쟁
의 여지가 있고, 그래서 판결 결과 혹시 이 부분이 문제가 될 소지가 있
다고 판단하고 전쟁범죄로 기소하지 않은 것이다.

3) 개인 책임 관련

남북 검사단은 가능하면 많은 가해자를 기소하려고 하였다. 2000년 법정이 일반 형사법정은 아니므로 일본군'위안부' 피해자와 관련하여 가해자들의 여러 범죄행위(위안소 정책의 수립과 시행, 강제연행, 강제이송, 위안소내에서의 범죄 등)에 관련된 모든 사람을 기소하는 것으로 하고 이들을 모두 특정할 수 없으므로 특정할 수 있는 가해자는 특정하고, 특정할 수 없는 가해자는 범죄행위별로 '그러한 범죄행위를 한 모든 자'라고 기재함으로써 기소의 효과를 달성할 수 있기 때문이다.

그러나 국제 검사단 및 다른 피해국의 검사단과 협의과정에서 '충분한 증거가 있는 최고위직'의 사람들만 기소하자는 쪽으로 결론이 났다. 엄격한 증거주의를 채택한 것이다. 국제법정의 신뢰성을 높이는 데는 엄격한 증거주의가 유효한 수단이 될 수 있을 것이나, 2000년 법정이 시민법정(판결문 제6항)이라는 점을 상기한다면 가능하다면 범죄행위와 관련된 사람들을 모두 기소하는 것이 더 바람직하지 않았나 생각된다. 그것이 피해자들의 요구였기 때문이다.

4) 국가 책임 관련

남측 검사단은 국가 책임의 대상으로 일본정부뿐만 아니라 한국정부와 연합국도 포함시킬 계획이었다. 한국정부는 잘못된 청구권 협정을 체결하였고, 그 이후에도 일본군'위안부' 피해자에 대한 보상을 게을리 한 점 등에 대한 책임이 있고, 연합국은 극동국제군사법정인 동경 재판에서 일본군'위안부' 문제를 알고 있었으면서도 이에 대하여 수사하거나 그 가해자를 처벌하지 않고 오히려 은폐한 잘못에 대한 책임을 추궁할 필요가 있다고 판단하였기 때문이다.

그러나 이 문제 역시 국가 책임은 일본정부에 대하여는 묻기로 하였다. 남측 검사단으로서는 남북 공동기소장을 작성하여야 하는데 한국정부의 책임을 물으려면 똑같이 북의 책임도 따져보지 않을 수 없는 것이며, 그럴 경우 공동기소장을 작성하는 과정에서 문제의 소지가 있고, 공동기소장을 작성하는 의미가 반감될 수 있어서 한국정부의 책임을 묻지 않기로 하였다. 또한 일본군'위안부' 문제와 관련하여 국제사회의 지지를 얻어가야 하는 측면에서 연합국을 기소하는 것이 부담이 될 수 있다는 점을 고려하여 연합국도 기소대상에서 제외되었다.

그러나 한국정부 및 연합국의 책임 부분에 대하여도 앞으로 지속적인 연구가 필요한 부분이다.

3. 공동기소장의 의의

1) 신뢰의 형성

남과 북의 검사단은 특정 부분에 있어서 서로 의견차이가 있었던 경우가 여러 번 있었다. 그러나 그러한 의견차이로 인하여 합의점을 찾지 못한 경우는 한 번도 없었다. 상해 회의부터 마닐라, 대만을 거쳐 동경에 오기까지 많은 만남을 통하여 남북 검사단 사이에는 서로를 신뢰할 수 있는 상대방으로 인식하게 되었다. 그래서 남북 검사단은 서로 상대방의 입장을 이해하고 자신의 주장을 양보하는 지혜를 발휘할 수 있었다. 물론 일본군'위안부' 문제가 현재의 남북관계의 미묘한 현실과는 관계가 없는 일제시대의 문제라는 점이 많이 작용하였겠지만 어떻든 서로 양보하는 정신은 앞으로 여러 계층, 여러 단체에서 벌이게 될 남과 북의 민간교류의 모범이 될 만하다 할 것이다.

2) 공동기소장 작성의 어려움

앞에서도 잠시 언급하였으나 서로간에 연락할 마땅한 수단이 없어서
여러모로 기소장 작성에 어려움이 많았다. 북의 검사단이 기소장을 어떤
내용으로 작성할 것인지를 잘 모르는 상태에서 그 내용을 짐작하여 남측
이 책임진 부분을 작성하는 일은 여간 고역이 아닐 수 없었다. 남과 북의
검사단이 자유로이 왕래하며 공동기소장을 작성하였다면 훨씬 조직적이
고 효율적이었을 것이다. 그러나 그러한 어려움에도 불구하고 기본적이
관점에 있어서 차이가 없었고(이 점이 공동기소장 작성의 가장 큰 의의
라 할 것이다), 차이나는 부분은 나중에라도 충분한 대화를 통하여 해소
할 수 있었다.

3) 장래 전망

그러나 2000년 법정 후 거의 1년 동안 여러 사정으로 판결 선고가 지
연됨으로 인하여 남과 북의 검사단도 일본군'위안부' 문제 해결을 위하
여 공동 보조를 취하기 어려웠다. 국제법정만을 위한 일회성 행사로 그치
고 더 이상 진전이 없을 수도 있는 것이다. 우선 남북 일본군'위안부' 피
해자와 관련 민간단체 사이에 지속적인 연락체계를 구성하고 이를 통하
여 공동으로 벌일 수 있는 구체적인 사업이 무엇인지 모색하여야 할 것
이다.

북일수교 협상을 하여야 하는 북으로서는 일본군'위안부' 문제를 중요
하게 생각하고 있어서 우리측에서 구체적으로 제안한다면 이를 선택적으
로 받아들일 가능성은 있는 것이다. 예를 들어 판결 선고가 있은 후 남북
이 공동으로 할 수 있는 일이 무엇인지, 그 효과를 극대화하는 방안을 찾
아볼 수 있을 것이다.